普通高等学校"十四五"规划物流管理
与工程类专业新形态精品教材

总主编◎刘志学

国际供应链管理

INTERNATIONAL SUPPLY CHAIN MANAGEMENT

主　编◎庞　燕　王忠伟
副主编◎潘双利　李青松　胡　倩　黄　音
　　　　胡丽辉　龙　晨　李正军　李春友

中国·武汉

内 容 提 要

本书总结了国际供应链管理领域最新的研究成果,以通俗易懂的方式为读者介绍国际供应链管理的知识体系和理论方法。全书共分为八章,内容包括国际供应链管理概述、国际供应链战略与运作管理、国际供应链运作网络设计、全球采购与供应管理、国际供应链保税仓与海外仓管理、国际供应链金融管理、国际供应链安全与风险管理、"一带一路"与国际供应链管理等全面、系统的国际供应链管理知识。本书有配套的数字教学资源,如教学课件、教学设计、教学案例,可满足信息化教学的需要;从加强课程思政建设角度出发,精准挖掘每章内容涉及的思政元素,并融入导读模块;吸纳国际供应链管理的最新理论成果,能够确保教材内容整体上的先进性。总之,本书编写适应国际供应链管理发展的新形势,满足高等教育发展带来的新要求。

本书主要作为高等院校物流管理与工程类专业、工商管理类专业等经济管理相关专业的本科生和研究生的教学用书,亦可供从事国际供应链业务的同行参考。

图书在版编目(CIP)数据

国际供应链管理/庞燕,王忠伟主编.—武汉:华中科技大学出版社,2024.4
ISBN 978-7-5772-0513-7

Ⅰ.①国… Ⅱ.①庞… ②王… Ⅲ.①国际贸易-供应链管理 Ⅳ.①F74

中国国家版本馆 CIP 数据核字(2024)第 071636 号

国际供应链管理　　　　　　　　　　　　　　　　　庞　燕　王忠伟　主编
Guoji Gongyinglian Guanli

策划编辑:	周晓方　陈培斌　宋　焱
责任编辑:	余晓亮
封面设计:	原色设计
责任校对:	张汇娟
责任监印:	周治超
出版发行:	华中科技大学出版社(中国·武汉)　　电话:(027)81321913
	武汉市东湖新技术开发区华工科技园　　邮编:430223
录　　排:	华中科技大学出版社美编室
印　　刷:	武汉科源印刷设计有限公司
开　　本:	787mm×1092mm　1/16
印　　张:	11.25
字　　数:	281千字
版　　次:	2024年4月第1版第1次印刷
定　　价:	39.80元

本书若有印装质量问题,请向出版社营销中心调换
全国免费服务热线:400-6679-118　竭诚为您服务
版权所有　侵权必究

普通高等学校"十四五"规划物流管理与工程类专业新形态精品教材
编 委 会

主　任
刘志学　教育部高等学校物流管理与工程类专业教学指导委员会副主任委员
　　　　华中科技大学教授

编　委（按姓氏汉语拼音排序）
冯　春　西南交通大学教授
黄福华　教育部高等学校物流管理与工程类专业教学指导委员会委员
　　　　湖南工商大学教授
李文锋　教育部高等学校物流管理与工程类专业教学指导委员会委员
　　　　武汉理工大学教授
李　燕　江汉大学教授
李严峰　教育部高等学校物流管理与工程类专业教学指导委员会委员
　　　　云南财经大学教授
刘　丹　教育部高等学校物流管理与工程类专业教学指导委员会委员
　　　　福州大学教授
马　璐　广西民族大学教授
庞　燕　教育部高等学校物流管理与工程类专业教学指导委员会委员
　　　　中南林业科技大学教授
冉文学　云南财经大学教授
王忠伟　教育部高等学校物流管理与工程类专业教学指导委员会委员
　　　　中南林业科技大学教授
谢如鹤　教育部高等学校物流管理与工程类专业教学指导委员会委员
　　　　广州大学教授
徐贤浩　华中科技大学教授
张得志　中南大学教授
张　锦　教育部高等学校物流管理与工程类专业教学指导委员会副主任委员
　　　　西南交通大学教授
邹安全　佛山科学技术学院教授

主编简介

庞　燕　博士，二级教授，博士生导师，中南林业科技大学管理科学与工程学科带头人。教育部课程思政教学名师，湖南省"芙蓉教学名师"，全国著名物流与供应链管理专家。长期致力于物流与供应链管理方面的研究，主要研究方向为国际物流与供应链管理、物流系统仿真与优化、物流与供应链金融。教育部高等学校物流管理与工程类专业教学指导委员会委员、中国物流学会常务理事、湖南省系统工程与管理学会副理事长、湖南省高等教育学会物流教育专业委员会主任、湖南省物流与采购联合会供应链金融分会副会长、供应链金融研究院副院长。获省级教学成果奖一等奖等省部级奖励7项。在国内外学术刊物发表论文100余篇，出版专著和教材10余部，获教育部"十二五"普通高等教育本科国家级规划教材1部。国家一流专业"物流工程"负责人，"供应链管理"教育部课程思政示范课程负责人，国家一流课程负责人，省级一流课程和省级精品在线开放课程负责人。

王忠伟　博士，二级教授，博士生导师，现任中南林业科技大学党委委员、副校长，智慧物流技术湖南省重点实验室主任，教育部课程思政教学名师，湖南省优秀教师，项目管理专业认证专家（PMP）。曾任教育部高等学校物流管理与工程类专业教学指导委员会委员（2013—2017年），现任湖南省高等学校实验室建设与管理教学指导委员会主任委员，湖南省督学。物流管理国家一流专业建设点负责人，"供应链管理"国家一流课程及教育部课程思政示范课程团队核心成员。获国家级教学成果奖二等奖1项，湖南省高等教育教学成果奖特等奖、一等奖、二等奖、三等奖共计6项。出版专著、教材12种，获教育部规划教材1种；发表学术论文140余篇；主持完成国家基金项目等各类科研项目20余项。

总　　序

　　物流业是国民经济和社会发展的先导性、基础性、战略性产业,加快发展现代物流业对于促进产业结构调整和提高企业市场竞争力都具有非常重要的作用。党的二十大报告指出"加快发展物联网,建设高效顺畅的流通体系,降低物流成本。"随着经济全球化的加速推进和信息技术与人工智能技术的强力驱动,我国现代物流业发展迅速并呈现出强劲的发展潜力,企业物流管理水平不断提高,物流企业服务能力显著增强,迫切需要大批高素质的物流管理与物流工程专业人才。国务院办公厅印发的《"十四五"现代物流发展规划》指出要"建设物流专业人才队伍","加强高等院校物流学科专业建设,提高专业设置的针对性,培育复合型高端物流人才"。

　　在教育部《普通高等学校本科专业目录(2012 年)》中,物流管理与工程类专业就成为管理学学科的一级大类本科专业,不仅为全国高校物流管理与物流工程类专业的发展带来了崭新的发展机遇,而且对加速培养社会和企业需要的物流本科专业人才提供了重要的发展平台。在《普通高等学校本科专业目录(2024 年)》中,物流管理与工程类在物流管理、物流工程、采购管理三个专业基础上增设供应链管理专业。据最新统计,我国开办物流管理与工程类本科专业的高等学校专业布点数超过 760 个。可见,我国物流高等教育已进入全方位发展新阶段,亟须全面创新物流管理与工程类本科专业人才培养体系,切实提升物流专业人才培养质量,以更好地满足日益增长的现代物流业发展对物流专业人才的需求。

　　在本科专业人才培养体系中,教材建设是极其重要的基础工程。在教育部高等学校物流管理与工程类专业教学指导委员会的大力支持下,华中科技大学出版社 2015 年 7 月召开"全国高等院校物流管理与工程类应用型人才培养'十三五'规划精品教材"建设研讨会,来自国内 20 多所大学的物流专业资深教授和中青年学科带头人就课程体系、教材定位、教学内容、编著团队、编写体例等进行认真研讨,并达成共识,成立由多位教育部高等学校物流管理与工程类专业教学指导委员会委员领衔组成的编委会,组织物流领域的专家学者共同编写定位于复合型创新人才培养的精品教材。

经多次研讨，编委会力求本套精品教材凸显以下特色：

一是精准思政。坚持以习近平新时代中国特色社会主义思想贯穿于教材建设的全过程。坚持立德树人根本宗旨，全面贯彻"课程思政进教材、进课堂、进头脑"的理念。

二是充分反映现代物流业发展对应用型物流专业人才的培养要求。在考虑本套教材整体结构时，既注重物流管理学、供应链管理、企业物流管理等核心课程，更强调当今电商物流、冷链物流、物流服务质量等实践趋势；既注重知识结构的完整性，更强调知识内容的实践性，力求实现先进物流管理理论与当代物流管理实践的充分融合。

三是遵循《物流管理与工程类专业教学质量国家标准》规范要求。2015年，教育部高等学校物流管理与工程类专业教学指导委员会颁布了《物流管理与工程类专业教学质量国家标准》，对物流管理与工程类本科专业人才的培养目标、培养规格、课程体系、教学条件等提出了明确要求。因此，本套教材从选题到内容组织都力求以《物流管理与工程类专业教学质量国家标准》为指南。

四是强化案例分析教学。对应用型本科物流专业人才应特别注重实践能力的培养，尤其是培养其独立发现问题、分析问题和解决问题的能力，而案例分析教学是实现学生实践能力提升的有效途径。因此，本套教材的每章都以案例导入，并配备了大量的同步案例和综合案例，力求通过案例教学增强学生独立思考和综合分析能力，学以致用，知行合一。

五是与时俱进，注重创新。准确阐述物流管理与工程类专业的基本概念、基础知识、基本技术与方法，结构设计合理，选材恰当准确。注重及时体现该学科行业新知识、新技术、新成果，根据经济社会发展、学科专业建设和教育教学改革及时修订完善。充分反映中国特色社会主义伟大实践，充分反映物流管理与工程类专业发展的新成果，充分反映经济社会发展和科技进步对物流人才培养提出的新要求。结合学科最新进展，内容上力求创新突破。

本套教材各分册由多年从事物流管理与工程类本科专业教学、在本学科领域具有丰富教学经验的专家学者担任主编，具体涵盖《物流管理学》《物流信息技术与应用》《国际供应链管理》《运输管理》《仓储管理》《智慧物流》《物流工程》《物流自动化系统》《电子商务物流》《冷链物流》《物流系统建模与仿真》《物流中心运作与管理实务》《采购与供应管理》《物流系统规划》《交通物流》《物流成本管理》《物流设施设备管理》《物流决策与优化》等书目。同时，丛书编委会将依据我国物流业发展变化趋势及其对普通高等学校本科物流专业人才培养的新要求及时更新教材书目，不断丰富和完善教学内容。

为了充分反映国内外最新研究和实践成果，本套教材在编写过程中参考了大量的专著、教材和论文资料，其作者已尽可能在参考文献中列出，在此对这些研究者和实践者表示诚挚的谢意。如果有疏漏之处，我们表示非常抱歉，一旦获知具体信息将及时予以纠正、补充。

应该指出的是，编撰一套高质量的教材是一项十分艰巨的任务。尽管编者们认真尽责，但由于理论水平和实践能力所限，本套教材中难免存在一些疏忽与缺失，真诚希望广大读者批评指正，不吝赐教，以期在教材修订再版时补充完善。

2016年5月20日
2024年5月修改

前　言

当今世界迎来了百年未有之大变局,加入供应链体系成为企业生存的基本法则。企业要想在激烈的市场竞争中赢得主动,要么在不断壮大中构建以自我为中心的供应链体系,要么成为有实力的核心企业构建的供应链体系的一部分。21世纪以来,国际经济一体化发展进程不断加快,跨国企业纷纷在全球范围内整合资源,构建国际供应链体系。经过改革开放40多年的快速发展,特别是党的十八大以来,我国经济实力显著增强,有国际影响力的企业不断涌现。在参与国际经济合作方面,以往我国企业主要是被动地融入跨国公司的供应链体系,处在供应链的低端或者末端,在国际经济合作中缺少话语权。进入新时代,随着科技水平的提高和经济实力的增强,越来越多的中国企业主动参与全球经济合作与竞争,主动构建自己的国际供应链体系。近年来,虽然由于个别霸权国家为打压中国发展强行实施"脱钩断链",但国际经济合作的总体格局没有变。虽然国际供应链体系在一定程度上受到了干扰,但阻断国际经济合作以及全面阻断国际供应链的企图不可能实现。构建国际供应链体系,依然是跨国企业赖以生存的基本法则,也是实现国际经济共赢发展的必然选择。"一带一路"建设的深入开展,有效促进了共建国家经济的互联互通,为国际供应链体系的发展注入了强劲动力。党的二十大报告中提出要"加快构建以国内大循环为主体、国内国际双循环相互促进的新发展格局",维护"重要产业链供应链安全"。这些为我国企业参与国际经济合作、重塑国际供应链体系指明了方向。

与单个经济体内部的供应链体系相比,国际供应链体系涉及的经济主体更多且差异性巨大。在单个经济体范围内,企业之间的沟通和合作一旦建立起来,一般能保持稳定性、连续性和可靠性。但在国际层面,合作伙伴之间要建立起有效的沟通机制和相互间的信任,是一个十分复杂和漫长的过程。不同国家和地区在政府监管、法制规章、风俗习惯、宗教信仰、经济水平、教育科技、人员素质、资源禀赋、环境因素等各方面有很大的不同,导致国际供应链管理面临的风险因素非常复杂,管理起来十分困难。某些国家动辄以政治手段干扰企业正常的经营活动,甚至不遵守基本的契约精神,强行干预国际经济合作,给国际供应链体系带来巨大的风险挑战。因此，单个经济体内部的供应链管理方法，往往无法适应国际供应链管理的需要。如何从国际供应链体系的特点出发，研究其内在的规律，提出有针对性的管理手段和方法，是当前的紧迫课题。党的二十大报告提出，要"加快建设现代化经济体系，着力提高全要素生产率，着力提升产业链供应链韧性和安全水平"，这既是政府作为管理部门的基本职能，也是企业在开展经营活动时必须具备的思维。企业作为经济活动的细胞，一定要将保障自身供应链韧性和安全水平作为基本的管理战略。中国企业在实施"走出去"战略，积极参与国际经济合作与竞争时，全面加强国际供应链管理是必然选择也是制胜法宝。

本书由中南林业科技大学庞燕和王忠伟教授主编，参编人员包括中南林业科技大学、湖南工业大学、广西财经学院、怀化学院、岳阳职业技术学院等五所院校的相关教师。具体分工如下：第一章由庞燕和黄向宇编写；第二章由李正军编写；第三章由李青松和庞燕编写；第四章由胡倩和庞燕编写；第五章由王忠伟和龙晨编写；第六章由潘双利和李春友编写；第七章由王忠伟和胡丽辉编写；第八章由黄音和庞燕编写。全书由庞燕负责审稿和校稿工作。本书在编写过程中得到了中南林业科技大学领导的重视和支持，教育部高等学校物流管理与工程类专业教学指导委员会的领导与专家对本书的出版提供了支持和指导，华中科技大学出版社为本书的出版提供了技术支持和帮助，谨此表达衷心的感谢。

由于时间仓促，水平有限，书中难免有疏漏、不妥之处，敬请读者批评指正。对一切有价值的意见和建议，我们虚心接受并表示衷心的感谢，将在再版时予以改正。

目 录

第一章　国际供应链管理概述　　/ 1
第一节　国际供应链管理产生的经济背景　　/ 1
第二节　国际供应链管理基础理论　　/ 7
第三节　国际供应链发展动因　　/ 11
第四节　国际供应链的脆弱性与恢复能力　　/ 12

第二章　国际供应链战略与运作管理　　/ 17
第一节　国际供应链战略管理概述　　/ 17
第二节　国际供应链管理系统　　/ 22
第三节　国际供应链运作管理　　/ 27

第三章　国际供应链运作网络设计　　/ 37
第一节　经济全球化及其对国际供应链运作网络设计的影响　　/ 38
第二节　国际供应链网络的构成要素　　/ 42
第三节　基于总成本导向的国际供应链网络设计　　/ 45

第四章　全球采购与供应管理　　/ 48
第一节　全球化采购的兴起与发展　　/ 48
第二节　全球采购计划与供应市场分析　　/ 55
第三节　全球采购流程与供应商的选择和评估　　/ 60
第四节　全球采购成本管理与绩效评价　　/ 70

第五章　国际供应链保税仓与海外仓管理　　/ 77

第一节　保税仓及综合保税区管理　　/ 77
第二节　自由贸易区供应链管理　　/ 85
第三节　海外仓内涵及管理　　/ 89

第六章　国际供应链金融管理　　/ 94

第一节　供应链金融概述　　/ 94
第二节　供应链金融的主要业务模式　　/ 101
第三节　进出口业务中的供应链金融　　/ 111
第四节　跨境电商供应链金融　　/ 118

第七章　国际供应链安全与风险管理　　/ 125

第一节　国际供应链安全的概述　　/ 125
第二节　国际供应链风险识别　　/ 130
第三节　国际供应链风险管理流程　　/ 135
第四节　国际供应链风险防范　　/ 138

第八章　"一带一路"与国际供应链管理　　/ 143

第一节　"一带一路"倡议概述　　/ 143
第二节　"一带一路"背景下的国际供应链管理新发展　　/ 156
第三节　"一带一路"与国际供应链管理实战："一带一路"与新加坡跨境供应链协作　　/ 162

参考文献　　/ 168

第一章
国际供应链管理概述

本章导读

作为一种先进的管理技术,供应链管理越来越受到社会各界的广泛关注。21世纪以来,中国企业主动参与国际竞争,从学习供应链管理理论到融入国际供应链体系,再到逐步主导国际供应链建设,我国取得的成就举世瞩目。学习和运用国际供应链管理的过程,也是中国企业不断做强做大的过程。从中国企业主动融入国际供应链体系,到中国企业面对复杂的国际形势主动构建可控的供应链体系,体现了中国企业不断增强的国际竞争力,彰显了中国特色社会主义制度的优越性。党的二十大报告提出要"以中国式现代化全面推进中华民族伟大复兴",其中就包括要加快产业链供应链的全面振兴。随着国际供应链管理能力和水平的提升,中国经济必将具有更强的国际竞争力。中国产业链与供应链的发展所取得的巨大成就,更加坚定了中国特色社会主义道路自信、理论自信、制度自信、文化自信。这为夺取新时代中国特色社会主义伟大胜利,实现中华民族伟大复兴的中国梦打下坚实基础。通过本章的学习,读者必将收获人生正能量,自觉融入伟大时代的发展主旋律之中。

学习目标

通过本章的学习,了解国际供应链管理产生的经济背景;熟悉国际供应链的内涵、结构模型及其特征;掌握供应链管理的概念、内容和本质目标;理解国际供应链发展动因;了解国际供应链的脆弱性和恢复能力。

第一节 国际供应链管理产生的经济背景

英国著名学者马丁·克里斯托弗指出,21世纪的竞争不再是企业和企业之间的竞争,而是供应链和供应链之间的竞争。当前,我国参与经济全球化程度不断加深,无论是全球性企业,还是以国内市场为主的企业,都不同程度地要与国际市场发生联系,资源如何在全球范围内进行有效的配置成为企业关注的问题,国际供应链管理便应运而生。

一、全球经济一体化及市场环境特征

(一)对新经济的一般理解

一般来讲,新经济是相对于传统经济而言的。新经济(new economy)是建立在信息技术和创新制度基础上的,其主要发展动力源于信息技术革命。新技术、新业态、新产业交叉融合产生了这种新的经济形态。

传统经济的着眼点是产品数量的增加、市场需求的满足以及生产成本的节约。然而,新经济追求的是质量和服务,强调提高生活质量、环境质量、安全质量和服务水平等。新经济是人们的知识和经验积累到一定程度后,观念更新、视野拓宽、目标放远、要求升级的体现。新经济是现代科学技术发展到一定阶段后出现的新局面、新趋势。

有学者认为,新经济包括知识经济、信息经济、服务经济、网络经济等内容,新经济是科技型、创新型经济。

(二)新经济的主要特征

促使新经济出现的环境因素是全球经济一体化。信息技术革命的推进和新经济的发展,必然导致全球经济一体化进程的加快。

新经济具有明显的全球经济一体化色彩。例如,跨国企业大力扩张经济势力范围,加强国际连锁经营,优化供应链管理,搭建国际化合作平台,促使经济活动无国界,消除贸易壁垒,从而使贸易额大幅上升,货物运输量快速增长。

新经济转化了人们的观念,加速了知识的更新。一方面,新经济催生了许多新业态,带来了新技术、新工艺的应用,淘汰了旧的知识体系和产业模式;另一方面,新经济催生了管理模式的变革,如智慧供应链管理、数字供应链管理等。

信息技术在新经济环境下扮演着重要的角色。例如,电子数据交换(EDI)、全球定位系统(GPS)、大数据、云计算、人工智能、区块链等新技术的发明与应用。

新经济环境下的经济模式带有虚拟性。虚拟是与实际相对而言的,如今的虚拟可以说近似于实际,如债券、股票、银行存款单、不动产抵押证、网络经济等。在新经济环境下,供应链的管理者可以通过虚拟企业的形式,选择合作伙伴。虚拟经济利用现代科学技术和现代经营管理理念,对各个相关业务、相关企业进行优化组合,从而构筑一个最优的运营系统。

新经济的可持续性较强。新经济与传统经济的重要区别在于传统经济的增速将会受到经济环境转变的影响而趋缓,新经济则更适应经济环境的转变,拥有更大的潜力,会保持相对较快且可持续的增速。

(三)市场环境特征

(1)全球经济一体化趋势增强,企业面临国际竞争。

随着大数据、云计算等新兴信息技术的不断发展,以及电子商务新业态、新模式的不断涌现,企业能够在更大范围内建立跨地域市场,甚至全球化市场。一方面,企业寻找客户和商业合作伙伴,以最大化满足市场需求,增强企业对市场的反应能力;另一方面,企业在建立全球化市场的同时,也在全球范围内造就了更多的竞争者,从而加剧了国际竞争。

(2)产品更新的节奏加快,产品开发的难度加大。

现代科学技术日新月异的发展速度,导致新产品层出不穷,产品的市场寿命大大缩短。信息技术的发展带来了一些全新的生产模式,如计算机集成制造(CIM)、敏捷制造等,缩短了产品的生产过程,加速了新技术的落地步伐,加快了新技术的推广应用。一方面,新技术、新产品的不断涌现,使企业遭受了前所未有的压力,同时使企业员工面对巨大的挑战,企业员工必须不断学习新技术,否则可能会惨遭淘汰;另一方面,将技术创新作为企业发展战略的一个重要部分,企业则会加大科技创新力度,因此,随着产品更新的节奏加快,产品开发的难度加大。

(3)产品个性化需求突出,多品种、小批量生产占据主流。

制造商发现,最好的产品不是为客户设计的,而是与客户一起设计的。产品个性化需求导致多品种、小批量生产在企业生产中逐渐占据主导地位,这却给企业生产成本控制带来困难。如何通过规模化生产方式,降低生产成本,提高企业的经济效益,成为企业提高竞争力的关键。

(4)生产要素流动趋势加强,供求关系变化加快。

商品市场国际化的同时,也创造了一个国际化的技术和劳动力市场,发展速度的不平衡,使得智力资源、资金资源、生产资料等资源向着势能高的地区和企业流动。另外,随着市场变化节奏的加快,交货期成为主要的竞争因素,以时间为基准的竞争越来越突出,能否以更快的速度、更好的质量和更低的成本制造出新的产品投入市场,将是企业生存和发展的关键。即是说,缩短对用户需求的响应时间,已经成为决定竞争胜负的关键因素。

(5)用户要求越来越苛刻,对高质量服务的需求增长。

赢得用户信赖是企业保持长盛不衰的竞争力的重要因素之一,赢得用户青睐要靠具有吸引力的产品质量,而且还要靠销售后的技术支持和服务,许多世界著名企业在全球拥有健全而有效的服务网络就是最好的印证。一是对产品的品种、规格、花色、需求数量呈现多样化、个性化要求;二是对产品的功能、质量和可靠性的要求日益提高;三是要求在满足个性化要求的同时,产品的价格要像大批量生产的那样低廉。

以上这些,都给企业的生产模式提出了更高的要求。

二、国际供应链管理产生的时代背景

全球供应链是在科技不断进步,经济全球化和信息化过程中出现的一种新现象。这一现象的出现和发展不是偶然的,其背后有着深刻的国际政治经济背景。

(一)全球市场竞争的新格局

20世纪90年代以来,由于科学技术不断进步和经济的不断发展、全球化信息网络和全球化市场的形成及技术变革的加速,围绕新产品的市场竞争也日趋激烈。随着经济的发展,影响企业在市场上获取竞争优势的主要因素也在发生着变化。认清主要竞争因素的影响力,对于企业管理者充分利用、获取最大竞争优势具有非常重要的意义。全球市场竞争的主要特点有以下几个方面。

(1) 产品寿命周期越来越短。

随着消费者需求的多样化发展，企业的产品开发能力也在不断提高。目前，国外新产品的研制周期大大缩短。例如，惠普公司新打印机的开发时间从过去的4.5年缩短为22个月，而且，这一趋势还在不断加强。与此相应的是产品的生命周期缩短，更新换代速度加快。由于产品在市场上存留时间大大缩短，企业在产品开发和上市时间的活动余地也越来越小，给企业带来巨大压力。例如当今的计算机，几乎是一上市就已经过时了，就连消费者都有些应接不暇。

(2) 产品品种数飞速膨胀。

因消费者需求的多样化越来越突出，为更好地满足消费需求，企业便不断推出新产品，从而引起企业间新产品开发竞争，结果是产品品种数量成倍增长。为了吸引用户，许多厂家不得不绞尽脑汁不断增加花色品种。其结果是库存占用了大量的资金，严重影响企业的资金周转速度，进而影响企业的竞争力。

(3) 对交货期的要求越来越高。

随着市场竞争的加剧，经济活动的节奏越来越快。其结果是每个企业都感到用户对时间方面的要求越来越高。这一变化的直接反应就是竞争的主要因素的变化。20世纪60年代企业间竞争的主要因素是成本，到70年代时竞争的主要因素转变为质量，80年代以后竞争的主要因素转变为时间。这里所说的时间要素主要是指交货期和响应周期。用户不但要求厂家要按期交货，而且要求的交货期越来越短。企业要有很强的产品开发能力，不仅指产品品种，更重要的是指产品上市时间，即尽可能提高对客户需求的响应速度。对于现在的企业来说，市场机会几乎是稍纵即逝，留给企业思考和决策的时间极为有限。如果一个企业对用户要求的反应稍微慢一点，很快就会被竞争对手抢占先机。因此，缩短产品的开发、生产周期，在尽可能短的时间内满足用户要求，已成为当今所有企业经营者最为关注的问题之一。

(4) 对产品和服务的期望越来越高。

从20世纪90年代起，用户对产品质量、服务质量的要求越来越高，已不满足于从市场上买到标准化生产的产品，更希望得到按照自己要求定制的产品或服务。这些变化导致产品生产方式革命性的变化。传统的标准化生产方式是"一对多"的关系，即企业开发出一种产品，然后组织规模化大批量生产，用一种标准产品满足不同消费者的需求。然而，这种模式已不再能使企业继续获得效益。现在的企业必须具有根据每一个顾客的特别要求定制产品或服务的能力，即所谓的"一对一(one-to-one)"的定制化服务。企业为了能在新的环境下继续保持发展，纷纷转变生产管理模式，采取措施，从大量生产转向定制化生产。

企业要想在这种严峻的竞争环境中生存下去，必须具有较强的处理环境变化和由环境变化引起的不确定性的能力。因此，能够作出快速反应、各节点企业紧密合作的供应链便发展起来了。

(二) 经济全球化

对于经济全球化，国际组织和中外学者从不同角度或不同的标志，进行不同的描述。我国学者范爱军认为"经济全球化一般是指经济的全过程在全球范围内展开和运行，包括生产过程、流通过程和消费过程"。国际货币基金组织认为"全球化是跨国商品与服务贸易及国际资本流动规模和形式的增加以及技术的广泛迅速传播,使世界各国经济的相互依赖性增强"。我国入世谈判代表团首席代表龙永图认为,"经济全球化是一种新的国际关系体制,包括生产、金融和科技三个方面的全球化。三者之间,生产发展决定金融和科技的发展,同时金融和科技的发展又对生产发展产生巨大的反作用。因此,经济全球化的主要特点是生产的全球化"。美国的阿西姆·普拉卡什和杰弗里·卡特认为,"经济全球化是一系列导致要素、中间与最终产品以及服务品市场的经济活动跨越地理界限形成统一整体,并使跨国界价值链在国际循环中地位不断上升的过程"。李琼主编的《世界经济学大辞典》认为:"经济全球化是指以生产力为基础的所有经济关系在全球范围相互扩展和相互联系的发展过程或状态。是国际化特别是国际分工发展的最高阶段,是社会生产力发展的必然结果。它体现着包括生产要素、生产过程、产品的交换和消费、科学技术和信息服务等在全球范围内的分工和合作,各种经济关系在全球范围内的交织和融合。"无论上述定义有什么差别,但都有共同点,即不同程度上指涉经济全球化是生产要素和产品的全球流动以及由此带来的经济活动过程在全球范围的展开。

按照国际学者间已达成的共识,所谓经济全球化(globalization),是指商品、服务、信息、生产要素等的跨国界流动的规模与形式不断增加,通过国际分工,在世界范围内提高资源配置的效率,从而使各国间经济相互依赖程度日益加深的趋势。当代经济全球化具体表现为生产要素的全球化、产品市场的全球化、产业结构的全球化、经营理念的全球化和经贸规则的全球化。生产力的发展是推动经济全球化的关键性因素,但全球范围内的贸易自由化进程对形成全球化的产品市场和生产要素的全球化,从而推动经济全球化功不可没。

经济全球化的发展,尤其是全球市场日益发展,全球竞争加剧,迫使企业必须将战略眼光着眼于全球而不是局限于国内或部分国家,促进了全球供应链的形成与发展。经济全球一体化的趋势,同样为全球供应链中节点企业与核心企业形成紧密合作的战略合作伙伴关系、采用新的组织形式提供了有利的条件,二者相互促进。

(三)区域经济一体化

区域经济一体化,也叫区域集团化,它出现于20世纪50年代末期,到20世纪80年代逐渐形成一种不可抗拒的潮流。究其原因,一方面是经济方面的考虑。当代世界各大国经济实力逐步接近,直接构成了它们之间相互竞争的物质基础;另一方面是国家政治、安全方面的考虑。贸易保护主义在国际范围的普遍抬头,越来越阻碍各国间的贸易经济交往和广泛合作。为了在激烈的国际经济竞争中占有主动地位,由一个或几个地区性经济强国出面,组建以自己为中心的区域经济一体化组织,就成了各国谋求区域经济发展,战胜竞争对手的一个重要组织形式。

(四)发达国家与发展中国家对加工贸易的鼓励政策

全球供应链的出现和发展涉及产业结构的问题。各个国家的产业结构在国际市场竞争的催化和比较利益的诱导下,变成世界产业结构的一个密不可分的组成部分。许多国家在制定产业政策时,不仅考虑本国国情,而且也充分考虑世界各国产业结构的调整情况,以便能及时抓住机遇,更好地参加到世界分工的行列中,以获取比较利益。近来蓬勃发展的"外包"(outsourcing)与加工贸易,正是各国产业结构调整的结果,其中,各国政府对加工贸易的鼓励政策起了极大的作用。

1. 发达国家鼓励加工贸易政策

西方发达国家工业化进程开始较早,市场经济发达,技术水平处于世界领先地位,而且经过若干年的发展和积累,资本富裕。随着近年来技术的突飞猛进,尤其是知识经济时代的到来,由于其劳动力成本很高,在服装等某些劳动密集型和低技术、资本密集型产业制造业部门在世界的竞争力越来越弱。为了在世界竞争中保持领先地位,抓住核心竞争优势,发达国家较早地开始了产业结构的调整,把那些资本和技术密集度相对较低的产业向发展中国家转移。进行产品结构调整存在两种选择:一是把特定产品所有生产过程一揽子转移到发展中国家,从而腾挪出经济资源用于发展符合比较优势结构的产品;二是把这类产品生产过程中劳动最为密集的工序或区段转移到国外进行,资本和技术投入比例较高的生产环节仍在国内进行。

2. 发展中国家鼓励出口加工政策

二战结束后,很多发展中国家都相继制定了经济发展战略。发展中国家工业化一般都从实施进口替代战略贸易发展模式开始,即通过政策干预措施建立和发展本国制造业及其他工业,替代过去制成品进口,以求实现国家工业化和国际收支平衡。进口替代政策措施主要包括以下几方面内容。第一是实行贸易保护政策,通过关税(高额关税和进口附加税)和非关税手段如进口许可证、进口数量限制等措施限制直至完全禁止外国某些工业品进口。第二是实行比较严格的外汇管理政策,以将有限的外汇用于发展最急需的一些领域。采取币值高估的汇率制度,多数发展中国家实行复汇率制度,对必需品和资本品进口采取高估,对非必需品进口则实行低估,以达到既降低消费品进口成本又降低资本品进口成本,从而促进进口替代工业发展的目标。第三是实行优惠的投资政策,在财政税收、价格和信用等方面给予进口替代产业以特殊优惠。这类政策虽能一度促进民族工业发展,但迟早都会面临深层次困难。由于这种战略造成了进口替代工业市场不足,生产力闲置,工业与基础产业和农业发展极不平衡,而且由于出口竞争力弱,未能改善国际收支困难等消极因素,因此,后来许多发展中国家都转向了鼓励加工贸易的出口替代战略。

由于进口替代贸易发展模式暴露出来的矛盾,迫使一些国家寻求新的办法。在20世纪60年代中期前后,在东亚和东南亚,全球供应链中涉及的跨国界产品或零部件、原材料等的流动和贸易非常频繁,正是在这一背景下,全球供应链发展起来了。一些国家和地区如新加坡、韩国和我国台湾在短暂进口替代后都很快转向出口替代的贸易发展模式。随后拉美和其他东南亚国家如巴西、马来西亚等也采用了这种模式。鼓励出口的政策对产品内分工、供应链发展发挥了积极促进作用。这些政策初期主要表现为对原料和中间产品提供减免关税等财政激励,随后发展为建立出口加工区等成套性的鼓励参与国际工序分工措施。

第二节 国际供应链管理基础理论

一、国际供应链的内涵

国际供应链又称为全球供应链,它根据供应链管理的基本理念、模式,按照国际分工协作的原则,优势互补,实现资源在全球范围内的优化配置。在许多方面,全球性供应链的管理与本土化供应链管理的原理基本上是一样的,只是涉及了海外的国际业务,地域覆盖更为广泛。国际供应链(international supply chain)是指一个国际化的企业通过掌握全球最经济的原料,在最经济的国家生产,以最经济的方式,满足全球的需求;一个能掌握国际供应链的国际化企业,不但能降低产品的成本,更能缩短顾客的订货时间,是企业未来的主要竞争优势。

国际供应链的流通依其流通的内容可分为4种。

(一)实体流通:物品的流通

物品包括原材料、半成品与成品,物品的流通探讨实体物品从最初的原料到制造厂商最后到消费者手中的实体流程,物流的流通方向是由上游到下游。最近业界备受关注的一个话题是逆向物流,讨论商品因回收、维修而从下游消费者往上游流通的过程,故逆向物流的流通方向是由下游往上游。

供应链物品的流通是探讨在供应链结构已知的情形下,如何规划实体的流通使原料、半成品或成品,能在最适宜的时间、地点,使整体的成本最小化,满足消费者对品项与品质的要求。在供应链结构确定的情况下,供应链的实体流通包括以下5个主要步骤。

(1)从购买原料开始,考虑向何处购买,购买多少量。

(2)接着考虑必须将多少的各种原料仓储在哪个仓储店。

(3)进入生产流程时,则考虑在哪些生产点生产多少量。

(4)考虑多少成品需要仓储在哪些不同的仓储店。

(5)最后进入配送流程时,必须考虑由哪个成品仓储点,配送多少量给不同地区的顾客。

依上述5步骤运作,企业的整个供应链的决策过程,皆在满足顾客要求的前提下,追求最小的营运成本。

(二)商流:物品所有权的转移

依照交易的发生,商品所有权也跟着变动,虽然商流的流通过程不一定完全与物流相同,但其所有权的转移也是由上游向下游移动。

(三)资金流:资金的流通

物品所有权转移后会出现随之而来的资金转移,由取得所有权的买方将资金转移给卖出所有权的卖方,故资金流的流通方向与商流相反,由下游往上游流动。

（四）信息流：信息的流通

物品的运输、所有权的转移与资金的流动，都需要流动双方互相确认的信息以确保流通的正确性，故信息的流通介于每个供应链成员之间，为双向流通。

二、国际供应链的结构模型与特征

（一）供应链结构模型

1. 供应链模型Ⅰ：链状模型

模型Ⅰ是一个简单的静态模型，如图1-1所示，表明供应链的基本组成和轮廓概貌。产品从自然界到用户经历了供应商、制造商和分销商三级传递，并在传递过程中完成加工、产品装配形成等转移过程，被用户消费的最终产品仍回到自然界，完成物资循环。例如：在煤矿开采煤炭，供应居民作燃料，居民消费后废气和炉渣回归自然界。

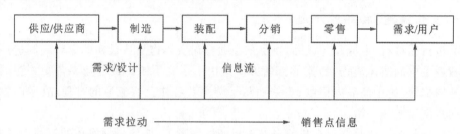

图1-1 供应链的链状模型

2. 供应链模型Ⅱ：网状模型

模型Ⅱ是典型的网状模型，如图1-2所示。在这一模型中，核心企业的供应商可能不止一家，而是有多家。同样地，分销商可能也有多家。这样就形成了一个网状模型。

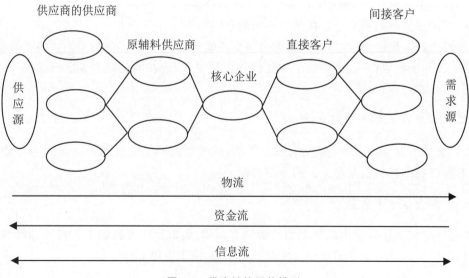

图1-2 供应链的网状模型

(二)国际供应链的特征

1. 物流的国际性

国际性是指全球供应链网络跨越国界,涉及多个国家,网络覆盖的地理范围大。在不同国家或地区间进行的物流活动,属于国际物流而非国内物流。

所谓国际物流是指在不同国家之间展开的商务活动中,与商品移动相关的运输、配送、保管、包装、装卸、流通加工及信息管理。全球供应链物流系统范围更广,物流成本较高,风险也更大。

2. 关系的复杂性

全球供应链涉及不同国家之间的商务活动。由于各国社会制度、自然环境、经营方法、生产技术和民族习惯的不同,物流环境也存在差异,环境适应性要求高,供应链结点企业之间的关系复杂,因文化差异而使合作难度更大。

仅就物流的复杂性而言,就包括国际物流通信系统设置的复杂性、商业法规环境的差异性以及国际物流标准的差异性等。

3. 运营高风险性

国际运输一般要跨越地区、海洋和大陆,存在远洋、航空、联运等多种运输方式。由于存在运输时间长、运转困难、装卸频繁、基础设施差异等因素,有较高的运输风险。

财务风险又可分为汇率风险和利率风险,主要指全球供应链运营中有关的资金由于汇率和利率的变动、通货膨胀而产生的风险。

政治风险是特殊的外来风险,指因军事、政治、国家政策法令以及行政措施等特殊外来原因所造成的风险。

4. 标准化要求高

由于全球供应链涉及国家多、范围广、文化差异大、运行环境复杂,尤其是国际运输与配送、国际仓储与库存、包装与装卸及信息交换等物流职能,需要在不同的法律、人文、习俗、语言、科技、设施环境下运行,大大增加了全球供应链运营的复杂性。

国际物流信息具有分布广、数量多、品种多、时效性强、双向反馈、动态追踪等特征,信息技术应用涉及条码技术、数据仓库、自动分拣、自动配货、优化配送、自动收费、动态监控、全球卫星定位、Internet信息网络等物流领域,物流技术和信息技术含量高。

三、供应链管理的概念、内容和本质目标

(一)供应链管理的概念

2021年,我国实施的国家标准《物流术语》(GB/T 18354—2021)定义的供应链管理(supply chain management,SCM)是,从供应链整体目标出发,对供应链中采购、生产、销售各环节的商流、物流、信息流及资金流进行统一计划、组织、协调、控制的活动和过程。

它是一种从供应商开始,经由制造商、分销商、零售商,直到最终用户的全要素、全过程的

集成化管理模式。其目标是从整体的观点出发,寻求建立供、产、销企业以及客户间的战略合作伙伴关系,最大限度地减少内耗与浪费,实现供应链整体效率的最优化。

(二)供应链管理涉及的内容

供应链管理涉及以下四个主要领域:供应(supply)、生产作业(schedule plan)、物流(logistics)、需求(demand),如图 1-3 所示。供应链管理是以同步化、集成化生产计划为指导,以各种技术为支持,尤其以 Internet/Intranet 为依托,围绕供应、生产作业、物流(主要指制造过程)、需求来实施的。供应链管理的目标在于提高客户服务水平和降低总的交易成本,并且寻求两个目标之间的平衡。

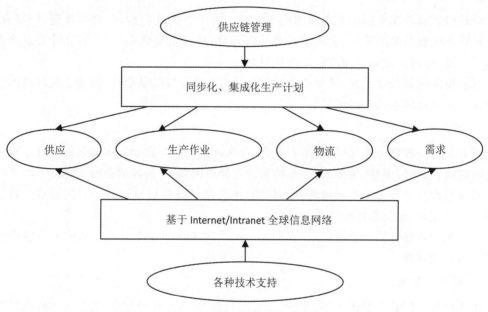

图 1-3　供应链管理涉及的领域

(三)供应链管理的本质目标

供应链管理的本质目标是,将合适的产品或服务(right product or service)按照合适的状态与包装(right condition and packaging),以合适的数量(right quantity)和合适的成本费用(right cost),在合适的时间(right time)送到合适客户(right customer)的合适地方(right place),并使成本为最小,即物流 7R 理论。

以更完整的产品组合,满足不断增长的市场需求;面对市场需求多样化的趋势,不断缩短供应链完成周期;对于市场需求的不确定性,缩短供给与消费的市场距离,实现快速与有效反应;不断降低整个供应链的成本和费用。

(四)供应链管理涉及的主要问题

供应链管理涉及的并不仅仅是物料实体在供应链中的流动,供应链管理还注重以下主要问题。

1. 随机性问题

包括供应商可靠性、运输渠道可靠性、需求不确定性、价格波动影响、汇率变动影响、随机固定成本、提前期的确定、顾客满意度的确定等的研究。

2. 供应链结构性问题

包括规模经济性、选址决策、生产技术选择、产品决策、联盟网络等的研究。

3. 供应链全球化问题

包括贸易壁垒、税收、政治环境、产品各国差异性等的研究。

4. 协调机制问题

如供应—生产协调,生产—销售协调,库存—销售协调等。

5. 其他问题

战略性供应商和用户伙伴关系管理;供应链产品需求预测与计划;全球节点企业的定位、设备和生产的集成化计划、跟踪和控制;企业内部与企业之间物料供应与需求管理;基于供应链管理的产品设计与制造管理;基于供应链的用户服务和运输、库存、包装等管理;企业间资金流管理(汇率、成本等问题);基于 Internet/Intranet 的供应链交互信息管理。

（五）供应链管理与传统管理模式的区别

(1)供应链管理把供应链中所有节点企业看作一个整体,涵盖从供应商到最终用户的采购、制造、分销、零售等领域过程。

(2)供应链管理强调和依赖战略管理。

(3)供应链管理最关键的是需要采用集成的思想和方法,而不仅仅是节点企业、技术方法等资源的简单连接。

(4)供应链管理具有更高的目标,通过管理库存和合作关系达到高水平的服务,而不是仅仅完成一定的市场目标。

第三节　国际供应链发展动因

发达国家的国际化企业为了更充分地利用全球的资源优势,尤其是发展中国家劳动力优势,将国际分工从产品间扩大到产品内,把自己不具比较优势、附加价值低的工序或生产环节如加工与装配等向发展中国家转移,自己则专注于具有比较优势、擅长的如研发、设计、销售等核心业务,从而提高企业的竞争优势与核心竞争力,以获得在全球竞争中的领先优势。这是全球供应链产生和发展的重要原因。

一、技术进步驱动

技术进步是推动国际供应链发展的前提。

(1)产品结构日益复杂化,随着技术的进步和生产力的提高,出现了分工和社会化工业生产,产品日益复杂;技术的进步使新产品的开发能力和速度不断提高和加快,产品的种类也日益增多。

(2)运输成本不断降低,技术革命带来了当代的运输革命。一是远洋运输技术进一步完善,特别表现为大宗货物运输费用大幅下降和运输时间节省;二是航空运输成本大幅下降,为国际生产分工和国际贸易提供了新的运输手段;三是高速公路的普及对国内市场重新整合和国内产品内分工具有重要意义。

(3)信息技术的进步,尤其是信息革命,对全球供应链的发展提供了重要条件。

二、全球市场的驱动

全球市场的驱动来自海外竞争者的挑战和海外消费者所提供的机会。即使是一家没有海外业务的企业,也会受到外国企业出现在本土市场上时所造成的影响。为了成功地捍卫本土市场,进军海外市场也许是企业的必然选择。

三、国际分工驱动

国际供应链的产生和发展是国际分工深化的必然结果。分工理论是经济学中的一个重要理论,其对供应链的出现更具有决定性作用。国际分工包括以下三个方面。

(1)行业间分工,这种分工格局形成了以垂直分工为特征的国际分工合作体系。

(2)行业内分工,即不同国家同一产业内部的专业化分工。

(3)产品内分工,是指特定产品在生产过程中,根据产品的工序的不同或者零部件对资本、劳动、技术等生产要素比例的投入要求的差异,将不同的零部件或工序生产在空间上分散到不同的区域或国家进行,各个区域或国家按照工序的不同或零部件的不同进行专业化生产或供应。其突破了产品的界限,深入到了产品生产过程中,是国际分工的新形式,是国际经济化的展开结构,与其近似的概念有全球外包,海外外包,转包零散化等。

第四节　国际供应链的脆弱性与恢复能力

一、国际供应链的脆弱性

(一)国际供应链脆弱性的内涵

由于供应链上下游的各个节点企业具有紧密的关联,供应链内部也存在复杂的资金流、物质流和信息流交换,可以看出供应链外部环境的动态性变化以及内部复杂的联系极易使供应链受到影响。供应链脆弱性是由供应链内部和外部风险影响而使供应链暴露的严重功能障碍和扰动,是由供应链内部风险和外部风险造成的对供应链可能的破坏性。由于国际供应链内部、外部系统构成要素更加多元化,随着国际分工的不断深化和复杂化,全球产业链的外部环境也面临着巨大转变,国际供应链的内在脆弱性随之凸显。

供应链脆弱性包含三个因素:一是扰动,即外部对于供应链的破坏性冲击;二是暴露,即供应链本身具有薄弱环节而容易受到破坏性冲击;三是扰动和暴露使供应链出现的与目标偏离的负面结果,最严重的后果就是导致供应链的断裂。

(二)国际供应链脆弱性的影响因素

(1)从供应链系统内部视角,脆弱性源于供应链系统的内生变量。

供应链网络结构的复杂性、新技术的应用、产品多样化和生命周期缩短、个性化需求和客户偏好多变、市场变化的频率和振幅加大、市场的国际化以及生产规模的扩大等原因使得现在的供应链系统结构比过去更加复杂,增加了结构脆弱性。供应链节点企业自身的缺陷,供应链管理过于强调供应链运营的精益化,追求供应链瘦身,精简供应商和分销商数量,从而使得供应、制造与分销集中化,供应商和分销商的集中度提高,供应链节点企业依赖程度增加,导致供应链系统结构更加僵化,适应能力和应变能力削弱,影响供应链的稳定性。

(2)从第三方供应链服务嵌入供应链系统的视角,脆弱性源于供应链系统的嵌入性延伸。

为应对全球分工背景下的供应链全球化,多数大中型企业专注于核心业务以提升其核心竞争能力,选择将供应链服务外包。其结果形成了供应链服务企业的客户以大型企业或行业龙头为主、业务占比较大且较为单一的客户结构,营业收入集中度相对较高。这种供应链服务的嵌入性特点决定了企业客户黏性强、忠诚度高,形成具有依赖性和稳定性的长期合作。但若面临外部环境冲击致使一方的经营情况和资信状况发生重大不利变化,或发生突变扰动,会立即将不利变化和扰动传导给供应链系统,暴露供应链的脆弱性。

(3)从供应链面临的环境视角,脆弱性源于供应链的外部突发事件的扰动。

供应链突发事件是在某种必然因素支配下出人意料地发生、造成严重损失或影响且需要立即处理的事件。包括影响供应链稳定的人为灾害和自然灾害构成的脆弱性环境,这些扰动因素具有很强的随机性、动态性和无法预测性,可能对协调的运作良好的供应链系统造成不同层面的影响。突发事件包含自然灾害、地缘政治冲突、公共卫生事件、恐怖事件、事故灾难、行业危机等。这些影响将直接导致供应链的不协调或者原有计划不可行。

供应链的脆弱性在不同时期不同环境下具有不同的特征,在当前新的国际环境影响下表现出新的特征,构成供应链的新型风险因素。

(三)降低国际供应链脆弱性的方式

1. 减少潜在的破坏

包括识别异常情况或者系统中未经授权的人,由于管理系统变得越来越复杂,未经授权的人也越来越难以被发现。可以采用的方法是模式识别,然而这种方法存在的问题是,它所有能控制的根基,只适用于重复工作的过程,例如企业生产活动的过程,而这种重复的过程最终会让人们觉得厌烦。需要思考的是,我们是否真的愿意付出这个代价,或者我们是否有能力应用这一方法?

2. 安全驱动的协同

这种协同需要信息共享,然而,其成本是相当高的,与组织正常的发展趋势背道而驰。信息共享的结果是高度不确定的,毕竟信息对于企业自身来说是潜在的资源,而接收者可能仅仅把它当作数据。协同可以达到较好的效果因而值得发掘,它是一个处理复杂问题的有效方法,只是需要招募外部的机构和组织,花费一定的时间和金钱。

3. 及时监测突发事件

企业本质上通过拆分相互关联的部分来进行控制,以使其需要应对的复杂性最小化,但是在突发事件发生时需要重新连接这些相互关联的部分,这时候就要考虑减少威胁。那些发生可能性小但影响力大的事件通常难以预测,但是如果企业需要监测这些事件并迅速响应,则必须把监测当作一项常规的工作,掌握突发事件的严重程度。这需要企业深入地认识到这不是一项普通的商业活动,且需要利用信息技术提供相关的设备。

二、国际供应链的恢复能力

(一)供应链恢复能力概念

供应链恢复能力是指利用供应链的吸收能力和适应能力来降低外部影响,最大限度地减少供应链中断并以经济有效的方式将供应链性能恢复到正常运行状态的能力。在供应链遭到破坏后,如果企业能够比竞争对手作出更加积极有利的反应,这潜在地可以成为企业的竞争优势。这就意味着,如果竞争对手不能够迅速恢复供应链,而本企业可以在空白期为竞争对手的顾客提供服务,这样企业就将这个机会变成了自己竞争的资本。

建立有恢复能力的企业供应链,应该在战略上主动改变企业的运作方式并增强其竞争力。供应链的安全问题很大程度都是由于不确定性造成的,要实现供应链安全就需要减少不确定性,这就意味着要减少供应链遭到破坏的可能性并增强恢复能力。管理者需要应对各种风险以及供应链的脆弱性带来的破坏,建立有恢复力的企业是一个策略性的创举,它可以改变企业的运作方式并增强其竞争力。Yossi Sheffi 指出,在"9·11"事件以后,美国和西方国家进入了新纪元,即要预防大规模的恐怖主义行为,这些变化将会对供应链的管理者调整与供应商和客户的关系,以及运输过程和修正库存管理策略等企业行为产生影响。从过去的灾难可以看出能够及时反应对企业来说是至关重要的。James B. Rice, Jr. 和 Federico Caniato 提出建立一个既安全又有恢复能力的供应网络的方式,指明首先应该认识到安全和恢复能力这两者是不同的,当发展计划分别集中在安全和恢复能力上时,两者之间的差别就变得非常重要。提高安全主要从实体、信息和运输三个方面作出反应,特别注意员工的选拔和雇用惯例。为了增强供应链的恢复能力,尽量减少突发事件对供应链的不利影响,确保货物、集装箱、人员等的安全,国家制定了一些强制性的规则、协议等,同时运用先进的技术,对实现供应链安全起到了举足轻重的作用。

(二)提高国际供应链恢复能力的途径

每个企业都是其供应链上的一部分,它依赖于供应商、物流公司、分销商、零售商等把最终产品移交给用户,企业的恢复能力是其竞争地位和供应链反应能力相互作用的结果。在竞争性市场中,反应迅速的企业能够占据较大的市场份额,就有更多机会巩固它们的领先地位。这些企业对提高恢复能力的投资为其带来了高利润,这象征性地证明这方面的投资是合理的。企业可以从以下几个方面提高供应链的恢复能力。

1. 企业的文化理念

突发事件在早期可能看起来非常不明显,要在早期预估出一场突发事件的规模,需要不断地发现占优势的行为,重视文化对一个组织灵活性和恢复能力的贡献。对于突发事件的反应不能够按照一个已经定义好的程序来执行,而是需要具有环境意识和接近事故的一定水平的主动性,并进一步依赖总的计划制定策略。恢复能力的一个重要原则就是授权前端的雇员,在现有情况基础上迅速并主动地采取行动。这就要通过企业文化和精神,实现对内的整合,达到对外部竞争环境的适应。

2. 供应商的选择

企业要确保至少有两个供应商,在有些特定的情况下,关键的部分甚至有更多供应商。有些企业减少了供应商数目,但是深化了其与各个关键部分的供应商的关系,关键供应商带来的好处可以反映出这种方法的可行之处,尤其对于那些技术性要求严格的部分外包,如果企业选择与单一的供应商合作,它就必须与其发展深厚的关系并且紧密合作,否则就会给企业带来很大的风险。有些企业可能会选择与较多的供应商发展一般的合作关系,这样他们就可以分担失去关键能力带来的风险。

3. 设备转换能力

变换的灵活性能够度量企业应对突发事件的能力,快速反应包括使用标准化的过程和具有协同工作能力的多个场所。由于设备和过程都是可互换的,熟悉某个场所操作的人应该能够操作它们中的任何一个。例如,如果一个企业拥有多个仓库,在各个仓库之间都使用相同的管理系统进行统一管理,就比多个仓库各自使用不同的仓库管理系统要灵活得多,而且反应的速度也会更快。

4. 信息化的控制系统

在复杂国际环境下,保证供应链实现物流全程可视化,可有效提高供应链的恢复能力。该系统的追踪和反馈能力可以帮助客户预见最近的运输情况,可以探测到可能导致更大问题的异常情况,增强迅速探测突发事件的能力。

5. 适当增加冗余

增加冗余最普通的形式就是安全库存、使用多个供应商供货,即使它们的成本价更高或能力利用率低,安全库存增加的成本、额外供应商或者备用的仓储都有效地成为应对供应链风险的保障。冗余是保持反应的必需能力,主要通过在产生需求之前进行投资来进行。

企业要从根本上有效地增强其恢复能力,能够采取的最重要的策略就是增强灵活性,灵活性不仅在突发事件发生时可以增强恢复能力,在企业正常运作时也能够获得运作效率和益处。灵活性和冗余之间一个很重要的区别是后者包括可能需要或不需要的能力,灵活性包括在生产不同产品或提供不同服务的客户之间进行权衡,而这与冗余是不一样的。最终,企业可以根据自身的特点,例如成本和服务的特性、产业的性质等因素选择适合自己的方式。

知识窗

新经济(new economy):指建立在信息技术和创新制度基础上的经济,其主要发展动力源于信息技术革命。

经济全球化(globalization):指商品、服务、信息、生产要素等的跨国界流动的规模与形式不断增加,通过国际分工,在世界范围内提高资源配置的效率,从而使各国间经济相互依赖程度日益加深的趋势。

国际供应链(international supply chain):指一个国际化的企业通过掌握全球最经济的原料,在最经济的国家生产,以最经济的方式,满足全球的需求。

供应链(supply chain management,SCM):指从供应链整体目标出发,对供应链中采购、生产、销售各环节的商流、物流、信息流及资金流进行统一计划、组织、协调、控制的活动和过程。

供应链脆弱性(supply chain vulnerability):是由供应链内部和外部风险影响而使供应链暴露出的严重功能障碍和扰动,是由供应链内部风险和外部风险造成的可能对供应链的破坏性。

小 结

信息技术革命的推进和新经济的发展,导致全球经济一体化进程加快,全球市场日益发展,全球竞争加剧,企业要想在这种严峻的竞争环境下生存下去,必须具有较强的处理环境变化和由环境变化引起的不确定性的能力。因此,要能够作出快速反应、各节点企业紧密合作的国际供应链便发展起来了。本章分析了国际供应链产生的时代背景,概述了国际供应链定义、类型、结构模型、特征,介绍了供应链管理概念、内容和本质目标,进一步阐述了国际供应链发展动因,同时对国际供应链脆弱性的内涵和影响因素、国际供应链的恢复能力进行了深入探讨。

练习与思考

1. 试述国际供应链管理思想产生的时代背景。
2. 分析国际供应链发展动因和发展趋势。
3. 简述供应链的概念与本质目标。
4. 什么是国际供应链的脆弱性?它的影响因素有哪些?

综合案例

数字资源1-1 大国博弈下全球供应链的中断风险与"备胎"管理——基于华为公司的案例

第二章
国际供应链战略与运作管理

本章导读

　　近年来,国际供应链管理研究得到了一定的建设性的发展。碎片化研究、相关性考察研究涉及不同方面,如有效物流管理、供应商关系管理、供应链整合、供应链安全以及供应链重组等,有助于深入理解国际供应链管理的运作机理,不断优化供应链的结构。然而,国际供应链研究也不可避免地存在着一些问题。首先,由于不同国家的供应链环境和基础设施的差异,很难进行国际上的比较和分析,因此研究面临抽象化和经验性的局限。其次,国际供应链环境复杂,容易出现危机,难以提出综合防御措施。此外,当前国际供应链研究仍处于理论空白,无法提出系统性的建议。而且,由于国际供应链的开发和重组的背景不尽相同,国际供应链还存在不确定性。在此背景下,国际供应链管理研究应进一步深入,加强基础理论学习,吸收国内外学术研究的成果,提出更深入实用的国际供应链模型。

学习目标

　　通过本章的学习,了解国际供应链管理的概念与特征;熟悉国际供应链管理的主要功能、内容及其改善方法;掌握供应链管理系统的概念、内容和结构;了解国际供应链管理模型由来及机构和运用方法。

第一节　国际供应链战略管理概述

　　习近平总书记在党的二十大报告中强调"着力提升产业链供应链韧性和安全水平",这为我国完善产业政策、科技政策、开放政策,加快构建新发展格局指明了方向。提升我国供应链国际竞争力,必须深入把握当前全球供应链的发展新趋势,并在此基础上实施有针对性的政策措施,提升国际供应链战略管理水平。当前全球供应链的新发展趋势既为我国参与

国际供应链管理

国际分工带来新机遇,也带来许多新挑战,我们应抓住机遇、积极应对挑战并最终提升我国供应链在国际上的竞争力。

一、国际供应链战略管理的概念与特征

（一）国际供应链管理的概念

自20世纪90年代以来,人们认识到,任何一个企业都不可能在所有业务上都做到世界最杰出水平,企业只有优势互补,才能共同增强竞争实力。为了使在全球范围内加盟供应链的企业都能受益,并且要使其中每个企业都有比竞争对手更强的竞争实力,就必须加强对国际供应链构成及运作的研究,由此诞生了国际供应链管理这一新的经营与运作模式。

国际供应链管理（global supply chain management,GSCM）是通过前馈的信息流（需方向供方流动,如订货合同、加工单、采购单等）和反馈的物料流及信息流（供方向需方的物料流及伴随的供给信息流,如提货单、入库单、完工报告等）,将供应商、制造商、分销商、零售商直到最终用户连成一个整体的模式。供应链既是一条从供应商的供应商到用户的物流链,又是一条价值增值链,因为各种物料在供应链上移动,是一个不断增加其市场价值或附加价值的增值过程。

国际供应链管理是应用供应链管理的基本理念、模式、工具和手段等,对全球网络供应链的经营运作进行控制和管理。在形式上,它是供应链管理功能的一种扩展和延伸,它的基本原理与一般供应链管理的原理相同,只是管理对象更加复杂、管理范围更加宽广以及管理模式更加多样化。

（二）国际供应链管理的特征

国际供应链管理就是以全球化的观念,将供应链的系统延伸至整个世界范围,强调在全面、迅速地了解世界各地消费者需求、偏好的同时,对其进行计划、协调、操作、控制和优化,供应链中的核心企业与其供应商以及供应商的供应商、核心企业与其销售商及至最终消费者之间,依靠现代网络信息技术支撑,实现供应链的一体化和快速反应运作,达到商流、物流、资金流和信息流的协调通畅,以满足全球消费者需求。

（三）国际供应链战略管理的概念

关于企业战略比较全面的看法有著名的"5P模型"说,即从企业未来发展的角度来看,战略表现为一种计划（plan）;从企业过去发展历程的角度来看,战略则表现为一种模式（pattern）;从产业层次来看,战略表现为一种定位（position）;从企业层次来看,战略则表现为一种观念（perspective）;此外,战略也表现为企业在竞争中采用的一种计谋（ploy）。

战略管理（strategic management）则是指对企业战略的管理,是指企业确定其使命,根据组织外部环境和内部条件设定企业的战略目标,为保证目标的正确落实和实现进度谋划,并依靠企业内部能力将这种谋划和决策付诸实施,以及在实施过程中进行控制的一个动态管理过程。它包括战略制定/形成（strategy formulation/formation）与战略实施（strategy implementation）两个部分。

国际供应链战略是一种集成的管理思想和方法,它强调整个供应链的效率和效益,注重企业之间的合作,其目标在于提高顾客满意度和降低总成本,并寻求两个目标之间的平衡,从而使供应链上的企业能够获得并保持持久的竞争优势,提高供应链的整体竞争能力。国际供应链战略管理则是企业尤其是跨国企业对本企业实施的国际供应链战略所进行的全面管理,从而实现以最优化的成本满足客户需要的目标,实现全球范围内的供应能力和市场需求相匹配的目标。

二、国际供应链战略管理的主要功能

任何一个公司,即使是大型的跨国公司,采用一体化的国际供应链管理的过程都是循序渐进的,并非一蹴而就。实施国际供应链战略管理必然经历几个重要的发展阶段。以下从公司的五种基本职能入手,即从产品开发、采购、生产、需求管理与订单履行入手,简要说明国际供应链战略管理的主要功能。

1. 产品开发

产品的设计应便于修改,以适应不同的主要市场,并能在不同机构内制造出来。这种设计有时难以实现,但却十分有用。尽管设计不同市场都通用的产品比较困难且有风险,但还是可以设计出一种基础产品,该设计应易于修改,以适应不同市场的需要。在这方面,配备国际产品设计团队有助于这一工作的开展。

2. 采购

从全球的供应商那里采购重要生产物资对公司比较有利。这样可以保证原材料的质量与灵活的发货期,而且采购人员也可以比较不同供应商之间的价格差别。同时,全球范围内的供应商,也能够对国际供应链的灵活性提供保障。

3. 生产

分布在不同地区的冗余生产能力与冗余工厂,对公司实现地区间的生产转移至关重要。这种转移是充分利用国际供应链优势的策略。为了实现这种转移,必须建立有效的交流系统以实现供应链的有效管理。其中,集中式管理对有效的交流系统是很重要的,集中式管理必须提供集中化的信息。集中式管理在作决策时,有关工厂、供应商与存货现状的信息都是必需的。另外,由于在一个复杂的供应链上,各个工厂互为供应者,因此工厂与工厂间的有效交流与集中管理,可以使链上的生产厂家对当前的系统状况十分清楚。

4. 需求管理

一般情况下,需求管理是根据地区的需求预测与适宜的产品,来制定整体的促销战略与销售计划的。为了实现供应链的一体化管理,公司的需求管理应该在一定程度上具有集中化的特征。同时,以地区为基础的分析,可以提供需求管理需要的以市场为基础的敏感信息。因而,与生产一样,链上各个单元间的交流,对于国际供应链战略管理的成功是十分重要的。

5. 订单履行

为了成功地利用国际供应链系统的灵活性,集中式的订单履行系统是十分重要的。这样,各个地区的消费者就可以从国际供应链上方便地拿到产品,就像从当地或地区供应链上订货一样。如果这一过程十分不方便,顾客就会转向别处,那么全球的供应链提供的灵活性就变得毫无意义。公司只有已经为柔性供应链战略做好准备,才能充分利用国际供应链去运作。

三、国际供应链战略管理的内容

打造成功的全球供应链,首先要有正确的供应链战略。如果说国际供应链是全球经济一体化的必然产物,那么国际供应链战略管理就是企业乃至整个社会实施全球化战略的必然要求。全球化的经营使供应链运作的范围扩大,在初期有可能引起成本增加、效率降低和组织的细化和分散,也会使管理的难度加大,使企业间特别是异国企业间的沟通交流非常困难,协同运作更是难上加难。

然而,运用全球网络供应链管理的理念和模式,利用它的解决方案软件系统和其他信息技术作为手段和工具,特别是借助因特网的低成本、高效能的信息传输平台,消除了信息交流和共享的障碍,加强了企业间的业务交流和协作,集成了企业间的业务流程,加速了业务处理速度和对市场和客户需求的响应速度,提高了企业和整个供应链的管理效率。因此,可以说,国际供应链战略管理是国际企业间资源集成的桥梁。它可以使全球资源随着市场的需求实现动态组合,以适应不断变化的客户需求和服务,实现企业间多形式的合作,使企业更具有联合优势,并从全方位的角度考虑资源的整合。

每天,在全球范围内要发生数以亿计的交易,而每一笔交易都是供应链上发生的事件。当前,供应链上环环相扣的业务,从对市场和客户的需求分析,对资源的供给管理,对新产品的研究开发,对策略资源的获取,产品的加工制造、分销和出售,一直到订单的履行交货和运输配送等,都必须纳入国际供应链战略管理的范围之内。可想而知,经营需要作出决策,流程需要进行优化,其业务处理事件之多、信息量之大,致使管理要比对一般供应链的管理更复杂、更困难。

因此,必须利用先进的信息技术,利用国际供应链的管理软件系统和其他先进的信息技术,对信息进行精确、可靠和快速的采集与传送,才能有效地处理好这些复杂的事务。今天,因特网和电子商务技术提供了一个对国际供应链上的信息进行交流和处理的强有力手段,使供应链成员间通过因特网进行信息共享和交流,在电子商务平台上实现企业业务之间的协同运作,合理调配供应链上的资源,加速存货与资金的流动,提升了供应链运转的效率和竞争力。因此,这些新技术的出现,为国际供应链战略管理提供了巨大的支持和保障。

四、国际供应链战略管理的特点

在国际供应链体系中,供应链的成员遍及全球,生产资料的获得、产品生产的组织、货物的流动和销售、信息的获取都是在全球范围内进行和实现的。国际供应链管理有如下特点。

第一,它能按需提供信息,为管理人员强化管理提供了方便。第二,它能跨越组织边界将供应链中各相关的组织单位联结起来,并协调各组织间的关系和运行。第三,由于各组织的协调运行直接通过实时信息交换进行,无须人工干预,因而它的有效控制和协作范围均比以前有所扩大。第四,它可将运行合作关系扩大到各个外部组织之间,并可对合作方的分离作出反应,鼓励进一步向第三方寻求外援。第五,它在集中控制的同时,还能将决策能力分散给各地区组织,允许各地区组织了解它们决策后所产生的相互影响。

显然,能成功地管理物流和产品流各个阶段的系统,并不能成功地从整体上管理供应链,尤其是国际供应链。在信息流通道中,通常存在着各种障碍,这些障碍使信息在供应链中扭曲和失真,并且使之延时。

在供应链管理中,存在这些障碍的原因主要有以下几点。首先,管理人员反对用正式的信息系统作为规划基础;其次,尽管有关各方十分明确供应链的总体目标,但他们通常对规划结果不感兴趣;再次,缺乏直接进行战略决策的发起者和组织者,使系统处于无组织的"真空"状态;最后,对组织系统和信息系统现有的安排,可能会引出与以前截然相反的新战略。

成功的供应链管理,一方面正在向全球化发展并在不断地取得进展,它需要得到组织的支持,以使其向有利于管理的方向发展;另一方面由于它的目标范围广大,又使各组织难以统一接受,这是目前建立信息系统所必须重视和应予以解决的一个问题。

成功地实现国际供应链战略管理的关键因素有四个。第一,实时的全球化可视性。这种可视性必须横跨整个供应链并具有前瞻性。它使供应链上的每一个成员都能够洞悉整个链上可能发生的事情,以便及早作出计划。第二,资源的合理利用性。它是指对资源的供应和来源进行优化配置,从而合理地实现社会分工和资源整合,以降低整个供应链的总运作成本。第三,上下游企业间的协同性。它可以使所有供应链成员共享业务信息(预测信息、POS 数据、业务计划、库存和物流信息等),使它们的业务活动协同运作,将延误和不协调的程度降到最低。第四,快速响应性。它要求供应链上所有成员针对市场和客户多变的需求,及时抓住机会,推出新产品和满意的服务,抢先占领市场。这四个因素是缺一不可的,只有运用好这四个关键因素,取得综合效益,才能使产品和服务快速通过供应链,为企业、为整个社会,快速、低耗和高效地创造财富。

五、积极改善国际供应链战略管理

2020 年 4 月 10 日,在中央财经委员会第七次会议上,习近平总书记强调要构建以国内大循环为主体、国内国际双循环相互促进的新发展格局。为此,必须加快构建支撑国内国际双循环的国际物流与供应链服务体系,供应链战略管理创新成为趋势。

从国家和政府层面来讲,由于国际供应链战略管理涉及的国家和地区较多,而国家间贸易能否正常往来又和政治因素紧密关联,因此,国际供应链的正常和高效运行,其基石是能促进这种供应链正常运作的国家间的贸易协定和相关协议。

从供应链管理所涉及的技术层面来讲,随着物联网技术的兴起,大量新的技术被开发应用到国际供应链体系中。随着物联网技术的迅猛发展,任何物品都可以通过互联网进行连接,实施信息交换和通信。企业不仅可以实时比较国际范围内供应品的采购信息,也可以通过国际供应链系统即时获得商品在国际范围内的价格信息。

从计划实施国际供应链战略管理的企业层面来讲,企业应该把供应链管理当作一种国际性的竞争战略来对待,利用国际供应链管理实施国际化的采购、生产和销售布局,通过国际供应链战略管理来降低生产成本和管理成本,提升商品和服务在市场上的竞争力。

虽然跨国公司都在发展国际供应链,但是并不是所有的国际供应链的战略都达到了其最初设计时所设想的效果。在 Mandyam M. Srinivasan、Theodore P. Stank、Philippe-Pierre Dornier 和 Kenneth J. Petersen 合写的书中,他们问道:"为什么有这么多的公司发现全球采购并没有实现他们预想的成本节约?"他们提出,公司应该考虑选择国际供应链的全部成本,而不是像许多公司一样只考虑国际供应链的价格成本本身,应该考虑产品的直接成本、间接成本(交货期的成本,可能损失的销售额,质量的成本,成本的灵活性),还有世界环境中已存在的风险。他们通过与世界一流的供应链人员进行讨论,提出了五个管理复杂国际供应链的方法:一个有效率的全球标准化作业流程;一个有效的管理项目复杂性的程序,特别是对产品的复杂性的管理;强大的供应商合作伙伴关系;在国际供应链所在国拥有一个优秀的团队;对整个国际供应链的清晰的可见性以及快速的反应能力。

第二节　国际供应链管理系统

一、国际供应链管理系统的结构及其建立和完善

（一）国际供应链管理系统的结构

图 2-1 所示为国际供应链管理系统的金字塔结构,它的基层是供应链相邻的供需双方的物料、中间产品及服务的交易信息。中间层为处理常规信息的应用程序,在这一层中对信息进行处理可以避免在高层中对其进行人工干预。金字塔的顶层为管理决策支持系统,它对数据进行综合分析,并向管理者提供分析结果、解释及决策依据。

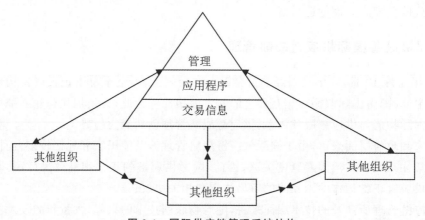

图 2-1　国际供应链管理系统结构

国际供应链管理系统由数据驱动,因而国际供应链更加需要标准化数据。供应链包括供货、生产、装配、运输、批发等多个环节。数据由用户订货开始,各种交易随之在上述各环节中发生,并以成品运到用户为终止。各种数据通常通过 EDI 完成。数据交换远比订货这一起始交易更为重要,在协调各组织单位间运行、预测和生产运输能力规划中起到了基础的作用,是企业进行战略决策不可缺少的环节。

（二）建立和完善国际供应链系统

首先，在规划网络内的设施数目、地点及规模时，必须根据市场和客户的需求、企业自身的资源和能力以及可使用的供应商与合作伙伴的资源，来进行总体规划。同时，由于涉及海外运输业，还须考虑相关国家、地区的政策法规、人文状况、经济环境、当地的资源配置和基础设施等情况。

其次，要根据供应链下游市场和客户的需求逐层向上确定网络结构中每一层货物的进出总量，每一个节点的供应范围和数量，如生产数量、存储数量、加工数量和配送数量等；确定节点间的运输工具与方式、运输路线、数量和规模等；还需要注意各层次间的资源调配、能力匹配和业务流程间的有机衔接。例如，为了保证供应链上的全球物流畅通，可以考虑用分段联运制的运输方式，充分发挥每一区域的地理优势，以节约成本；或为了节省基础建设的投资，可尽量利用供应商、中间商、合作伙伴和服务商甚至是客户的仓库资源，并使这些资源和能力配合协调；或避免在供应链上出现某一层仓库储存过多、时间过长，导致供应链不均衡的状态等。

再次，在构建和完善物理网络的同时，也要构建完善的信息网络，利用先进的信息技术实现信息的集成和共享，以及各项业务流程的集成和整合，为供应链上的各项业务服务。特别是要充分利用因特网和电子商务技术在国际业务中的运用，缩短时间和空间的距离，加强交流、减少成本，实现供应链上下游间的协同运作。

最后，网络规划要考虑现代信息技术、生产技术和物流技术的发展，使整个网络具有可伸缩性和可持续发展性，以备将来的扩张和扩建。

二、国际供应链管理的优点与动力系统

（一）国际供应链管理的优点

国际供应链管理的优点包括：加快供应链的资产流动速度，减少资产占用成本和产品的总成本；通过在线输入和处理订单，快速共享客户需求信息，并使客户更快获得所需产品，以提高客户满意度；缩短从设计到生产的周期，提高市场份额；根据市场需求灵活度设计、改进和淘汰产品；将部分业务实施过程外包，集中力量做好主营业务，但仍保证产品质量。

（二）国际供应链管理的动力系统

国际供应链管理的推动，需要许多主、客观环境的驱动力，包括国际市场的驱动力、技术的驱动力、全球成本的驱动力以及政治和经济的驱动力等。

1. 国际市场驱动力

国际市场的布局是基于利益的机会点，包括需求市场的需求信息产生、争取竞争优势机会的创造，以及竞争者的竞争压力等诸多因素。这些因素是企业在外国与新兴市场谋生的趋向动力，由这些因素驱动，企业的格局产生变动，例如，为争取具有高度利益市场的需求，企业被迫强化或重组组织集团的结构，或是采取发展区隔或优越的产品等策略。

国际市场驱动力来自海外竞争者的压力与海外消费者提供的机遇。即使对一家没有海

外生意的公司而言,外国公司在本国市场上的出现也会极大地影响自身的生意。为了成功地捍卫本国市场,公司也许有必要进军海外市场。当然,扩展海外市场也会有一定困难。另外,许多需求增长都来源于海外市场与新兴市场。造成对产品在全球范围内需求增长的原因之一是信息的全球化发展。

人们"已经变成全球公民,公司也变成了全球性的公司"。消费者的口味正在一致化,许多公司也在尽力满足这一趋势。显然,这是一种产业的自我发展趋势,因为一些公司开始国际化,它们的竞争者也不得不向国际化转变,以适应竞争。因而,许多公司都变成全球性的公司,提供适合全球消费者口味的产品,雇用来自世界各国的高素质的员工。

与这种国际化趋势一致的是,一些特殊的市场常常成为其他市场技术发展的领头羊。为了在竞争较为激烈的市场中占有一席之地,一些公司不得不发展和更新领先的技术与产品。具有这些产品的公司,可凭此在竞争不太激烈的地区开辟与占据更多的市场份额。例如,要想成为软件市场的佼佼者,必须进入美国市场参与竞争;同样,德国的机械工具市场与日本的消费电子市场,竞争都十分激烈。

2. 技术驱动力

一方面,为了获得市场竞争优势,科技化应用成为国际供应链管理的一大助力。信息系统的应用成为网络化营运的必备条件,包括如 e-SCM、CRM、ERP、PLM、CPC、e-Headquarter 等,国际供应链管理的范围越大,科技的效应越彰显。另一方面,为快速响应市场需求,营运的手法与网络化的技术相互配合,常常形成"实"与"虚"的妙用,例如,VMI 的设置、协同设计的系统、RFID 信息掌握应用、绿色信息系统的营运、行动商务的应用、ICT 应用的创新模式等,以提升从需求、设计、研发、采购、生产、配送、行销等一连串的效能与服务水平。商品生命周期变短,前置时间压力变大,速度的提升及服务满意度与科技应用的"适度"恰成正比。当然,这些境界与营运策略是一体的思维。

技术力量与产品是相关的。世界各国与地区都能提供零部件与需要的技术,许多成功的公司需要快速与高效地利用这些资源。为了实现这一目标,公司要让研究、设计与生产场地靠近这些地区。供应商参与产品的设计这一做法会特别有效。为了获得市场与技术,不同地区的公司经常互相合作,把合资工厂建在合作厂家附近。与此相对应的是,在世界各国或地区建立研究发展机构变得越来越普遍。主要有两个原因:一是由于产品周期缩短,时间变得重要起来,因而公司把研究机构建在制造工厂附近就十分方便,一方面有利于技术从研究机构向制造厂的转移,另一方面也有利于及时解决转移过程中出现的问题;二是不同的地区有着有不同技术专长的专家,例如,微软公司在英国剑桥设立了一个研究实验室,以充分利用欧洲的专家技能。

3. 全球成本驱动力

成本问题往往决定着企业海外设厂的厂址决策。过去,非技术劳动力的廉价成本常常是厂址决策的决定性因素。然而,许多新的案例研究表明,这种廉价成本带来的竞争优势常会被其增加的运作成本所抵消。某些情况下,廉价劳动力成为在某地设厂的主要理由。然而近年来,其他全球性的成本驱动力变得越来越显著。便宜的技术劳动力正在逐渐成为海外设厂的主要原因。例如,美国咨询公司的许多分析软件与程序设计软件都在印度生产,因为那里的程序设计成本更为低廉。

如何把供应商与消费者的供应链紧密连接起来,以提高效率? 其中,降低成本的有效办法往往是使供应链的不同参与方在地理上比较靠近。这使得在不同市场建立一体化的供应链十分必要。

最后,建立新厂时资本成本方面的考虑往往更多,甚至超过对劳动力成本的考虑。许多政府愿意提供减税或成本分摊方案来降低设立新厂的成本。另外,供应商降低价格,建立合资公司实行成本分担,这些都对厂址决策有着很大的影响。

4. 政治和经济驱动力

政治与经济驱动力将会极大地影响国际化趋势。政治因素有：贸易协议,像在欧洲、太平洋或北美贸易区内,区域贸易协议会使企业具有获取原料或制造上的优势;贸易保护机制,将会影响国际供应链的决策;关税及进出口配额,也会影响进口与否的决策。另外,安全议题及政府采购法等政策,也会影响跨国企业在不同市场的营运。

类似地,不同的贸易保护措施会对国际供应链产生影响。关税与配额会影响产品的进口,也会导致企业考虑在出口国或地区投资设厂。许多微妙的贸易保护政策,包括地方保护的要求,都会影响国际供应链。

三、国际供应链管理系统的构建(实例)

惠普的国际供应链战略是惠普供应链的宏观策略,而从供应链的各个环节来看,惠普为了适应市场,必须作出一系列新的改变,建立富有特色的供应链系统。特别是在 2001 年与康柏合并后,惠普的成绩有目共睹,这与惠普灵活的供应链管理有很大的关系。

(一)五种优化的供应链

惠普设计了独一无二的供应链,能够帮助每一种产品进行优化,同时进入不同的市场。目前惠普有五条不同的供应链,每一条都足以超越最强大的竞争对手。第一条是直接供应链;第二条是打印机业务独一无二的低接触率模式;第三条是所有简单配置的供应方式;第四条供应链涉及高附加值的复杂系统和解决方案;第五条是供应链管理服务业务。

惠普生产 40 种不同类型的产品及其衍生产品,包括照相机、打印机、游戏柄、打印纸、打印墨盒、传真墨盒、PC、服务器和商业系统等,产品类型广泛。惠普的这五条供应链能使其提高资金效率,对主要的四种顾客类型进行运输。它既服务终端客户,又服务销售渠道中的客户和合作伙伴。

比如惠普提供给零售商客户的运输,零售商不关心产品是打印机或个人电脑,还是笔记本计算机或游戏手柄,它们关心的是能否及时运输,能否顺利经营促销,是否有存货可见性。它们关心惠普怎样运货到它们的物流中心,而不管产品是在哪里生产的。在供应链中接近客户的那一端,供应链的特点是服务高度统一,但在供应链的上游,也就是惠普与不同供应商、合同制造商或自己的工厂联结的这一端,供应链就有很多分化。

这五条优化的供应链,满足了产品的领先要求,同时能够实现库存优化,降低了总拥有成本,成为惠普的制胜之道。

(二)Key Chain 解决方案催化电子采购

在惠普,成本的降低不仅仅体现在劳动力成本上,而且贯穿了产品价值链的全过程,在所有的运作中,有一个最大的功臣,就是惠普针对协作建立的 Key Chain 解决方案。

惠普 Key Chain 解决方案包括 5 个核心组件。其中,电子资源、竞拍与处理分析组件使惠普在使用电子资源方面实现了 10%~40% 的成本节省,平均 80% 的过剩材料得到挽救,利用动态价格每年节省数百万美元,在产品短缺期间保证业务流与客户满意度,产生新的模式与服务;信息与分析组件则用来降低成本与风险,利用企业采购之优势,管理合同文件,进行风险管理,通过提升对供应链的保障能力提高营业额;购买与销售组件通过价格保护,使合作伙伴能够灵活购买惠普的产品,惠普各个业务集团能够利用惠普全球资源优势,在整个供应链中确保快速支付;采购订单与预测协作组件帮助与合作伙伴实现自动交互流程,减少周转时间,降低风险,使双方的沟通实时、无阻,同时,对订单进行实时监控,与后台系统完美结合;而库存协作组件则可以更有效率地管理外包运作与库存,向供应商提供统一界面、同步沟通,通过实时降低的采购价格,以更高的运作效率来降低成本。

采用这一方案的意图很明显,就是要加强供应链管理和流动资金的核心竞争力,通过业界领先的流程和自动化系统,产生数亿美元的价值。显然,Key Chain 并没有让惠普失望,通过这一方案进行的电子采购和电子供应链管理及制造外包,使得采购成本下降了 17%,库存周转率提高了 60%,客户订单运作的周期缩短了一半。

(三)惠普的"价值协同网链"理念

基于对全球制造行业的深刻理解与把握,惠普提出了"价值协同网链"(value collaboration network, VCN)的发展理念。惠普"价值协同网链"致力于在供应商、客户、合作伙伴等价值链成员之间建立协同业务关系,提升了产品与服务的效能及企业的核心竞争力,帮助制造业主建立以客户为导向的扩展型业务系统。VCN 通过协作与价值创新全面满足了用户需求,将外包服务供应商、业务流程与系统、贸易合作伙伴完美结合在一起。其基础流程包括 ERP/供应链优化、用户/合作伙伴关系管理、产品生命周期协作等三个方面,帮助用户建立一个强大、集成、灵敏的供应链,围绕制造设计流程连接所有合作伙伴,在适当的时间开发最适合的产品。

(四)供应商管理

惠普对供应商或服务提供伙伴的管理方法是独特的。双方是合作的,惠普采用一种长期战略,为自己也为供应商寻找增加供应链附加值的方式。惠普支持其贸易伙伴、物流合作伙伴和产品供应商,使之给惠普的顾客带去更好的物流服务解决方案。

惠普与供应商都有一个执行保证程序"Pre - Merger"。这个程序包括惠普的 50 家最大、最关键的供应商和服务提供商,这些供应商占惠普采购费用的 90%。

惠普设置了执行委员、副主管以上级别的职位,负责代表、协调全球的惠普供应链利益。惠普与供应商们一年最少见面两次,预先计划和设定议程,而那些提出议程要求与议程相关的其他重要决策者须出席。这种会议的主旨是加强惠普与供应商的关系,从而使双方都获得好处。

(五)独特的"买—卖"过程

惠普有一个独特的"买—卖"的过程,这一流程是为计划和确保战略性原材料的购买,与惠普的合同制造商和原始设计制造合作伙伴共同进行。惠普每年通过这个流程购买约200亿美元的原材料,在这个流程中涉及4个合作伙伴,拥有一个非常完善的业务流程,而且有着很好的基础设施对其提供支持,这使惠普每1美元的采购都降低了超过70%的成本。这个流程是全球性的,通常被咨询公司作为行业中最佳流程案例,而且,惠普已经开始向几家客商提供这种服务了。

(六)案例点评

人们常说,要么适应,要么死亡;但适应可以带来收获,而且不会被阻碍。灵活的适应性意味着成本节约。供应链和供应链的发展真正帮助惠普获得了利益。事实上,惠普公司一直非常重视供应链管理,能在残酷的市场竞争中一直屹立不倒,灵活的供应链管理是其屡试不爽的绝招之一。它既满足了产品的领先要求,同时能够实现库存优化,降低了总拥有成本,成为惠普的制胜之道。

第三节 国际供应链运作管理

一、国际供应链运作SCOR模型

(一)SCOR模型的由来

随着供应链管理这一新兴的管理理念的出现,各大企业供应链管理混乱的现状亟须改变,以美国两家咨询公司——PRTM(现被PWC收购)和AMR(现被Gartner收购)为主导,联合美国的其他几个领先企业,在1996年宣布成立了供应链理事会(supply-chain council,SCC),当年年底便发布了第一版SCOR(supply-chain operations reference,供应链运作参考)模型以帮助企业实现供应链管理。

SCC作为一家独立的国际性非营利组织,经过20多年的发展,目前在全球八个地区设有分会,总计超过1000家会员单位,所包含的企业除了生产、服务、分销、零售等各常规领域企业外,还包括技术服务公司、商业咨询公司、学术机构及政府机构等。而SCOR模型作为第一个也是最为人熟知的供应链管理模型也不断在各个领域的实践中得到修正,现在最新的版本为14.0。

根据SCOR模型对于自身的描述,它为企业的供应链管理提供了一个连接绩效评价、流程再造、最佳表现和执行者能力的标准框架,发展至今已成为全球通用的供应链管理语言;它通过绩效测量和最佳表现的对比将目前流程状态的"as-is"进化为"to-be",也就是设计出未来流程状态。同时,它作为一个供应链诊断工具,在进行合理的运用后,可帮助持续解决供应链的五大挑战:卓越的客户服务(superior customer service)、成本控制(cost control)、计划和风险管理(planning and risk management)、供应商管理(supply/partner relationship management)、管理者技能(talent)。

(二)SCOR模型的内涵

SCOR模型是第一个标准的供应链流程参考模型,是供应链的诊断工具,它涵盖了所有行业。SCOR模型使企业间能够准确地交流供应链问题,客观地评测其性能,确定性能改良的目标,并影响其后供应链管理软件的开发。流程参考模型通常包括一整套流程定义、测量指标和比拟基准,以帮助企业制定流程改良的策略。SCOR模型不是第一个流程参考模型,却是第一个标准的供应链参考模型。SCOR模型主要由四个部分组成:供应链管理流程的一般定义、对应于流程性能的指标基准、供应链"最正确实施"(best practices)的描述以及选择供应链软件产品的信息。

SCOR模型把业务流程重组、标杆比拟和流程评测等重要概念集成到一个跨功能的框架之中。SCOR模型是一个为供应链合作伙伴之间有效沟通而设计的流程参考模型,是一个帮助管理者聚焦管理问题的标准语言。作为行业标准,SCOR模型帮助管理者关注企业内部供应链。SCOR模型用于描述、量度、评价供应链配置,标准的SCOR模型流程定义实际上允许任何供应链配置;在量度方面,标准的SCOR模型尺度能实现供应链绩效衡量和标杆比拟;在评估方面,供应链配置可以被评估以支持连续的改良和战略方案编制。

(三) SCOR模型的运用

在运用时,SCOR模型首先从横向上将整条供应链分为计划(plan)、采购(source)、生产(make)、交付(deliver)、退返(return)五大流程。

(1)计划:包括收集客户需求及可发运货物信息,以及为了平衡需求与生产而进行的行动方案安排,其作为公司业务的开端,为其他四个流程服务。

(2)采购:按照订单生产或计划生产来获取物资的过程。

(3)生产:按照不同要求组织原材料进行生产或者组织服务的过程。

(4)交付:按照计划在完成生产后进行仓储、拣选、包装、物流配送、开具发票等履行客户订单的过程。

(5)退货:由于各种原因,造成产品从客户手中返回企业并由企业返回供应商的过程,包括返修、回收。

这五个流程涵盖了现代单个企业或供应链上多个企业的工作过程,一个企业的"交付",对于其下游企业来讲便是"采购",而退返环节则可能涉及多个企业。同时作为一个标准框架,SCOR将企业的业务精炼整理为五个流程后,为不同类型供应链上的各企业间的界限都做了很好的定义,使企业间易于沟通,如图2-2所示。

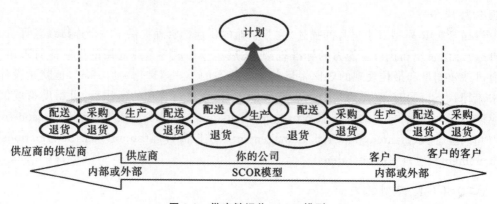

图2-2 供应链运作SCOR模型

(四)SCOR 模型运用的意义

SCOR 模型中所有流程元素都有其综合定义,如循环周期、本钱、效劳/质量和资金的性能属性;还包括与这些性能属性相关的评测尺度,以及软件特性要求。值得注意的是,SCOR 模型不是软件指南,而是业务流程指南,但它也可作为供应链管理软件开发商的参考。在许多情况下,改变管理流程即可使企业获得最佳业绩而不需要开发软件。

SCOR 模型是一个崭新的基于流程管理的工具,国外许多公司已经开始重视、研究和应用 SCOR 模型。大多数公司都是从 SCOR 模型的第二层开始构建其供应链,此时常常会暴露出现有流程的低效或无效,因此需要花时间对现有的供应链进行重组。典型的做法是减少供给、工厂和配送中心的数量,有时公司也可以取消供应链中的一些环节。一旦供应链重组工作完成,就可以开始进行性能指标的评测和争取最佳业绩的工作。

企业在运营中自始至终必须努力提高其供应链管理的效率。在提高其自身运作效率的同时,企业可以开始同供给商和客户一起开展被称为"扩展企业"(extended enterprise)的一种供应链成员间的战略伙伴关系。

SCOR 模型是第一个标准的供应链流程参考模型,是供应链的诊断工具,应用范围涵盖所有行业。SCOR 模型使企业间能够准确地交流供应链问题,客观地评测其性能,确定性能改良的目标,并影响今后供应链管理软件的开发。国外许多公司在中国的分公司已经开始依照其在国外应用 SCOR 模型的经验在中国应用 SCOR 模型。在中国,SCOR 模型也开始越来越受到大型企业的关注。

二、国际供应链运作管理内容

(一)供应链成员的选择

选择供应商时要考虑的主要因素有价格、质量、服务(交货准时性、提前期、批量)、存货政策、柔性、成本构成分析等。

供应链销售渠道的选择影响因素有销售范围与规模、下线的客户规模、预测能力、广告、市场占有率、投诉处理能力、渠道相关位置、信息技术、市场口碑等。

(二)供应链成员间的信息共享

在供应链成员间的信息共享中,管理者需要解决与谁共享、共享什么、怎样共享等问题。

(三)供应链成员利益分配

在供应链管理中,要进行利益分配,主要遵循原则包括坚持风险与利益相平衡,坚持个人合理利益,坚持多劳多得,坚持供应链总体规律(供应商的利益＜生产商的利益＜分销商的利益＜零售商的利益),供应链利益偏向有核心资源的主体,利益向具有核心竞争力的企业分配等。

(四)供应链风险承担与管理

在供应链运作过程中,加强风险管理,分配好成员的责任。在风险管理中,好的风险管理流程应包括风险识别、风险衡量、风险控制、风险管理实施与评价。可运用一些方法进行控制与管理，如运用期货与期权、订立完善的合同、建立好的利益分配机制、建立战略合作伙伴关系、加强信息交流与共享、优化决策过程、加强对供应链企业的激励、柔性化设计、风险的日常管理、建立应急处理机制等。

（五）供应链的整合与供应链协调

供应链的整合是指企业和它的供应链伙伴之间进行战略性合作的程度。通过协调管理组织内部和组织之间的业务流程，实现有效果、高效率的流程管理，主要流程包括物流、信息流（资讯流）、资金流、价值流和业务流。供应链整合应当以低成本和高速度提供最大的价值给客户为目标。供应链整合主要分为内部整合和外部整合。

供应链协调是在企业的决策和计划系统中应用流程管理的方法，产生一个协调市场、销售、生产采购、物流的有效的管理机制。同时，通过滚动和整合的计划方法进行市场目标、财务目标、库存目标、服务目标和生产目标的适时和合理的调整，从而提高企业整体的运营效率。供应链的协调包括生产计划协调、物流协调、价格协调、销售协调等。

（六）供应链成本控制

供应链有三个层次的成本：直接成本（指生产每一单位产品所引起的成本，包括原材料、零部件、劳动力和机器成本等，这些成本主要是由原材料和劳动力的价格所决定）、作业成本（指管理产品生产及交付过程中所引起的成本，这些成本因公司的组织结构而产生）、交易成本（包括处理供应商和客户信息及沟通所产生的所有成本）。

控制交易成本的主要方法有：建立以电子计算机为中心的网络信息系统，解决供应链中企业间的信息交互问题；采用 ERP 系统实现对供应链的有效管理，降低交易成本。作业成本的控制方法主要有三种：一是消除不增值的作业；二是改善低效的增值作业以降低成本；三是改变作业之间的联系以及通过作业再造降低成本。

（七）供应链契约管理

供应链契约是指通过提供合适的信息和激励措施，保证买卖双方协调，优化销售渠道绩效的有关条款。供应链的契约主要包括定价决策契约、订货决策契约、供应商持股与零售商售股的激励契约、批发价格契约、协调契约、收入共享契约、利润共享契约、收益共享契约、回购契约、退货契约、期权型契约、数量柔性契约、数量折扣契约、数量弹性契约、价格补贴契约等。

（八）供应链战略伙伴关系管理

供应链企业间战略合作伙伴关系本质上要求各伙伴企业在共同利益目标下相互信任、信息共享，以达到"双赢"（win-win）。基于相互信任、互惠互利、信息共享、风险共担、协同工作等一些基本原则，企业之间以协议或者契约方式联系起来，借以保障交易活动的顺利进行。供应链战略合作伙伴关系是一种竞争性的合作关系，具有相对稳定性。运作协调性是供应链管理持续追求的目标，同时也是供应链企业关系最重要、最本质的特征。

(九)供应链成员激励

对供应链中的成员,必须用一些不同的激励方式进行激励,如价格激励、订单激励、商誉激励、投资激励、信息激励、淘汰激励、新产品或新技术的共同开发和组织激励等。

(十)供应链的客户需求管理

企业必须以关键客户和合适客户的需要为起点,以客户需求满足过程中的价值最大化为目标,所有的资源和流程都需要进行优化,以更好和更快地服务于客户,其结果使产品和服务高质量、低成本、迅速地流向市场,最大限度地把满足客户的需求同提高企业的经营效益统一起来。可从如下几个方面发掘潜在客户,不断开拓市场。企业在为客户提供个性化需求的高附加值的产品和服务后,还要跟踪客户需求,倾听市场的需求信息,进而找到具有类似特征、有足够多人数或有相当大的需求数量且目前尚未购买本企业的产品或服务的其他群体或企业,这些新的群体或企业就构成了本企业最好的潜在客户。通过营销努力,这些新的群体或企业将转化为本企业的最佳客户。为吸引并保留客户,企业应提供个性化服务,建立良好的客户关系。现在消费者大多要求提供产品和服务的前置时间越短越好,为此,供应链管理要围绕"以客户为中心"的理念,根据客户的需求特点进行产品的设计和服务,让客户参与产品方案设计,并通过生产企业内部、外部及流通企业的整体协作,大大缩短产品的流通周期,从而使客户个性化的需求在最短的时间内得到满足。

三、国际供应链管理实战

(一)成本控制方面

案例分析:AAFES 加强协作以降低客户成本

The Army and Air Force Exchange Service(AAFES)是美国一家军事机构,主营业务是以颇具吸引力的价格向现役军人、保安人员、预备队成员、退伍军人及其家属销售军用商品并提供各种服务。AAFES 将其收入的三分之二投资于提高军队士气,并资助军人福利和退休保障计划。

该机构多年来一直致力于寻找创新方法以求降低运营成本。2007 年,一个宝贵的合作机会为机构带来改变,即与同行 FMWRC(Family and Morale, Welfare and Recreation Command)组织共享服务模型,从而达到双赢的局面。这两家机构拥有相同的客户群,而且产品分类也很相似。

从 European Theater 开始,两家机构组建了一支联合团队,调查总运输成本,并确定采购、分销和运输等环节中的合作机会。例如,团队发现,以往 AAFES 首先将货物送达 FMWRC 仓库,所有货物都卸载并存储在这些仓库中,然后被分别运往各 FMWRC 场所。现在,这些货物直接被运往各 FMWRC 场所,省去运往 FMWRC 仓库的环节。通过这类协作,两家机构提高了运输量,降低了单位交货成本,无须重复运输价值为 230 万美元的库存,人力成本降低了 80 万美元。

实战小结：智慧的供应链具有与生俱来的灵活性。这种供应链由一个互联网络组成，连接了供应商、签约制造商和服务提供商，它可随条件变化作出适当的调整。为实现资源的最佳配置，未来的供应链将具备智能建模功能。通过模拟功能，供应链管理者可以了解各种选择方案的成本、服务级别、所用时间和质量水平。

例如，在一项广告促销活动中，根据预先设置的业务规则和阈值，零售商系统可以分析由供应商发来的库存、产量和发货信息来确定活动期间是否会发生断货情况。预测完成后，系统通知协调人员，并对供应链的相应组成部分进行自动处理；若预测结果显示推迟交货，它会向其他物流服务供应商发出发货请求；产量、库存与需求数量有差异时会自动向其他供应商发出重新订购请求，从而避免严重的缺货或销售量下滑。

（二）可视性方面

案例分析：AIRBUS 的高可视性如同晴空一般，万里无云

AIRBUS 是世界上较大的商务客机制造商，它担负着全球一半以上的大型（超过 100 个座位）新客机的生产重任。随着其供应商在地理位置上越来越分散，AIRBUS 发现它越来越难以跟踪各个部件、组件和其他资产从供应商仓库运送到其 18 个制造基地过程中的情况。

为提高总体可视性，AIRBUS 创建了一个智能的感应解决方案，用于检测入站货物何时偏离预设的轨道。部件从供应商的仓库运抵组装线的过程中，它们会途经一个智能集装箱，这种集装箱专门用于盛放保存有重要信息的 RFID 标签。在每个重要的接合点，读卡机都会审查这些标签。如果货物到达错误的位置或没有包含正确的部件，系统会在该问题影响正常生产之前向操作人员发送警报，促使其尽早解决问题。

AIRBUS 的解决方案是制造业中规模最大的供应链解决方案，它极大地减小了部件交货错误的影响范围和严重程度，也降低了纠正这些错误的相关成本。通过精确掌握部件在供应链中的位置，AIRBUS 集装箱的数量比原来减少了 8%，这不仅省去了一笔数额不小的运输费用，而且提高了部件流动的总体效率。借助其先进的供应链，AIRBUS 可以很好地应对已知的及意料之外的成本和竞争。

实战小结：管理者们都希望了解其供应链的各个环节，包括即将离港的货物情况、签约制造商组装线上正在生产的每个部件、销售中心或客户库房中正在卸载的每个货盘。但是，这种无所不在的可视性并不需要供应链合作伙伴付出任何额外的努力。简单来说，有了这种可视性后，共享就会变得更加容易。

这就是说，在智慧的供应链中，对象（而不是人员）将承担更多的信息报告和共享工作。关键数据均来源于供应链中涉及的货车、码头、货架和部件及产品。这种可视性不仅可以用于实现更佳的规划，还可以从根本上实现实时决策与执行。

这种可视性还可以扩展到供应链运营领域中去。智慧的供应链可以跟踪土壤情况和降雨量，优化灌溉，监控交通情况，调整运货路线或交货方式，追踪金融市场和经济指标，来预测劳动力、能源和消费者购买力的变化。

更值得一提的是，制约可视性的因素不再是信息太少，而是信息太多。然而，智慧的供应链可通过使用智能建模、分析和模拟功能来预测一切可能性。

第二章
国际供应链战略与运作管理

（三）风险管理方面

案例分析：Cisco 规避一分风险，带来十倍收获

Cisco 的硬件、软件和服务产品都是其组建互联网的基石。为提高整体灵活性并预防各种可能的灾难事件发生，Cisco 创建了一个供应链风险管理体系，其中包括一个灵活的指标表格和一组与事件和危机恢复有关的阈值。Cisco 供应链中的每个"节点"（供应商、制造合作伙伴和物流中心）都有责任跟踪和报告其"恢复时间"，并确保在实际灾难发生前所有恢复计划和能力建设都准备到位。

Cisco 的解决方案是该行业的首个供应链解决方案，其雏形来源于一次为确定供应链最佳实践方案而举办的、由各行各业的供应链风险管理从业者参加的论坛。最初的设想是一个由多种流程和最佳实践构成的"开源"库，而所有参与的公司都可以利用其中的内容来确定可能的风险，进而制订弹性计划，例如，备用货源、备用场所条件和风险规避方案。

Cisco 的方案起源于"业务应急计划"，目的在于了解供应链中的弱点和弹性。2008 年，中国发生了严重的地震，Cisco 通过其颇具前瞻性的业务应急流程确定出可能的威胁，并在会导致客户或收入损失的异常事件发生之前就启动了风险规避计划。

Cisco 可以确定哪些节点受到影响，亦可以评估事件发生前后几个小时内可能带来的影响。通过评估这种影响，Cisco 可以与其供应商和制造伙伴协作，以避免各个环节出现异常情况。

实战小结： 风险的形式千变万化。近十年来，预警信号接踵而至，如有毒的食物和玩具、随时可能出现的袭击以及席卷全球的经济危机。随着供应链变得更加复杂且紧密相连，风险管理也应当全面展开，扩展到企业所能控制的范围之外。

智慧的供应链将风险视为一个系统问题。其风险规避策略是通过利用数百万个智能对象来报告诸如温度波动、偷窃或篡改等威胁信息。它还可以在共同的风险规避策略和战略中与供应链合作伙伴进行协作。若有问题出现，它在扩展的供应链中以并发的方式利用实时连接作出快速响应。毋庸置疑，智慧的供应链的最大优势在于它可以在整个网络中对风险进行建模和模拟。

这种智能技术不仅有助于开发一种可持续的供应链，推动企业以合理的方式使用自然资源，还能给供应链所涉及的社区团体带来正面的影响。例如，这种供应链通过引入智能系统来提高效率和可靠性，从而节约能源和资源。

智慧的供应链的连通性虽然可以使得社会学家和环保主义者发现并抨击企业的细小过失，但也可以用来检测企业自身潜在的问题、支持风险控制活动中的协作并展示出客户和供应链合作伙伴应对需求时的高度透明性，而精密的分析可帮助管理者评估一整套社会和环境因素。

（四）客户联系方面

案例分析：Nuance 公司不断优化库存以更好地服务当前客户

Nuance 集团是全球顶级的机场零售商之一，其业务范围遍及五大洲。在 Nuance 的商业航线中，可能只有一次进行销售的机会，因此保持适当的库存至关重要。

然而不幸的是，公司位于澳大利亚的免税商店常常出现某些货品不够，而其他货品的库存却很多的现象。为了更好地为客户提供服务,并实现更大的盈利增长,Nuance 公司决定将其手工库存跟踪和定购系统更换为更加智能的预测和库存优化系统。该解决方案可以分析实际销售数据以及销售趋势、客户购买偏好、促销计划和预计的航线客运量,从而计算和提交补货订单。

早在 2007 年 10 月,Nuance 公司在悉尼机场开设了最大的免税商店并应用智能系统,如今,该公司在澳大利亚的其他商店也装上了这个新系统。除了从根本上缩减补充库存所需的时间外,该解决方案还支持更准确的需求预测,可以使库存减小 10%～15%,并增大销售量。

实战小结:大多数供应链都能做到超越客户需求,关键是"客户需求"是什么?

普通供应链主要与客户互动,进而提供及时、准确的交付品,而智慧的供应链则在整个产品生命周期(从产品研发、日常使用到产品寿命结束)都与客户紧密联系。通过大量的数据收集,智慧的供应链可以从源头上获取需求信息,例如,从货架上抬起的货物、从仓库里运出的产品或显露磨损迹象的关键部件。实际上,每次互动都是与客户合作的机会。

智慧的供应链还使用其智能来洞察与众不同之处。经过深入分析,它们可以进行详细的客户分类,并为客户量身定做产品。

(五)全球整合方面

案例分析:高仪供应链实现全球整合

高仪公司(Grohe AG)是全球领先的卫生设备配件制造商和供应商,约占全球市场份额的 10%,拥有 5200 名员工、6 家生产工厂、20 家销售分公司,业务范围遍及全球 130 个国家。显然,高仪公司是一家全球化公司。

2005 年,高仪公司因市场发展成熟、全球竞争更加激烈和产品多样性加强而遭遇了发展瓶颈。要解决这些问题非常困难,因为公司供应链未得到很好的整合,而高额的固定成本又使得这一发展过程雪上加霜。

为摆脱这一困境,并从优化的全球整合中获得高效率,高仪公司在整个公司范围内发起了一项名为"创建世界级的高仪"的改革计划。此项计划包括将供应链策略与业务策略结合、供应链整合及协调、减少零部件的飞速增加、自制或外购策略、物流网络优化、制造基地的全球化以及日益扩大的全球采购。

高仪公司的改革已经为其创造了巨大的价值,包括改善的现金状况、效率、速度、过程优化和品质保证。通过这项全面的计划,公司有望实现其战略目标,进而成为业内为数不多的、最受需求驱动的企业之一。

实战小结:时至今日,全球化给企业带来了更高的利润,这主要归因于营业额的快速增长。随着供应链变得更加智能化,企业同样可以解决效率问题。例如,高度自动化和相互联系紧密的供应链的可视性逐步改善,这将帮助企业识别并解决全球交付的瓶颈和质量问题。

此外,对制造地点和供应商的选择已不再由单个成本元素(如劳动力)决定。智慧的供应链具有分析能力,可根据供应、制造和分销情况评估各种替代供应链,而且可以根据情况的变化重新灵活配置。这样主管们可以制订应对突发事件的计划,并在经济和政治动荡的情况下执行,而不用回归到保护主义或影响全球化的进程。

第二章

国际供应链战略与运作管理

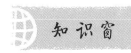

知识窗

国际供应链管理(global supply chain management, GSCM)：指通过前馈的信息流和反馈的物料流及信息流，将供应商、制造商、分销商、零售商直到最终用户连成一个整体的模式。供应链既是一条从供应商的供应商到用户的物流链，又是一条价值增值链，因为各种物料在供应链上移动，是一个不断增加其市场价值或附加价值的增值过程。

战略管理(strategic management)：指对企业战略的管理，是指企业确定其使命，根据组织外部环境和内部条件设定企业的战略目标，为保证目标的正确落实和实现进度谋划，并依靠企业内部能力将这种谋划和决策付诸实施，以及在实施过程中进行控制的一个动态管理过程。它包括战略制定/形成与战略实施两个部分。

运作管理(Operations Management)：指对产品制造和提供服务过程中各种运作活动的计划、协调和控制。它是企业日常管理活动的一个重要组成部分，其核心在于对生产系统进行有效管理，可以从两个方面进行理解：一是对服务和产品进行高绩效的设计；二是获取资源，同时对员工、设备、设施、资源分配、工作方法等构成要素进行计划、协调和控制，把资源投入变为产出。运作管理有狭义与广义之分，前者以运作过程为对象，着重研究如何对运作过程进行有效的管理。后者以运作系统的设计、构建及其运行为对象，实行全方位的综合性管理。

供应链运营参考(supply-chain operations reference, SCOR)模型，是目前世界范围内最流行和最通用的供应链运营参考模型。SCOR模型在全球范围内获得的成功，主要归功于以下两个关键因素：首先，SCOR模型是由供应链实践者为主导建立起来的，它的本质是来源于实践并且服务于实践，它并不是一个学术化的理论体系，与其他的供应链概念和理论相比，天然自带着吸引供应链实践者的流量。其次，SCOR模型本身不停地在迭代，20多年的时间里迭代了14个版本，与时俱进地考察全世界供应链发展的最新成果，并融入最新的版本中。

小 结

近年来全球产业链供应链遭受多重冲击，如何摆脱"脱钩断链"鼓噪的消极影响，提升全球产业链供应链韧性和安全水平，推动世界经济走上持续复苏轨道，作为目前国际社会关注的热点问题，受到全球广泛关注，人们普遍认为需要从"链"上发力，推动全球产业链供应链"强筋壮骨"。中国在全球产业分工中占有举足轻重的地位，要继续在维护全球产业链供应链稳定中发挥重要作用。基于此，本章首先分析了加强国际供应链管理的必要性和重要性，阐释了其概念、特征，进而就其提升为战略管理的概念、功能、内容与特点进行了深入分析，并提出了积极改善国际供应链战略管理的初步思路；然后在国际供应链管理系统的构建中，介绍了其结构、优点与动力系统；最后介绍了国际供应链运作的SCOR模型，并就其运作管理的内容及其实战进行了深入探讨。

练习与思考

1. 试述国际供应链管理的概念及功能。
2. 分析国际供应链管理的优点。
3. 简述国际供应链管理的主要内容。
4. 供应链的三个层次成本是什么？如何去控制？

 综合案例

数字资源2-1 疫情之下基于国际供应链视角的物流成本控制——以亚马逊物流为例

第三章
国际供应链运作网络设计

本章导读

　　随着中国新兴中产阶层的兴起,全球需求市场进一步拓展了增量空间,成为跨国公司快速提高相应能力、抢占发展先机的重要推动力,持续将生产、设计、研发等供应链诸多环节布局到与终端消费更加接近的地方,促进全球供应链形成本地化布局趋势。麦肯锡 2020 年发布的《全球价值链的风险、弹性和再平衡》报告中指出,更多的生产正在靠近主要的消费市场,而中国日益增长的中等收入群体将持续吸引全球跨国企业在中国深度布局。在新冠疫情反复发生、国际经贸摩擦频发、全球航运受阻、乌克兰危机等多重冲击下,全球产业链、供应链的结构正在发生巨大的变化。在这样的环境背景下,如何对供应链结构进行设计、优化与重构显得尤为重要。本章将主要学习全球化对国际供应链网络设计的影响、国际供应链网络设计的构成要素以及基于总成本的国际供应链网络设计,本章的学习旨在让读者掌握国际供应链网络设计方法,引导读者认知国际供应链设计与优化的背景环境,提升解决实际问题的能力。

学习目标

　　全球化增加了供应链网络结构的复杂性,厘清全球化对国际供应链网络设计的影响因素,了解国际供应链网络的构成要素,为设计国际供应链网络提供思路。本章主要介绍了经济全球化的概念及特征、国际供应链的影响因素和构成要素,并从实践的角度设计不确定环境和总成本导向的国际供应链网络。通过本章的学习,读者可对国际供应链设计、策略和网络优化有一定的认识。

第一节 经济全球化及其对国际供应链运作网络设计的影响

一、经济全球化的概念及特征

(一)经济全球化概念

"经济全球化"这个词最早是由 T. 莱维于 1985 年提出的,但至今没有一个公认的定义。国际货币基金组织(IMF)认为,"经济全球化是指跨国商品与服务贸易及资本流动规模和形式的增加,以及技术的广泛迅速传播,使世界各国经济的相互依赖性增强"。而经济合作与发展组织(OECD)认为,"经济全球化可以被看作一个过程,在这个过程中,经济、市场、技术与通信形式都越来越具有全球特征,民族性和地方性在减少"。因此,可从三个方面理解经济全球化:一是世界各国经济联系加强,相互依赖程度日益提高;二是各国国内经济规则不断趋于一致;三是国际经济协调机制强化,即各种多边或区域组织对世界经济的协调和约束作用越来越强。总的来讲,经济全球化是指以市场经济为基础,以先进科技和生产力为手段,以发达国家为主导,以最大利润和经济效益为目标,通过分工、贸易、投资、跨国公司和要素流动等,实现各国市场分工与协作,相互融合的过程。

经济全球化有利于资源和生产要素在全球的合理配置,有利于资本和产品的全球性流动,有利于科技在全球性的扩张,有利于促进不发达地区经济的发展,是人类发展进步的表现,是世界经济发展的必然结果。但它对每个国家来说,都是一柄双刃剑,既是机遇,也是挑战。特别是经济实力薄弱和科学技术比较落后的发展中国家,面对全球性的激烈竞争,所遇到的风险、挑战将更加严峻。经济全球化中急需解决的问题是建立公平合理的新的经济秩序,以保证竞争的公平性和有效性。经济全球化是指贸易、投资、金融、生产等活动的全球化,即生产要素在全球范围内的最佳配置。从根源上说,经济全球化是生产力和国际分工的高度发展,要求进一步跨越民族国家疆界的产物。21 世纪以来,经济全球化与跨国公司的快速发展,既给世界贸易带来了强大的推动力,同时也给各国经贸带来了诸多不确定因素,使其出现许多新的特点和新的矛盾。

(二)经济全球化特征

经济全球化已显示出强大的生命力,并对世界各国经济、政治、军事、社会、文化等各方面,甚至包括思维方式等,都造成了巨大的冲击。

1. 生产国际化

这主要是指国际生产领域中分工合作及专业化生产的发展。现代生产分工已经不是在国家层次上的综合分工,而是深化到部门层次和企业层次的专业化分工。这种分工在国际上进行,形成了国际生产网络体系。其中最典型的是企业生产零部件工艺流程和专业化分工,例如波音 747 飞机有 400 万个零部件,由分布在 65 个国家的 1500 个大企业和 15000 多家中小企业协作生产。德国拜耳公司与 35000 多家国内外企业建立了协作关系,拜耳向它们提供中间产品,由它们加工成各种最终产品。这种企业层次的国际化,使一个企业在国家内部进行的设计研制、零部件加工或购入、组装和总装等一系列的活动环节转移到国外进行,即企业的不同部门、工厂、车间,甚至工段、工序等都在国际上进行组织,从而形成了生产组织的国际化。

2. 产品国际化

产品国际化也就是生产总额中出口生产所占的比重大大提高,直接表现为现代国际贸易的迅速增加。世界上几乎所有的国家和地区以及众多的企业都以这种或那种方式卷入了国际商品交换。现在的国际贸易已占世界总生产额的 1/3 以上,并且还在稳步增长。国际贸易的商品范围也在迅速扩大,从一般商品到高科技产品,从有形商品到无形服务等几乎无所不包。比如,到处可以吃"麦当劳"快餐,喝"可口可乐"饮料,看"日立"电视机,坐"奔驰"汽车,等等。

3. 投资金融国际化

生产和产品的国际化使得国际资金流动频繁,大大促进了投资金融的国际化。为适应国际化的潮流,各国放宽了对投资金融的管制,甚至采取诸多措施鼓励本国对外投资的发展。以国际直接投资为例,从 1991 年到 1993 年,国际直接投资总存量的增长速度相当于世界商品进出口的两倍,1995 年国际直接投资总存量达 25000 亿美元。与此同时,国际资本的输出输入更加自由,金融资本严重地与商品资本相分离,脱离生产发展而迅速膨胀。目前,世界金融交易量远远超过了世界贸易量。世界大银行致力于在世界各国广设办事处、代表处和分行,建立海外附属银行以及附属金融机构,并与其他银行组成合资银行或国际银行集团。早有资料表明,至 1992 年 2 月底全球至少有 40 家银行的海外资产占总资产的比例保持在 25% 以上。金融投资的国际化反过来又会促进生产和产品的国际化。

4. 技术开发与利用国际化

首先从国际技术贸易的发展来看,由于技术对生产和经济的重要作用,生产国际化自然带动国际技术贸易的不断增长。历史文献资料表明,1965 年世界各国技术贸易总额为 30 亿美元,1970 年达 110 亿美元,20 世纪 80 年代初为 160 亿美元,到 80 年代中期猛增到 400 亿~500 亿美元。其次从研究与开发的情况来看,一方面,由于各国在科技发展水平上的不平衡,而企业又为了获得先进的科技成果,因而各国间设立研究与开发据点便成了一种趋势,以至于许多企业形成了全球范围内的研究与开发网络,从而促进了研究与开发组织体系的国际化。另一方面,由于现代科技发展以高科研发为中心,而高科技研发投入高、风险大,使很多企业感到力不从心,所以形成了越来越多的国际联合开发,这是现代技术开发活动国际化的又一显著特征。例如,1990 年国际商业机器公司(IBM)和西门子公司结成了共同研究开发新产品的战略联盟,1992 年初日本东芝电气公司也加入这个区域联盟,三家联手开发 256 兆位超微芯片。

5. 世界经济区域集团化

生产、投资、贸易发展的国际化使各国间经济关系越来越密切,尤其表现在区域间经济关系上,为了适应新形势的发展,以区域为基础,形成了国家间的经济联盟。如欧洲共同体(简称欧共体;现为欧洲联盟,简称欧盟),美国、墨西哥、加拿大组建的北美自由贸易区等。欧共体自成立后,一直朝着经济一体化和政治一体化方向推进。1985 年 2 月,欧共体执委在

《关于完善内部市场的白皮书》中,提出了建立欧洲统一大市场的目标,使12个成员国分散的市场连成一个拥有3.2亿人口的统一市场,在统一市场内实现商品、劳务和资本的自由流动。这种区域集团化的趋势,不仅会大大推动集团内的经济自由化程度的提高,而且也会影响经济全球化和国际化的进程。

6. 资本流动全球化

生产全球化必然带来贸易全球化,生产和贸易全球化又必然带来资本的全球化,这三者间相互联系,相互依赖。如今各地区金融中心和金融市场形成了有机整体,资金以"光速"在全球流动,哪里增资就流向哪里。

(三)经济全球化的载体

1. 贸易自由化

随着全球货物贸易、服务贸易、技术贸易的加速发展,经济全球化促进了世界多边贸易体制的形成,从而加快了国际贸易的增长速度,促进了全球贸易自由化的发展,也使得加入WTO(世界贸易组织)的成员以统一的国际准则来规范自己的行为。

2. 生产国际化

生产力作为人类社会发展的根本动力,极大地推动了世界市场的扩大。以互联网为标志的科技革命,从时间和空间上缩小了各国之间的距离,促使世界贸易结构发生巨大变化,促使生产要素跨国流动,它不仅对生产超越国界提出了内在要求,也为全球化生产准备了条件,是推动经济全球化的根本动力。

3. 资本全球化

世界性的金融机构网络,大量的金融业务跨国界进行,跨国贷款、跨国证券发行和跨国并购体系已经形成。世界各主要金融市场在时间上相互接续、价格上相互联动,几秒钟内就能实现上千万亿美元的交易,尤其是外汇市场,已经成为世界上最具流动性和全天候的市场。

4. 科技全球化

科技全球化是指各国科技资源在全球范围内的优化配置,这是经济全球化最新拓展和进展迅速的领域,表现为先进技术和研发能力的大规模跨国界转移,广泛存在的跨国界联合研发。以信息技术产业为典型代表,各国的技术标准越来越趋向一致,跨国公司巨头通过垄断技术标准,控制了行业的发展,获取了大量的超额利润。经济全球化的四个主要载体都与跨国公司密切相关,或者说跨国公司就是经济全球化及其载体的推动者与担当者。

二、全球化对国际供应链运作网络设计的影响

全球化对国际供应链运作网络设计产生了深远影响。以下是全球化对国际供应链运作网络设计的一些主要影响。

1. 跨国界合作

全球化促使企业在全球范围内进行供应链合作。企业越来越倾向于与跨国供应商、制

造商和分销商建立合作关系,以获取全球资源和市场机会。全球化背景下国际供应链运作网络设计需要考虑的不只是合作企业的质量、价格、可靠性等传统因素,还需要考虑文化差异、政治因素等。这要求设计供应链网络时考虑跨国界的合作和协调。

2. 供应链延伸

全球化推动供应链的延伸和扩展。企业倾向于在全球范围内建立多个生产基地和分销中心,以更好地满足不同地区市场的需求,并降低风险。供应链网络设计需要考虑如何在全球范围内配置生产和分销资源,以实现最佳效率和灵活性。

3. 文化和法规差异

全球化突显了不同国家和地区之间的文化和法规差异。文化因素对企业的全球业务、整体目标和供应链网络设计都有较大的影响,它包括信仰、价值观、习俗、语言等内容。这些因素在国际供应链网络设计的每一环都起着重要作用。在不同的国家和地区,其政策和法律各有不同。每个国家都有自己的税收、进出口、海关、环境和对本国民族工业的保护等方面的政策法规。因此,在不同的国家和地区进行供应链网络设计时,必须了解和利用当地的政策法规,有针对性地制定经营战略,应对和处理供应链网络中可能遇到的问题和纠纷,以确保供应链在各个国家和地区都能够合规运营。

4. 供应链可见性和信息技术

全球化加强了供应链可见性和信息共享的需求。供应链网络设计需要整合先进的信息技术系统和工具,以实现实时跟踪、库存管理、需求预测和供应链协作。依托物联网、大数据分析、人工智能(AI)等先进技术,对互联共享机制与信息数据处理方式进行优化,提高供应链系统的自动化水平和分析决策精准性,追求各个环节达到最优协调的状态。利用RFID、二维码和条码技术,管理整条供应链上生产、仓储、加工、包装、运输以及销售等全过程的相关数据,实现安全有效追踪产品信息。这有助于提高供应链的效率、响应速度和客户满意度。

5. 风险管理

全球化带来了新的供应链风险,例如,地理风险、政治不稳定、货币汇率波动、贸易保护主义等。供应链网络设计需要考虑这些风险,并制定相应的风险管理策略,以减小对供应链的不利影响。

6. 供应链韧性

全球化增强了提高供应链韧性的要求。在全球化大背景下,影响供应链韧性的因素层出不穷。自然灾害、贸易冲突、政治冲突、区域局势、流行病、全球经济危机等无一不给供应链带来巨大隐患。面对大环境的突发状况,若是在供应链上被卡住喉咙,即便是实力雄厚的大企业,也有可能承受巨大的经济损失,甚至濒临破产、面临倒闭等严重后果。为了提高供应链韧性,进行供应链网络设计时应推进产业数字化、绿色化进程,提升供应链协同性,进一步加强合作以提升供应链控制力。

7. 可持续性

全球化推动了对供应链可持续性的关注。当今,各企业面对的不仅仅是经济问题,还需要在价值观、文化等方面进行更广泛、更深刻的变革,寻求可持续发展的道路。因此,供应链网络设计需要考虑环境影响、社会责任和可持续发展目标,应同时满足风险管理、透明度、战略性和文化四个支撑因素,即安全应对长期威胁,积极向利益相关者报告,将可持续发展与供应链战略层面紧密交织,让供应链网络各成员拥有可持续的核心价值、文化和超越经济底线的使命感,以确保供应链在经济、环境和社会层面都是可持续的。

8. 跨国物流和运输

全球化加强了跨国物流和运输的需求。供应链网络设计需要考虑全球物流网络的可行性和效率,包括选择最佳运输模式、优化运输路线、降低运输时间和成本等。全球化对国际多式联运提出了更高的要求,以集装箱为运输单元,将不同的运输方式有机地组合在一起,构成连续的、综合性的一体化货物运输。

9. 供应链融资和支付

全球化扩大了供应链融资和支付的范围。供应链网络设计需要考虑跨国贸易的支付方式和风险管理机制,以确保资金流动的安全和效率。在应收账款融资、存货融资、预付款融资三大融资模式的基础上,全球化对国际供应链网络融资模式提出了更大的挑战,国际供应链网络应继续设计、优化全新的融资模式,以适应时代的发展。

10. 创新和技术驱动

全球化激发了供应链创新和技术驱动的需求。国际供应链的复杂度正在急剧增加,也在遭遇前所未有的挑战。很多跨国公司面临复杂的全球布局,而新冠疫情和全球局势的变化导致了供应链变化,这些变化促使国际供应链网络需要有更高敏捷性和适应性,迫使企业走向智能供应链升级道路。供应链网络设计需要考虑如何整合新兴技术,如物联网、人工智能、大数据分析等,以提升供应链的智能化、自动化和可持续性。

11. 竞争压力和市场机会

全球化增加了供应链的竞争压力,但同时也提供了更广阔的市场机会。当今的竞争不再是企业与企业间的竞争,而是供应链与供应链之间的竞争。全球化背景下,供应链间的竞争更加激烈,同时也带来了很多机会,如大数据、人工智能的发展,跨国平台的出现,使国际供应链网络获取更多市场信息,也带来了诸多跨国合作的机会。供应链网络设计需要考虑如何提高供应链的敏捷性、创新性、竞争能力和合作能力,以应对全球竞争和抓住市场机会。

总的来说,全球化对国际供应链运作网络设计带来了许多挑战和变化。成功的供应链网络设计需要综合考虑全球化趋势、地方特点、利益相关者的需求以及市场机会,以构建具有竞争优势的高效、灵活和可持续的供应链网络。

第二节　国际供应链网络的构成要素

一、国际供应链利益相关者

国际供应链涉及许多利益相关者,他们在供应链的不同环节中扮演着不同的角色。以下是一些主要的国际供应链利益相关者。

1. 供应商/原材料供应商

它们是供应链的起点,负责提供产品的原材料或组件。供应商的目标是确保及时提供高质量的原材料,并与其他供应链参与者建立合作关系。

2. 制造商/生产商

制造商将原材料转化为最终产品。其负责生产过程中的加工、组装和质量控制等环节,并确保产品按时交付。

3. 物流和运输公司

物流和运输公司负责产品的运输和物流安排。其提供货运、仓储、货运代理等服务,确保产品从生产地点到达目的地。

4. 分销商/批发商

分销商从制造商那里购买产品,并将其分销给零售商或其他终端客户。它们负责存储、管理和推广产品,以满足市场需求。

5. 零售商

零售商是最终产品的最后一站,其将产品直接销售给最终消费者。它们经营各种销售渠道,如商店、电子商务平台等。

6. 消费者

消费者是国际供应链的最终受益者和目标群体。他们购买和使用产品,对产品的质量、价格和可用性有着直接影响。

除了上述利益相关者之外,还有其他国际供应链中的利益相关者,如政府机构、非政府组织、金融机构和供应链管理公司等。这些利益相关者可能通过监管政策、融资支持、合规要求和供应链可持续性倡议等方面影响供应链的运作。

在国际供应链中,各个利益相关者之间的合作和协调是至关重要的,有助于实现供应链的高效运作,降低成本,提高客户满意度,并应对潜在的风险和挑战。

二、国际供应链网络节点

国际供应链网络通常由多个节点组成,每个节点代表供应链中的一个关键环节或参与者。以下是国际供应链网络中常见的节点。

1. 原材料供应商

它们是供应链的起点,负责提供产品所需的原材料或组件。

2. 制造商/生产商

制造商将原材料转化为最终产品,负责生产、加工和组装过程。

3. 物流服务提供商

物流服务提供商负责货物的运输、仓储、库存管理和配送等环节。

4. 分销商/批发商

分销商购买产品并将其分销给零售商或其他终端客户。

5. 零售商

零售商是最终产品的最后一站，它们销售产品给最终消费者。

6. 代理商/经销商

代理商或经销商可以在供应链中扮演中间角色，负责产品的推广、市场营销和销售。

7. 物流中心/仓储设施

物流中心或仓储设施用于存储和管理库存，以确保及时供应和满足客户需求。

8. 供应链管理公司

供应链管理公司提供专业的供应链管理服务，协调不同节点之间的合作，优化供应链流程和提高效率。

9. 政府机构

政府机构在国际供应链中扮演监管和监督的角色，制定法规和政策，确保供应链的合规性和可靠性。

10. 金融机构

金融机构提供供应链融资和支付解决方案，支持供应链中的资金流动和交易。

这些节点相互联系，形成一个复杂的国际供应链网络。每个节点的有效管理和协调对于确保供应链的高效运作至关重要。同时，供应链网络的设计和优化也需要考虑各个节点之间的关系，以实现整体的供应链目标和利益最大化。

三、不确定性环境下全球供应链设计决策的实战

管理者应该具备以下供应链设计视野，以帮助他们在不确定性环境下作出更好的供应链网络设计决策。

1. 将战略规划与财务规划结合起来

在大多数组织中，财务规划和战略规划是互相独立执行的。战略规划试图为未来的不确定性做准备，但经常缺乏严密的定量分析；而财务规划做了定量分析，但经常假设未来是可预测的或是明确的。本章介绍了能够将财务规划和战略规划结合起来的方法。决策者设计全球供应链网络时应该考虑战略性选项的一种组合，如选择等待、建设过剩产能、建设柔性产能、签订长期合约、从现货市场采购等。各种选项应该放在未来不确定性的背景下进行评估。

2. 使用多种衡量体系来评估供应链网络

因为一个衡量指标只能给出供应链网络的部分写照，所以使用多种衡量指标来审查网络设计决策是有益的，例如公司利润、供应链利润、顾客服务水平，以及响应时间等指标。好的决策应在大多数相关的指标上都能表现良好。

3. 将财务分析当作决策的一个输入，而不是决策的最终结果

财务分析是决策过程的一个重要工具，因为它通常能够产生一个答案并提出丰富的定量数据来支持那个答案。然而，财务方法单独并不能给出可选方案的完整描述，而且决策应该考虑其他不可量化的输入。

4. 使用估计值连同敏感性分析

很多时候,要想精确地获得财务分析的输入非常困难,甚至是不可能的。这会导致财务分析变成一个冗长乏味的过程。如果找到一个精确的输入要花费过多的时间,那么加快这一进程以及得出一个好决策的较好方法就是利用对输入的估计。正如我们在其他面向实践的一些章节中所讨论的,当估计值得到敏感性分析的验证时,使用估计值是可行的。通过对输入的范围进行敏感性分析,管理者通常能够做到不管真实的输入处于这个范围内的哪里,决策均保持不变。当情形并非如此时,则标出了一个做决策的关键变量,而且它很可能应该得到更多的关注,以便得出一个更准确的结果。

第三节　基于总成本导向的国际供应链网络设计

一、总成本分析法概述

总成本分析法(total cost analysis)是一种用于评估供应链或业务决策的方法,它考虑了所有相关成本,而不仅仅是直接成本。该方法旨在全面了解和量化供应链中各个环节和活动所产生的成本,并帮助作出更全面、综合和明智的决策。

总成本分析法通常包括以下步骤。

1. 成本识别

首先,需要识别和记录供应链或业务中各种成本。这些成本可以包括直接成本(如原材料成本、生产成本、运输成本等)、间接成本(如设备维护成本、库存保管成本等)、运营成本(如人力资源成本、设备折旧成本等)以及其他相关成本(如质量成本、客户服务成本等)。

2. 成本分类

将识别的成本分为不同的类别,例如采购成本、生产成本、运输成本、库存成本、售后服务成本等。这有助于更好地组织和理解供应链中的成本结构。

3. 成本量化

对每个成本类别进行量化,将成本以货币形式表示,并尽可能精确地估算其数值。这可能需要考虑历史数据、成本模型、市场价格、成本驱动因素等。

4. 成本聚合

将各个成本类别的值相加,得到总成本。通过聚合各个环节和活动的成本,可以获得供应链或业务的整体成本情况。

5. 比较和评估

在总成本分析的基础上,进行不同方案、策略或决策的比较和评估。通过对比不同选项的总成本,可以确定哪个方案或策略更经济、更有利可图。

总成本分析法的优点在于它提供了一个综合的视角,考虑了供应链中各种成本的影响,从而避免了仅关注直接成本而忽视其他重要因素的局限性。通过使用总成本分析法,企业可以更好地理解和管理供应链中的成本,优化运营决策,并实现成本效益的最大化。

二、基于总成本导向的国际供应链网络设计实践

总成本的重要评估维度可以通过关注离岸外包完整的采购流程来识别。重要的是要记住一个有离岸外包的全球供应链增加了信息流、产品流和现金流的长度和持续时间。因而，管理该供应链的复杂性和成本会显著地高于预期。

在做离岸外包决策时，既仔细地量化这些因素又随时间不断跟踪它们，是很重要的。较低的劳动力成本和固定成本带来的单位成本降低连同可能的税收优势很可能是离岸外包的主要好处，而其他几乎每个要素都要变得更差。在某些情况下，以劳动替代资本可以在离岸外包时提供一个好处。例如，将汽车和汽车零部件的制造放在印度，就可以把工厂设计成比发达国家类似工厂包含高得多的人工劳动，从而降低固定成本。然而，如果劳动力成本占总成本的比例很小，那么较低的劳动力成本的好处对一个制造产品来说可能不太显著。此外，在一些低成本国家，例如中国和印度，劳动力成本也在非常明显地上升。

一般而言，离岸外包到一个低成本国家对于劳动含量高、生产批量大、相对品种少，以及相对产品价值来说运输成本低的产品很可能是最有吸引力的。例如，一个生产种类繁多的泵的企业很可能会发现，将一个可用于多种类型泵的通用零部件的铸件生产离岸外包，很可能比将高度专业化的机械部件生产离岸外包要有吸引力得多。

考虑到全球采购往往会增加运输成本，所以将精力集中于降低运输成本对于成功的全球采购是很重要的。适当设计的零部件能够促使产品运输时有更大的密度。宜家设计出了由顾客组装的模块化产品。这使得这些组件能够平直、高密度地运送，从而降低了运输成本。类似地，日产公司重新设计了其全球采购的零部件，以便它们能够在运送时包装得更紧凑。如果一些零部件需从全球不同的地点采购，那么供应商枢纽的使用会很有效。很多制造商都在亚洲创建了供应商枢纽，由它们的每个亚洲供应商来供货。这使得通过枢纽能够合并发运，而不是从每个供应商那里发送各自较小的出货量。当批量高时从供应商直接发货，而在批量低时则通过枢纽合并发运，这种更灵活的策略对降低运输容积非常有效。

同样重要的是要对生产过程进行仔细的审查，以决定哪些零部件要进行离岸外包。例如，美国一家小型饰品制造商想将一件首饰的制造外包到中国香港，原材料以黄金薄片的形式从美国采购。制造过程的第一步是将黄金薄片冲压成一个大小合适的坯料。这个过程会产生大约40%的废料，它们能够回收并用来生产额外的黄金薄片。该制造商面临是在美国还是中国香港进行冲压的选择。在中国香港冲压将带来较低的劳动力成本但较高的运输成本，而且由于在废料黄金能再利用之前的延迟，需要更多的流动资金。仔细的分析显示将冲压工具安装在美国黄金薄片供应商那里会更经济。在黄金薄片供应商那里冲压会减少运输成本，因为只有能用的材料才会被运到中国香港。更重要的是，这个决策降低了流动资金的需求，因为冲压期间的废料黄金在两天之内就能再利用了。

离岸外包最大的挑战是增加的风险及其对成本的潜在影响。如果一家企业使用一外包地点的主要目的是享受低成本并用之来吸收其供应链中的所有不确定性，那么这个挑战还会加剧。在这样的环境下，使用一种组合方式通常会更有效，即使用一个外包设施，分给其可预知的、大批量的工作；加上一个岸上或近岸设施，以其特别的设计来处理大多数波动。只使用一个离岸外包设施的企业因为提前期长而且多变，常常会发现它们自己保留了额外

的库存或需要求助于空运。拥有一个能吸收所有变化的具有柔性的岸上设施，通常能够通过消除昂贵的出境运费以及显著降低供应链中保有的库存而降低总到岸成本。

离岸外包通常能降低劳动力成本和固定成本，但会增加风险、运输成本以及流动资金。在做离岸外包之前，应仔细评估产品设计和流程设计，以识别可以降低运输成本以及流动资金需求的步骤。拥有一个岸上设施能够降低与离岸外包设施的风险相关的成本。

知识窗

经济全球化（economic globalization）
供应链设计（supply chain design）
国际供应链（global supply chain）
利益相关者（stakeholder）
总成本分析法（total cost analysis）

小 结

本章首先从经济全球化的概念、特征以及全球化对供应链设计的影响因素进行了概述，然后从供应链网络结构的组成与类型阐述了供应链网络结构，之后阐述了供应链网络设计的主要步骤与策略，最后阐述了基于总成本方法与国际供应链网络设计。

练习与思考

1. 经济全球化产生的背景和特征是什么？对全球供应链设计的影响有哪些？
2. 国际供应链网络设计的利益相关者。
3. 简述国际供应链网络设计的流程。
4. 不确定环境对国际供应链网络设计的影响因素有哪些？
5. 如何基于总成本分析的方法进行国际供应链网络设计？

综合案例

数字资源 3-1 全球芯片供应链布局与影响

第四章
全球采购与供应管理

本章导读

全球化极大提升了经济体之间的经济依赖度,导致各个经济体之间的关系快速变化。本章的主要内容是关于全球采购与供应管理的相关知识,包括采购与全球采购的定义,经济一体化背景下的全球采购,企业进行全球采购的能力分析,全球采购的发展历程,全球采购计划,全球供应商市场分析,全球采购流程,全球采购供应商选择与评估,全球采购成本管理,全球采购绩效评价等相关基础知识。

学习目标

通过本章的学习,理解企业追求全球采购的原因,掌握全球采购计划的制订、全球采购的流程、全球采购供应商的选择和评估,以及全球采购成本管理与绩效评价体系;了解全球采购供应商市场的情况,以及成功的全球采购所需要的主要驱动力。

第一节 全球化采购的兴起与发展

一、采购与全球采购

(一)采购的定义

采购是各个企业的共有职能,是企业经营和物流活动的起点,为企业创造价值。随着企业规模的不断扩大,精细管理和信息技术的广泛应用,采购在企业物流活动中的作用日益突出。采购不仅是保障生产正常运转的必要条件,也为企业降低成本、增加利润创造条件。

采购是从供应商到需方企业的物质流动的活动,是企业为了达成生产或销售的计划,从合适的供应商那里,在确保合适的品质与合适的价格下,购入合适数量的商品,所采取的管理活动。

采购是企业从资源市场获取资源的过程。这些资源包括生活资料和生产资料;既包括物质资料,如原材料、设备、工具等,也包括非物质资料,如信息、软件、技术等。

采购是商流过程和物流过程的统一。采购的基本内容就是将资源从资源市场的供应者转移到用户手中的过程。在这个过程中,要同时实现资源的所有权和资源的物质实体的转移。采购过程是这两个转移的完整结合,缺一不可。

采购是一种经济活动。采购是企业经济活动的主要组成部分,遵循基本的经济规律。

(二)全球采购

全球采购是指利用全球的资源,在全世界范围内寻找供应商,寻找质量最好、价格合理的产品。广义的全球采购是在供应链思想的指导下,利用先进的技术和手段,提出合理的采购要求,制定恰当的采购方案,在全球范围内建立生产与运营链,采购质价比最高的产品,以保证企业生产经营活动正常开展的一项业务活动;同时,通过采购的规范操作,可以有效地对采购过程中的绩效进行衡量、监督,从而使服务水平不降低的情况下,实现采购总成本最低。

与国内采购相比,供应链管理模式下全球采购具有以下特点。

(1)全球范围内采购。采购范围扩展到全球,不再局限于一个国家或一个地区,可以在世界范围内配置自己的资源。因此,我们可以充分利用和善于利用国际市场、国际资源,尤其是在物流随着经济全球化进入到全球物流时代,国内物流是国际物流上的一个环节,要从国际物流角度来处理物流具体活动。

(2)风险性增大增强。国际采购通常集中批量采购,采购项目和品种集中,采购数量和规模较大,牵涉的资金比较多,而且跨越国境、手续复杂、环节较多,存在许多潜在的风险。

(3)采购价格相对较低。因为可以在全球配置资源,可以通过比较成本的方式,找寻价廉物美的产品。

(4)选择客户的条件严格。因为全球采购,供应商来源广,所处环境复杂。因此,制定严格标准和条件去遴选和鉴别供应商尤其重要。

(5)渠道比较稳定。虽然供应商来源广,全球采购线长、面广、环节多,但由于供应链管理的理念兴起,采购商与供应商形成战略合作伙伴关系,因而采购供应渠道相对比较稳定。

二、经济一体化背景下的全球采购与供应链

供应链管理模式下的全球采购主要表现在:每一件产品的价值都是由整个供应链共同创造的,每一件产品的竞争力实际上体现了整条供应链上各个环节的整体竞争能力。相对于通过扩大生产规模、降低成本来增加效益的做法,供应链管理提供的是一种新的思考方法和发展途径,它使企业可以通过改善经营理念、再造业务流程、理顺与上下游企业的合作关系来提升效益、增强竞争力。因此,在这种理念和运作模式支配下全球采购业得以飞速发展。

国际供应链管理

（一）全球采购与供应链管理关系

供应链管理是一种现代的、集成的管理思想和方法，是利用计算机网络技术全面规划供应链中的物流、信息流、资金流等，实行计划、组织、协调与控制，采用系统方法整合供应商、生产制造商、零售商的业务流程，提高成员企业的合作效率，使产品及服务以正确的数量、质量，在正确的时间、地点，以最佳的成本进行生产与销售。

全球经济一体化直接推动了全球范围内的资源合理配置，也成为全球采购与供应链整合的直接动因。这是因为，随着全球经济一体化的加速发展，各国经济发展从过去依赖本国的能力、知识、人力资源、基础设施、国内商品市场和消费者偏好，转向了依赖资源的比较优势，使得资源的配置方式超越了一个国家的地理边界，在全球范围内重新配置资源，以追求最佳的、合理的配置效果。

现代信息技术的迅猛发展为供应链整合和全球采购提供了条件。借助现代信息技术，使原来分散的各个生产、经营环节能够相互连通，成为一个有机整体。同时，在生产者、流通者、物流等众多生产性服务企业、消费者之间实现信息的共享，使生产企业、流通企业和物流企业都能够按照市场的要求提供产品和服务，并能够协调一致地进行各项生产经营活动。在欧美发达国家，信息技术已经成为供应链整合和全球采购的一个核心技术。

随着企业市场边界、组织边界的拓展，企业的管理理念和运作方式也在发生着许多革命性的变化，特别是以系统思想为基础的供应链管理理念及其运作方式的形成和发展，为全球范围内的采购和供应链整合提供了手段和工具。

（二）供应链管理模式下全球采购主要运作模式

供应链是自20世纪90年代以来，国际上出现的一种新的企业组织形态和运营方式，是指由客户（或消费者）的需求开始，经过产品设计、原材料供应、生产、批发、零售等环节，到最后把产品送到最终用户的各项制造和商业活动所形成的网链结构。这即是拉式供应链运作模式，它与原有的推式供应链运作模式有极大的差异。

在以供应链管理为基础的拉式运作模式下，每一件产品的价值都是由整个供应链共同创造的，每一件产品的竞争力实际上体现了整条供应链上各个环节的整体竞争能力。

（三）供应链管理环境下全球采购的影响

供应链环境下的全球采购模式对供应和采购双方是典型的双赢。对于采购方来说，可以降低采购成本，在获得稳定且具有竞争力的价格同时，提高产品质量和降低库存水平，通过与供应商的合作，还能取得更好的产品设计和对产品变化更快的反应速度；对于供应方来说，在保证有稳定的市场需求的同时，由于同采购方的长期合作伙伴关系，能更好地了解采购方的需求，改善产品生产流程，提高运作质量，降低生产成本，获得比传统采购模式下更高的利润，采购作为供应链管理中非常重要的一个环节。因此，如何成功地进行全球采购，降低成本，提高企业竞争力已越来越受到企业的重视。

全球采购在供应链管理环境下的最大优势是节约成本，与此同时，在供应链网络增大后的一个通病是导致资源浪费。企业为了预防市场及运营环境的变化，一方面会在其供应链各个环节囤积额外的存货，以备不时之需；另一方面，全球化采购会使供应链的供货时间变长,驱使企业需要更多的货物储备,这导致成本上涨,同时积压过多存货也带来风险,两者最终会导致供需之间需求逐步放大的牛鞭效应。这种现象主要是由于供应链管理中信息不畅,供应链成员与企业间缺乏协调和同步运作,无法准确、快速响应市场等情况下发生的。因而,不断完善供应链管理,变被动为主动是供应链中核心企业首要解决的问题。

(四)全球采购与供应链整合的主要运作模式

从供应链整合的国际经验来看,全球采购与供应链的整合与形成的途径是多样化的,主要包括以下四种形式。

1. 以制造企业为核心的全球采购与供应链体系

这种类型的整合主要出现在资本和技术密集型的行业以及拥有知名品牌的大型制造企业,如汽车、飞机、信息产品、重型设备等行业。大型制造企业往往是供应链整合过程中的主导者和核心,它们依托自身的资本优势、技术优势和品牌优势来影响上下游企业,特别是影响上游企业与之形成长期战略合作关系,以在全世界范围内进行最为有利的采购、生产和技术研发等各种经营活动,使得供应链形成最佳的整体竞争优势。

在国际市场中,以大型制造企业为主导的供应链整合有着许多成功的范例,如大众、柯达、联合利华、飞利浦等跨国公司,他们不仅可以根据市场的需求来组织产品的设计、生产,而且还利用品牌优势来优化分销渠道、合理组织供应链过程的物流运作,使供应链能够形成快速的市场反应能力和整体运作水平。

2. 以大型零售集团为核心的全球采购与供应链体系

以大型连锁经营零售企业为核心的供应链整合,近年来在全球范围内非常活跃且发展十分迅速。其突出的特点就是大型零售企业利用其掌握的市场需求特点和信息来提出定制商品的要求,包括商品的样式、规格、质量、标准方面的要求,然后在全球范围内寻找最好的生产者或者供应商,最后销售到市场中。这种供应链整合在劳动密集型行业和一些消费品行业中有着非常突出的表现,如食品、服装、鞋类、玩具、家庭日常用品以及家电产品等。

全球最大的零售企业沃尔玛、家乐福等目前都在加快其全球采购的步伐,并利用自身的渠道和品牌优势进行供应链整合,以强化自身的商品资源,扩大盈利空间。

3. 以大型贸易企业、专业化的国际采购组织或经纪人为核心的全球采购与供应链体系

无论是在中国还是在全世界,为数众多的还是那些中小企业。面对大型企业的供应链整合和优化,中小企业也存在合理利用各种资源、加强与上下游企业之间合作、提高竞争力的要求和希望。但是这些中小企业并不具有进行供应链整合的实力与市场影响力,而且也缺乏充足的信息和专业人才。在这样的条件下,一些大型贸易企业、专业性的采购组织和采购经纪人利用其具有的强大市场分销能力及拥有的与众多中小企业的长期交易联系的优势,成为面向中小企业的采购供应商,而且也在积极地参与供应链的整合与优化。例如,我国香港的利丰集团,就是大型贸易企业进行供应链整合和全球采购的典型案例。

4. 以第三方服务企业为核心的供应链整合

事实上,供应链整合并不是简单的上下游企业之间的一纸协议或盟约,而是涉及上下游企业之间在信息、资金、物流、交易、研发等诸多经营与运作环节上的相互协调与密切合作,乃至一体化,从而形成分工有序、协调一致的新的业务流程,来提升整体的运作效率。供应链整合过程中的流程再造,使得原来分散在上下游企业中的各种经营与运作也在一体化,有些甚至从原来的企业中分离出来,形成新的、独立的供应链环节和成员,例如,供应链中的信息系统、物流、研发等。因此,近年来,以提供第三方服务为基础的供应链整合也成为一种新的发展趋势,尤应引起重视。

三、企业进行全球采购的能力分析

企业进行全球采购,能够获取巨大的利益,但同时,也面临着一定的挑战。作为参与全球采购的企业,要充分分析利益、挑战与企业自身的能力三者之间的关系。

(一)企业全球采购的利益

欧美企业全球采购最初的动机是追求低成本,随着全球采购的不断发展,才开始追求更为多样化的利益。20世纪80年代欧美企业全球采购最初的动机主要是追求低成本;20世纪90年代以后,产品质量和技术开始成为欧美企业全球采购的重要原因。与欧美企业全球采购最初的动机不同,中国企业最初是基于需求的全球采购,并且主要是追求高质量和高技术。企业全球采购利益可归纳为如下几类。

1. 满足企业需求

20世纪90年代以前,由于我国工业发展较为落后,对外贸易实施进口替代战略,制造企业用于生产的机器设备、零部件,甚至原料和能源,国内无法生产,只能依赖进口。海尔集团创业初期(1984—1990年),为保证冰箱质量,零部件90%依靠进口。TCL集团当初进入彩电行业时生产的第一款TCL9228型彩电,其零部件全部都是国外进口的。

2. 追求高质量和高技术

随着中国制造业的发展,很多产品国内都有进口替代品,企业国内采购越来越多,企业全球采购由被动走向主动,越来越有针对性和选择性,企业全球采购的目的主要是追求国外产品更好的质量和更高的技术含量。

3. 协调与整合供应链的多样化战略利益

尽管技术密集与资本密集型产业能够提供较高的产品附加值,但企业未必只能在高技术、高资本密集型的产业中获利,在传统产业,即使是劳动密集型产业,如果企业善于整合供应链系统,也能获利。企业发展到这个阶段的时候,其全球采购的目的也更为多样化。比如,加快上市速度。西班牙服装品牌ZARA就是典型的例子,ZARA把整个供应链高度整合,将前置时间(lead time)压缩为12天。即使企业全球采购的目的是降低成本,其全球采购的方式也可以通过供应链的协调与整合来完成,价格已经不再是影响采购成本的关键因素,取而代之的是采购的总成本和价值。企业认识到全球采购的战略意义,将全球采购视为一种投资,与企业的核心竞争力联系起来,全球采购的利益更为多样化。

4. 降低成本

中国企业也会出于降低成本的原因到国外采购,主要是在国外采购国内稀缺的资源性产品,如铁矿石、石油、木材等资源。此外,发达国家先进的管理和技术能够带来产品成本的节约。例如,在某些使用回收废弃物的行业中,进口废弃物更为便宜,因为国外在垃圾分类回收管理和技术方面比国内更先进。近年来,中国劳动力、用地、用水、用电成本不断攀升,给中国制造带来了巨大的成本压力。而美国这样的发达国家,尽管其劳动力成本远远高于我国,但其土地、水资源和电力等其他成本低廉且供应充足,总的制造成本就显现出一定的比较优势。

(二)企业全球采购面临的挑战

在企业全球采购发展的不同阶段,企业利益不同,所面临的挑战也不同。这些挑战可以分为硬性成本和软性成本、外部障碍和内部障碍。硬性成本多是客观因素,是直接的成本,比较明确,容易量化,包括物流成本、结算成本、商品品质问题等;软性成本多是主观因素,包括订立和检查合同的成本、信息成本、因文化差异和交流困难而导致的成本、司法程序方面的成本、为建立信任关系和商誉而增加的成本、建立网络关系的成本、与风险和安全要求有关的成本等。外部障碍是与企业外部环境有关的成本,如规制、劳动力成本和货币成本、技术标准、企业的社会责任、劳工标准等。内部障碍是与某一商业交易有关的成本,来源于企业边界之内,如企业所处的地位、声誉和品牌等都会影响其在商业交易中的势力;企业所处的行业及其产品特点,可能不适宜海外采购等。

如果企业全球采购的利益来自协调与整合供应链的战略利益,软性成本和内部障碍就会更为突出。企业要加强与供应商的合作,就要面对不同国家的文化、经济、政治和社会体制,软性交易成本更多也更重要。协调与整合的目标对企业管理提出了更多要求,部门之间、地区之间协调与整合的过程中必将遇到更多的内部障碍。系统化的流程管理要求企业行动遵守规则,这可能会与某些企业不愿遵守某些规则相冲突,而且企业可能没有相应的资源来支撑这种战略目标。

(三)企业全球采购的能力

在我国工业化发展初期,企业本身甚至没有自主经营权,根本谈不上全球采购的系统性和战略性,但随着对外贸易的逐步发展,全球采购对于企业的重要性也日渐明显。当全球采购与企业核心竞争力联系在一起的时候,全球采购逐渐发展成为一种具有前瞻性的主动型采购。当企业不断演变为一个具有系统思维的供应链管理者时,企业就培育了具有战略性的全球采购能力,能够有效地进行部门之间、地区之间的协调与整合,与供应商建立合作关系,实施流程化管理,运用更为科学的激励机制。

(四)三者间的相互关系

根据企业全球采购的利益、企业全球采购面临的挑战和企业全球采购的能力三个维度可以对企业全球采购所处的阶段进行划分。企业所具备的全球采购能力决定了企业全球采购的利益;企业全球采购阶段不同,企业全球采购能力不同,采购利益不同,企业所面临的挑战不同;应对企业全球采购面临的挑战有赖于企业全球采购能力建设;企业全球采购能力建设的方向取决于企业对全球采购利益的认识;随着企业全球采购能力建设的不断完善,企业全球采购的阶段会更进一步。如果企业能够深入理解全球采购的战略意义并形成有效的全球采购能力,企业将享有全球采购带来的多样化利益,最终提高企业竞争力,推动企业可持续发展。

四、中国企业全球采购的发展历程

中国企业全球采购发展历程可以分为以下四个阶段。

(一)基于需求的被动型海外采购阶段

在这一阶段,企业所需的机械设备、零部件或原材料等,国内无法生产或不能满足需求,企业只能被动地到海外采购。企业全球采购组织结构尚不完善,没有专门的全球采购部门或全球采购经理。企业甚至没有自主经营权,全球采购决策听命于计划或指令,进口还需要找贸易代理商。需求出现时采购才做出反应,海外采购管理的重点在订货及补货等日常事务上。企业面临的挑战主要是硬性成本和外部障碍。

(二)有选择的主动型全球采购阶段

随着我国工业的发展,许多产品可以在国内采购,企业全球采购选择性增强,高质量、高技术含量以及低成本成为企业全球采购的主要利益。企业认为,全球采购只是企业的支出,还没有认识到全球采购的战略意义。企业建立了全球采购部门,企业全球采购资源挑选技能不断提高,但全球采购部门仅仅承担操作性职能。企业面临的挑战主要还是硬性成本和外部障碍。这一阶段对企业国际资源挑选技能的要求较高,软性成本和内部障碍逐渐显现。

(三)全球采购的战略阶段

企业认为全球采购具有战略意义,是企业有意义的投资,全球采购的利益更为多样化。但由于企业自身能力的欠缺,这些战略利益还无法充分实现。企业将全球采购纳入企业发展战略规划,获得高层管理人员的支持,与供应商建立合作关系,在采购管理方面有所突破。但企业全球采购能力有限,在组织和实施上还不够系统和完善。面对全球市场的多样性,软性成本和内部障碍变得更为重要。

(四)协调与整合的全球采购阶段

企业从协调与整合供应链的角度审视全球采购。企业充分理解并运用全球采购战略,全球采购能够帮助企业解决各类问题,给企业带来多样化的利益,帮助企业形成核心竞争力,推动企业可持续发展。企业不仅具有良好的国际资源挑选技能,还构建了系统的全球采购能力,把全球采购纳入企业战略规划,在海外建立以筹供为目的的合资企业甚至独资企业,强调部门、地区及供应商的协调与整合,对全球采购实施流程化管理,为全球采购提供必要的资源并设计相适应的激励机制。软性成本和内部障碍对企业管理提出了更大的挑战。

第二节 全球采购计划与供应市场分析

一、战略全球采购计划

采购计划(procurement plan),是指企业管理人员在了解市场供求情况,认识企业生产经营活动过程中,在掌握物料消耗规律的基础上对计划期内物料采购管理活动所做的预见性的安排和部署。战略全球采购计划,是指采用战略的思想,确定企业的长期发展方向,并且逐步建立起达到未来发展目标的手段。

(一)战略全球采购的目标

战略全球采购的目标是良好管理为企业提供产品与服务的供应关系,以支持企业总体目标的实现。全球供应商与企业的合作程度决定了采购工作对企业成功的贡献,好的战略采购计划能够让供应商和内部客户了解采购职能能够作出的贡献。要将战略全球采购计划分解为用最少的资源为企业提供产品与服务的影响因素。

制订战略全球采购计划需要考虑以下典型问题:

(1)是制造还是购买?是标准化产品还是差异化产品?

(2)企业关注的重点是质量还是成本?供应商的参与程度如何?

(3)是大量采购还是少量采购?

(4)是集中采购还是分散采购?采购员工素质如何?是否有高层管理的介入?

(5)在什么时候采购?提前购买的时间是什么?

(6)采购的价格如何?包括是否有额外费用,标准价格是多少,基于成本的价格是多少,基于市场的价格是多少,租赁、制造、购买的价格分别是多少,等等。

(7)从哪里采购?包括采购的城市、区域,是多来源还是单一来源,供应商周转率的高低,与供应商的关系,供应商的资格,供应商的所有权,等等。

(8)采购的体系、流程和方式如何?包括采用的是谈判、竞标、定标抑或其他的方式,采购的合同时间长短,采购调查,价值分析,等等。

(9)为什么进行全球采购?包括全球采购的目标,内部因素,市场因素,等等。

(二)战略全球采购计划的原则

战略全球采购计划的基本原则是必须支持企业战略和业务战略。全球采购管理者必须首先理解业务计划的目标,最好能参与到业务计划的制订中,运用这些信息,开发一个最有效的支持企业战略的全球采购战略。为了使全球采购战略与企业战略保持一致,需要在各个层次的计划制订的过程中进行信息交流。采购部门必须接受来自企业各层次和业务部分的信息,从而更好地规划全球采购战略。

(三)战略全球采购计划的过程

采购战略能够对客户的满意度、成本结构等产生深远的影响,这种影响可以是积极的也可以是消极的。战略全球采购计划活动包括以下步骤(图 4-1)。

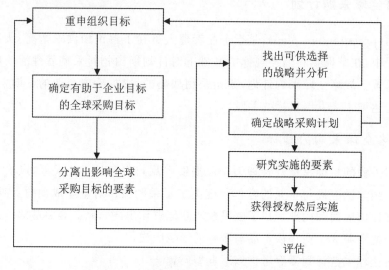

图 4-1　战略全球采购计划活动的步骤

(1)仔细研究公司与业务层次的战略中,采购管理职能对其有影响的部分。

(2)确定采购管理职能如何才能对更高一层的战略作出贡献,或者是收益最大化,或者是降低失败的风险等。

(3)寻找机会改进现存的供应和采购过程。

(4)为寻找到的改进机会建立明确的目标和措施。

(5)研究改进方法实施的要素。

(6)获得授权,然后实施改进。

(7)评估改进的过程和效果。

(四)战略全球采购计划的内容

1. 全球采购资源战略

企业在制定全球采购资源战略时,需要明确以下问题:

(1)以往资源的使用方式,以及资源的预期需求量。

(2)全球采购资源的来源,包括现有的和潜在的。

(3)全球资源的市场类型。

(4)全球采购资源的形态,如原材料、半成品或产成品。

(5)可以得到的供应总量。

(6)资源在某一区域受到的政策制约。

(7)资源运达的成本。

开发全球资源战略时,采购职能还需要考虑一些与资源选择、物流因素(如运输距离、运输方式、客户、关税、自由贸易区以及代理人和经纪人的使用)、通信方式(如 EDI 的使用)以及金融(例如汇率和支付方式)等有关的问题。

2．全球供应商战略

全球供应商战略与全球采购资源战略联系非常紧密,全球采购资源战略的制定是为了确定企业如何满足某一具体的产品和服务的需求,而制定全球供应商战略的目的在于确定此商品的供应链上各种供应商的位置、地址和发展状况。

全球供应商战略包括以下内容:

(1)哪个供应商能够提供总成本最低、质量最高、提前期最短以及最好的服务?

(2)哪个(些)供应商能够提供提高产品技术的途径?

(3)每个潜在供应商的相对优势是什么?

(4)每个可选供应商的相对风险是什么?

3．应急计划

当企业得不到满足数量、质量或者价格需求的商品或服务时,如何快速在全球范围内寻找替代品?如何才能满足客户需求?这是全球采购应急计划需要解决的问题。根据全球市场的稳定性、与采购相关的风险以及对于实现企业战略目标的重要程度的不同,应急计划在各企业中对各种产品的作用不尽相同。

二、全球采购供应市场分析

(一)全球采购风险分析

企业推行全球采购战略将不可避免地面对变化迅速的全球市场环境和风格各异的全球经营环境,各种不确定因素和风险也随之而来,如政府管制与干预、汇率波动、文化差异和贸易壁垒等。全球采购通常是批量采购,采购的项目和品种集中、数量及规模较大、牵涉的资金较多,而且跨越国境、手续繁杂、环节较多,存在供应是否稳定和及时、采购的质量是否稳定且符合要求等许多潜在的风险。

1．文化与沟通

在进行全球采购的过程中,最大的风险或许是买卖双方因文化差异而导致的沟通障碍或偏差,进而对维系正常的采购关系造成困难。不同国家和民族有不同的文化、语言、道德观及商业惯例,各国企业一般具有基于本国国情的企业文化,这些都会导致对同一问题的不同看法,从而存在分歧或沟通障碍,影响双方合作的稳定性。

2．付款方式

以采购方的观点来讲,最佳的付款方式是在验收之后付款。然而,有些供应商会要求必须先预付款项以支付前期作业所需的费用。为了得到急需的物资,企业通常会预先支付部分货款,但预先付款之后,所购物资在数量、质量或者交货时间上有时得不到应有的保证,而且会占压采购方的资金。在国际贸易中信用付款最为普遍,不过企业的资金仍然会占压比较长的时间,从而增加了采购方的资金成本。

3. 前置期较长

由于全球采购影响因素较多，运输时间较长，因此无法准确预估各种不同活动所需要的时间。例如，码头工人的罢工、船员工会统一行动、暴风雨、战争等，都会使前置时间加长。在全球采购计划中根据供应所在国家或地区的不同通常需要考虑30～90天的前置期，这对采购计划的准确性要求很高。

4. 安全库存水平

由于全球采购的前置期较长，企业为了防止缺货一般需要保持较高的安全库存，但全球采购物料的安全库存有时很难估算，而且也不宜估算太高，因为存货成本也要计入企业成本之中。安全库存过高会带来资金占压及物料过期的风险，而安全库存太低又会面临缺货的风险。有些企业不会准备安全库存，而是用空运来应付紧急或额外的需要，但这势必会增加产品的成本。

5. 品质

由于国际供应商距离较远，采购方很难对其进行实地调查与监督。如果供应商所提供的产品质量不符合要求，将会给采购方带来严重的缺货风险。此外，国外供应商对于设计指标改变的弹性较低，有时甚至无法满足采购方提出的细微改变。

6. 较高的交易成本

全球采购一般需要支付货币兑换、国际通信、国际差旅、信用证保证金、国际运输及货物保险等额外成本，有时还需要向进出口中介商支付佣金，订单的处理程序和物料的运输也比较复杂。

7. 社会责任与劳工标准

某些西方发达国家要求供应商所在的国家制定并推行公司社会责任守则，实施劳工标准。由于目前一些出口国家的劳工法规非常不健全，存在因劳工法规变化而带来的政策风险，因此企业应避免采购来自压榨劳工工厂的物料，以免因劳工法规的变化而影响物料的供应。

8. 政治经济形势的变化

当今世界政治经济形势变化多端，多变的国际环境如出口管制及禁运、贸易制裁及供方政局动荡等因素均会对国际采购带来直接影响。

(二) 影响全球采购成功的供应市场因素

1. 合格的人力资源

合格的人力资源指的是公司职员掌握满足要求的知识、技术和能力。除了被认为是影响全球采购最重要的因素之外，也被认为是目前公司所面临的最严峻的问题。在供应链中处于不同地理位置的节点都需要有着同样的技术和能力，但是这一点现在的大型公司往往还不能满足，而这个问题在形成跨地区合作组织时特别严重。

通过与多家大型公司的全球采购经理进行面谈得知，公司目前对从事全球采购人员的技能需求趋向更加专业化，掌握成本分析技术、对全球供应市场的理解，以及较好的商谈和签订全球合同的能力,较强的沟通能力和演讲技能,对战略发展的理解,以及系统整体式思维方式,能够在其他文化环境中有效地工作也很重要。

2. 获得有效的信息

进行全球采购,必须成功获得全面的、可靠的以及及时的信息。例如,现存的合同和供应商,供应商的能力和绩效评估报告,可预测的市场容量,以及潜在的新供应商资料、内部客户的要求等。一些公司为此建立了自己的全球数据库,对需要采购的商品进行编码。

3. 了解全球潜在的供应商

这一点与获得有效信息密切相关。对潜在供应商的识别,尤其是刚刚出现的采购地区应该多加关注。但是大部分公司只了解本地和国内的供应商,而对国外的供应商了解程度不够。此外,大部分公司固守成规,对目前的供应商有着很强的忠诚度。

4. 有能力完成全球范围合同的供应商的可得性

几年前一位经理在工业品供应经理集会上说,虽然全球采购是一项值得去追求的事情,但是却很少有能够完成全球供应的供应商。这种情况已经开始改变,如果只有很少的供应商有全球供应能力,那么高水平的全球采购也就不可能存在。一个有全球供应能力的供应商能够满足采购商在全球范围内对设计、成本、周期和配送的要求。

5. 识别各采购部门的共同要求

这个因素同样强调了信息在全球采购流程中的重要作用。很明显,对各个部门采购的共同要求进行识别是非常必要的,但是很多公司都在为这项任务头疼。大型公司通过合并和兼并来获得快速成长是很常见的。这些新的合并案通常都有着相似的采购要求,但是它们很少有统一的合同、系统和材料编码。虽然是否拥有共同的编码对采购成功的影响并不显著,但是掌握共同采购要求的能力会对采购产生重要的影响。

6. 运营和制造部门的支持

当大型跨国公司需要从中央控制出发,签署全球采购协定时,一些地区的制造部门不得不使用新的供应商进行各地区采购数量和供应商的调整,而由于采购商品的最终使用者是当地的制造部门,所以必须获得当地使用部门的支持。可以从以下两方面着手:一是将使用部门吸纳进采购中心;二是在制定全球战略时,将其吸纳入非采购部门,比如市场营销和流程设计等,从而更好地理解公司的整体战略。

7. 对供应商的实地考察

如果想达到全球采购的较高层次,对供应商的评估和选择就更加重要和复杂。由于全球供应商签订的都是长期合约,如果采购商作出决定后再更换供应商,其成本是非常高的,所以对供应商的能力进行实地评估就成为采购过程中重要的一环。这些考察,需要有一个时间约束、各交叉部门的支持、交通和住宿资金等。而全球供应商经常从不止一个地点提供原料,所以这就使得对供应商的评估更加复杂,因为采购商需要对这些地点都进行评估并且要考虑到物流因素。虽然对全球范围内的供应商进行实地评估的成本非常高,但是一个错误的供应商选择所带来的成本则更高。一般而言,对供应商的评估包括它的财务状况、全球供应能力、物流网络、供应链管理、流程控制能力、是否愿意与采购商进行合作,以及技术改进等。

第三节 全球采购流程与供应商的选择和评估

一、基于战略采购的全球采购流程

随着经济全球化的不断扩张,围绕产品和服务的市场竞争日趋激烈,技术进步和需求多样化使得产品寿命周期不断缩短,每一家企业都面临缩短交货期、提高产品质量、降低成本和改进服务的压力。面对这些新的情况,企业必须为能够迅速响应市场、控制成本以及增加最终业绩而重新寻找出路。

为了迎接新的挑战,"战略采购"的新概念被引入采购理论中,企业探索供应链管理的成功经验导致了战略采购的产生,美国、日本等一些制造业发达的国家多年以前就已经用供应链的思想实施战略采购。

(一)战略采购的基本理论

战略采购是一种能为企业提供获得持续竞争优势的途径,战略采购是计划、实施、控制战略性和操作性采购决策的过程,其目的是指导采购部门的所有活动都围绕提高企业能力展开,以实现企业远景规划。

(二)战略采购与采购战略

战略采购从属于公司和事业单位战略管理范畴,而采购战略是职能战略,两者的层面不同。战略采购是根据竞争战略确定供应商管理目标,以及供应商发展有助于竞争优势创造的交易关系,并在供应商、采购部门、其他职能部门间进行战略目标和活动的整合;而采购战略是在战略采购指导下制定实施的具体采购目标和行动。

(三)战略采购与传统采购的区别

传统采购的职能在组织中的角色定位是服务内部顾客,其目标是在适当的时间、适当的地点以适当的价格获得适当质量、适当数量的适当商品和服务。采购部门根据企业内部顾客的预算和要求购买所需的物品,而企业内部顾客也给予采购部门充分的独立地位,只要购得的物品符合要求,不会过问采购部门向哪个供应商购买等细节问题。采购部门与企业内其他职能部门之间的信息沟通止于后者向前者发布购买信息,这导致采购对企业未来的购买需求不能把握,同时企业也无法通过采购职能更大限度地利用供应商资源。

战略采购是一种有别于传统采购的思考方法,它与传统采购区别主要有以下几点:首先,战略采购注重要素是"最低总拥有成本",而传统采购注重要素是"单一最低采购价格";其次,战略采购是以最低总拥有成本建立服务供给渠道的过程,传统采购是以最低采购价格获得当前所需资源的简单交易;再次,战略采购充分平衡企业内外部优势,与供应商结成战略合作关系,而传统采购主要关注企业自身,与供应商站在对立面;最后,战略采购涵盖整个采购流程,实现从需求描述直至付款的全程管理。传统采购往往注重买进的过程,忽视整个过程的衔接。战略采购管理的"战略性"中最为显著的一点就是它必须服从并服务于企业的总体战略,而传统采购从未提升到战略的高度来对待。

在实践领域中,战略采购已成为国际领先企业获取持续竞争优势和超额利润的重要手段。

(四)战略采购流程的六个阶段

1. 了解采购类别阶段

此阶段的目的是了解公司支出模式与相应购买方式。

2. 询价和价格分析阶段

采购需要从市场形态角度分析不同时段下买卖方价格走向、价格可能的成交形态及买方相应的议价策略、手法。采购价格分析是用来判断报价的准确性和了解供应商对自身的合作程度。采购价格分析的重要性在于市场行情但也取决于企业自身供应链的合作程度和成熟度。价格分析有助于分析企业采购成本以判断盈利情况,并且能够及时长期追踪采购品类的走向,为企业战略决策提供信息。

采购价格分析的评估标准一般取决于市场买卖双方的数量、可替代品的获取程度、企业内部需求的重要性、成本、质量、交付等因素。根据所得到的事实,在分析供应商和行业的基础上决定如何招标,评估产品的总体成本。

3. 确认供应商名单阶段

根据之前对供应商及行业的研究以及企业对成本、绩效和服务重要性的理解,确定一份潜在供应商名单。设计一套评估标准或者"记分卡"来选择供应商和产品招标战略。例如,是在全球范围招标还是在某地区?同时,这一战略还包括设计供应商如何投标、招标时限,以及以怎样的形式回答供应商的提问。

4. 进行招标阶段

根据供应商对专门设计的问卷的回答,进行综合评估。这一步涉及向供应商发标书,筹备和举办"供应商日",接受标书,根据确定的标准分析标书,并选出最合适的供应商。需要强调的是,战略采购流程的目的并不是要确定单一的供应商,评估小组必须谨慎客观地保证被选中的供应商不是因为熟悉而是因其优势及可增加本公司盈利的能力而被选中的。

5. 合同谈判阶段

在这一阶段,评估小组与供应商进行谈判,确定合同条款。对供应商标书和企业现有的合同进行全面的对比审核。

谈判是一个非常讲究技巧性的工作,同时也可能是或短暂或漫长的一个过程。谈判对买卖双方来讲,可能会双赢,一输一赢或者双输,双输的结果是买卖双方最不愿意看见的。讲究谈判的技巧,做好谈判之前的准备工作非常重要。准备工作不仅仅包括自己的情况,也包括了解卖方的情况,从而有针对性地进行条款式谈判。

一般谈判工作要做到:列清所有的谈判条款;将谈判条款按重要性进行排序;设置最高和最低底线。在谈判过程中,会将供应商的总体价格和价格分解了解并讨论清楚。一般来讲,采购方在谈判桌前心里有一个目标价位(target price),而它对供方的价格也有一个估价

(should cost),如果这两个价格相差不远,则谈判成功的概率会很大。否则,谈判终止或者会经过很多轮次才能达到最后相互接受的程度。图 4-2 解释了买卖双方对成交意向由低到高的博弈结果。

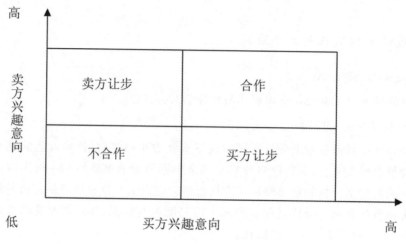

图 4-2 买卖双方成交意向博弈图

6. 执行阶段

在确定供应商后,在其他采购和合同管理人员的支持下,评估小组与供应商协商、确定最终的合同文本。这可能包括明确的绩效评估方式、激励条款、协商标的成本与售后服务水平。可能还包括执行跟踪系统以监管供应商绩效、管理合同以及建立供应商—企业沟通渠道。

(五)战略采购理论在全球采购中的应用

经济全球化引入来自全球范围的竞争,技术发展日新月异使产品生命周期大大缩短,当前的企业正处于高度竞争且高速变化的环境之中。面对不断涌现的后起之秀,一些领先企业面临在传统的产品、技术和市场领域失去持续竞争优势的威胁;而竞争使行业平均利润下降,一些普通企业更是面临生存危机。依靠销售和生产环节获得或维持持续竞争优势越来越困难,而多年来一直被忽视的采购领域则有操作和发展空间。

采购是企业的成本中心,又是企业通向供应市场的窗口,是连接企业与供应商群体的纽带。通过战略采购降低投入品的总体拥有成本、整合供应商能力,已成为领先企业获得持续竞争优势的重要来源。20 世纪 70 年代以前,采购部门致力于购买低价优质的产品或服务,以保证企业生产的顺利进行。近二三十年来,采购在企业中的战略地位逐渐提升,从传统的管理职能演变为一项战略职能。一些企业实施一系列战略性采购决策,战略采购的目标是提升企业持续竞争优势,而不仅仅着眼于获得最低的购买价格。

二、全球采购供应商选择的特点

在进行全球采购时,由于存在地域上的问题,在国际上选择供应商要比在国内困难得多,全球采购中供应商的选择具有如下特点。

（一）供应商的选择与评估

进行有效采购的关键问题应该是选择高效、负责的供应商。一般情况下，在国际采购中，有经验的采购部门会和其他采购者共享信息，以表明他们不是直接竞争者。现在，国内供应商也经常会提供一些信息，从而在同行业中建立一种非竞争的关系。掌握了供应商的信息，选定国际供应商就有了基础，但是对供应商的生产能力进行评价却有些困难。评价信息的两个主要来源就是采购者的经验和对供应商的实地考察。为了获得更多的背景资料，最好的办法就是到供应商处进行实地调查。

（二）政治问题和劳动力问题

受供应商所在国政府问题（例如政府换届或工人罢工）的影响，供应中断的风险可能会很大。采购者必须对风险作出估计。如果风险很高，采购者就必须采取一些措施关注事态的发展，以便及时对不利事态作出反应并寻找替代办法。必要时，甚至有可能需要重新选择新的供应商。

（三）价格因素

传统采购活动的重点在于将供应商的不同报价进行详细比较。如果公司在单个地理区域的供应市场中采购，可以采用这种方法，但一旦公司向两个或更多的供应市场区域采购，这些传统的方法就不一定是最理想的方法了。通常是以全球市场上最低的材料价格为基准，这需要收集更多的数据，必要时还需要考虑建立成本模型，设定基准价格。

（四）质量

全球采购中，采、供双方就质量规格达成明确标准非常重要，否则以后双方产生分歧时，一系列的后续事件的处理费用将十分昂贵。另外，买卖双方就采用什么样的质量控制、验收过程等问题达成一致也很重要。

（五）运输和集中物流

国际原材料采购中的运输方式和责任承担问题要比国内运输复杂得多。另外，国际采购中的包装和保险决策也比国内复杂。

（六）文化和社会习惯

各个国家、各个地方的商业习惯会因地区不同而变化。采购人员若要和供应方更有效地进行商谈，就要调整自己去适应那些习惯或习俗。在这个环境中，历史性的成本驱动因素持续下降（质量、沟通、数据管理和运输），同时政府对贸易的管制在不断减少，地方性或全球性的采购组织都必须适应上述持续变化形成的全新采购环境。因而，企业更要注重外部环境的分析。外部环境包括政府政策、传统文化、技术的更新、经济的全球化、市场开放程度和竞争程度等。

三、全球采购供应商的选择

(一)全球采购供应商的种类

根据供应商提供的产品或服务在企业采购的重要程度以及供应商本身在行业中和市场中竞争力的高低,可以将供应商大致分为四类。

1. 战略合作伙伴供应商

战略合作伙伴提供给企业的产品和服务非常重要,而且采购金额所占比重较高。他们提供的产品和服务可能对采购方的产品和流程运营产生重大的影响,甚至可能造成企业停产,从而无法满足企业客户的需求。而且这类供应商在市场上具有较强的竞争力,可替代性低。他们的产品和服务通常针对具体采购方的需求,凸现了高度个性化和独特性,能满足采购方需求的其他供应商数量很少。所以这类供应商的更换成本很高,必须建立长期合作关系,成为企业的战略合作伙伴。通常在企业新项目刚刚启动阶段,这类供应商就已经开始介入。更有甚者,在企业参与客户的报价阶段,战略合作伙伴就必须参与进来。

2. 重要供应商

此类供应商的产品通常已经建立了质量和技术标准,对于企业来说通常具有较大的增值作用,但竞争力较弱。这主要有三种状况:处于某个行业的垄断地位,有较高的行业门槛;供应商数量众多,但其本身的产品具有较高的增值率;处于关键的地理或政治位置。

3. 专业型供应商

这类供应商的产品和服务属于低价值的产品和服务,在整个采购中所占的比例相对较小。但由于其具有某一方面的技术专有性,具有较高的难以替代性,因此采购这些产品需要耗费大量的时间和精力。对于这类供应商,采购方的重点在使采购这些产品所需的精力和交易尽量标准化和简单化,降低与交易相关的成本等。

4. 一般供应商

这类供应商不仅对制造商来说具有较低的增值率,并且供应商数量多,通常产品的质量和技术标准化程度较高,供应商更换成本低。采购方应该把重点放在价格分析上,根据市场需求判断最有效的产品。比较适宜的采购方法是施加压力和签订短期协议。

(二)全球采购供应商选择的目标

企业通过在全球范围内进行供应商的选择,是为了实现如下目标:
(1)获得符合总体质量和数量要求的产品和服务。
(2)确保供应商能够提供最优秀的服务、产品以及最及时的供货。
(3)力争以最低的成本获得最优的产品和服务。
(4)淘汰不合格的供应商,开发有潜质的供应商,不断推陈出新。
(5)维护和发展良好的、长期稳定的供应商合作关系。

(三)全球采购供应商选择的原则

选择供应商是企业生存和发展的基础。如果选择不当,会使企业失去与其他企业合作

第四章
全球采购与供应管理

的机会,会抑制企业的竞争力。如果企业能和优秀的供应商建立战略合作伙伴关系,不仅可以降低质量成本,还能够提高顾客满意度。在产品开发的早期导入供应商进行合作,还可以缩短产品开发周期。

在供应商的选择和评价体系建立过程中,我们必须设立以下基本原则。

1. 系统全面性原则

评价指标体系必须全面反映供应商目前的综合水平,并包括企业发展前景的各方面指标。

2. 简明科学性原则

评价指标体系的大小也必须适宜,具有科学性。如果指标体系过大,层次过多,指标过细,势必将评价者的注意力吸引到细小的问题上;而指标体系过小,层次过少,指标过粗,又不能充分反映供应商的水平。

3. 稳定可比性原则

评价指标体系的设置还应考虑易于与其他指标体系相比较。一方面可以利用现有资源,另一方面也可以使标准体系更具有公正性和说服力。

4. 灵活可操作性原则

评价指标体系应具有足够的灵活性,以使企业能根据自己的特点以及实际情况,对指标灵活应用。

(四) 全球采购供应商选择流程

目前,全球采购环境使得采购组织的运作趋向于全球协作,大部分企业对供应商的选择也呈现出多样化趋势,因而使得企业选择供应商成为一个复杂的过程。供应商合作关系的建立不仅仅是一个简单的评价、选择过程,它本身也是企业自身和企业与企业之间的一次业务流程重构过程,企业在结构上、观念上也必须有相应的改变。如果实施得好,它本身就可带来一系列的利益,所以,必须慎重地选择供应商。在全球竞争环境下选择供应商的流程步骤如图4-3所示。

1. 供给市场环境分析

市场需求是企业一切活动的驱动源。要与供应商建立基于信任、合作、开放性的长期合作关系,必须首先分析市场竞争环境。分析市场竞争环境时,必须知道现在的产品需求是什么,产品的类型和特征是什么,以确认用户的需求,确认是否有建立合作关系的必要,同时还应了解目前企业供应商战略合作伙伴关系的现状,确认企业供应链合作关系是否有改变的必要性,总结企业目前存在的问题。

2. 确定供应商选择目标

供应商选择目标要始终与企业的经营目标相一致,根据不同的市场供应环境,企业不仅要考虑成本效益原则,而且要考虑供应商联盟的稳定、可靠和柔性。同时建立供应商待选数据库,在这个数据库中包含了与自己合作过的比较熟悉的供应商和从其他渠道得到的供应商的资源信息,根据供应细分分析法,对于不同的供应商应选择不同的策略。建立合理的供应商选择目标是后续实施供应商评估的前提,同时也为供应商评估提供了科学的依据。

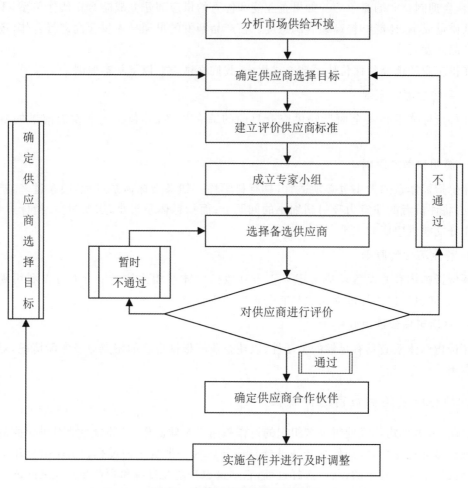

图 4-3 全球采购供应商选择流程

3. 建立评价供应商标准

要对供应商实施综合评价,就必须有一套综合的供应商评价指标体系,这个指标体系必须要有相应的评估标准作依据,如供应商的技术能力、质量水准、交货能力以及价格等要素,并且能够反映企业本身和环境所构成的复杂系统的不同属性。按隶属关系、层次结构有序组成的集合,根据系统全面性、简明科学性、稳定可比性、灵活可操作性的原则,建立全球竞争环境下供应商的综合评价指标体系。

4. 成立专家评价小组

企业必须建立一个专家评价小组以控制和实施供应商选择的过程。专家评价小组的组员可以来自采购、质量检验等与供应商合作关系密切的部门或生产、营销、财务等部门,或外界聘请的专家,组员必须有团队合作精神和相关的专业技能,并且能得到企业最高领导层的支持。只有如此,才能得到对供应商全面客观的评价。

5. 对供应商进行评价

供应商的评价是供应商选择的基础,也是供应商选择的核心工作。其主要工作是调查、收集有关供应商的业绩、设备管理、人力资源开发、质量控制、成本控制、技术开发、用户满意度、交货能等全面的信息,在此基础上,利用一定的工具和技术方法进行供应商的评价。评价之后,有一个决策点,采用某种决策技术方法选择供应商合作伙伴,如果选择成功,则可确定为供应商合作伙伴,如果没有合适供应商合作伙伴,则返回步骤"选择供应商"重新开始新一轮的评选。

6. 实施合作并及时调整

供应商合作关系始终是处于一个动态的开放环境中,在实施供应商合作关系的过程中,市场需求将不断变化,可以根据实际情况的需要及时修改供应商评价标准,或重新开始供应商评价选择。在重新选择供应商的时候,应给予老供应商以足够的时间适应变化。

四、全球采购供应商的评估

(一)供应商评价指标体系建立的原则

设计任何评价指标体系都应遵循一些基本原则,建立一个评价体系也不例外,为使选取的供应商评价指标能够全面、具体、客观地评价供应商的情况,在综合考虑供应商的生产能力、业务结构、经营管理能力、设备管理、质量控制、成本控制、用户满意度、交货和兼容性等可能影响合作关系的因素之后,在建立供应商评价指标体系时必须遵循以下原则。

1. 系统全面性原则

评价指标体系必须全面反映供应商企业目前的综合水平,并包括企业发展前景的各个方面。

2. 简明科学性原则

供应商评价和选择步骤、选择过程透明化、制度化和科学化。评价指标体系的大小也必须适宜,指标体系的设置应有一定的科学性。由于合作伙伴的选择会涉及很多因素,因此要对合作伙伴进行全面、综合的评价,以使得到的评价结果具有较好的合理性和客观性。但如果把所有因素都罗列在评价体系中,则不利于发现合作伙伴的核心优势,增加合作伙伴的选择的难度,降低选择的准确性。

3. 客观性和可行性原则

要力求客观、真实、准确地反映评价对象的本质属性,并且内容简洁、适合实际和方法可行。

4. 灵活可操作性原则

不同行业、企业、产品需求、不同环境下的供应商评价应是不一样的,应保持一定的灵活操作性。由于客观环境的变化,合作伙伴的评价指标会随着企业所追求的目标不同而不断变化。例如,以前评价合作伙伴的主要指标是产品的成本和质量,而现在则更强调合作伙伴对市场机遇的响应速度。因此,评价指标体系应具有较好的自适应性,能随实际情况的不同,对评价指标体系进行增添、挑选、删除等操作。

5. 稳定可比性原则

评估体系应该稳定运作,标准统一,减少主观因素影响。主要体现在两个方面:一是层次性；二是可量化性，即指在对两个以上对象进行评价时，其指标和评价结果必须具有可比较的性质。

6. 单项评价与综合评价结合的原则

既要考虑被评价对象各个侧面，又要考虑这些侧面之间的相互关系，从总体上对被评价对象进行分析评价。

7. 定性与定量相结合的原则

既要把握被评对象"质"的一面，对其进行定性分析，又要把握被评对象"量"的一面，对其进行量的分析，并从量和质统一的角度，对评价对象作出科学的评价结论。

(二)全球采购下的供应商评价问题

全球采购的特点和趋势说明了全球采购背景下的供应商评价与选择也发生了很大的变化。

全球采购环境下的供应商评价不同于一般意义上的供应商评价，无论是评价的目的、评价指标体系，还是评价方法等方面都有其特殊性，具体表现在以下方面。

1. 评价的目的不同

一般意义上的供应商评价与选择是为制造商的产品采购服务的，其目的在于从众多的供应商中选择最能满足自己采购要求的供应商，使其能在一定的交货期内，以合适的价格向制造商提供合适质量的产品，以保证制造商生产的连续性和产品的质量。而全球采购下的供应商评价是为了选择能满足企业战略需求的供应商，与这些供应商建立长期的合作伙伴关系，支持企业战略目标实施。除了企业的竞争力目标之外，还要求供应商能支持企业技术竞争、新市场战略等目标的实现。

因此，除了对其传统的价格、质量和准时交货以及服务水平方面的要求之外，对供应商的员工素质、合作态度、发展潜力、商业信誉以及合作的兼容性等涉及供应商发展潜力和长期合作等方面则更为关注。

2. 评价的指标体系不同

全球采购背景下的供应商评价与一般意义上的供应商评价所采用的评价指标体系不同，体现在具体评价指标和指标重要度的不同。一般意义上的供应商评价指标更注重于一些短期的、与采购相关的指标，如价格、质量和交货期以及历史绩效等。全球采购背景下的供应商评价指标体系更注重于有关供应商的战略作用、长期发展潜力及可持续性、合作兼容性等方面的指标，具体而言，如供应商的员工素质与管理水平，历史绩效与企业信誉，产品的创新能力等。此外，还要对供应商的管理信息化水平、法令法规完善程度、合作的兼容性、战略作用和影响力等方面进行评估，使得企业能够识别和选择满足企业战略需求的全球资源。

3. 评价与选择方法步骤不同

全球采购特殊环境也使得供应商的评价选择过程更复杂。全球采购复杂背景和特殊的采购需求决定了供应商评价方法的不同。因为是对供应商的全面综合评价，指标体系中三分之二的指标是定性评估指标，确定评价方法必须更多地考虑如何将定性指标量化，准确定义指标所针对的具体评价问题。此外，评价指标系统庞大，必须解决综合评估结果的计算问题,其重点不是追求某项指标的精确算法,而是合理确定指标的相对重要性以及指标的评分系统。在实际操作中,基于复杂数学方法的评价方法并不适应全球采购下的供应商评价。

在全球供应商选择决策时,企业会考虑很多并不包含在指标体系中的因素,不是简单地基于评估分值来选择供应商。可以说,供应商评价是对供应商是否满足企业采购需求的综合评价,是一种供应商资格审查方法。就具体采购产品或项目进行的合同谈判结果最终决定了是否选择某个供应商。

(三)全球采购供应商评价指标与方法

全球采购背景下的供应商评价特殊性说明,和传统的国内采购甚至早期的国际采购相比,供应商选择方法和过程发生了很大的变化。这些变化体现在供应商评价指标体系和方法等核心内容上。

1. 全球采购下的供应商指标体系

全球采购背景下,采购市场所处的政治经济环境、语言及文化习惯、国际物流、国际贸易的复杂性和风险、国际交易成本计算复杂性和波动等采购环境特点,使得企业在评价供应商时必须注重供应商所处的外部环境的分析。外部环境包括政府政策稳定性、文化习惯的影响、技术创新潜力、经济的全球化程度、市场开放程度、竞争程度等。此外,出于全球采购战略需要,企业与供应商建立长期合作关系,要求供应商能支持企业全球化战略目标的实现,评估供应商的长期合作潜力显得尤为重要。因此,全球采购下的供应商评价指标范围被扩展,评价标准更严格。

全球采购下的供应商评价指标体系包括供应商的总体环境、经营管理能力、质量保证、制造能力、物流与采购能力、价格与客户支持、合作伙伴等七个方面。其中供应商的总体环境包括经营环境、财务状况、公司发展潜力等方面。

随着全球采购的发展,企业建立全球供应链,与关键物料的供应商建立长期稳定的战略合作联盟关系,需要结合本公司的未来发展战略和经营特点,从战略层面上对供应商的经营现状和发展前景重新作出评估。相关的评估因素有:① 供应商的地位、供应商具有的优势;② 战略同盟关系能够为采购方带来的优势;③ 企业实力、市场信誉、行业地位;④ 产品设计和新技术开发能力;⑤ 供应商的发展战略;⑥ 构建联盟关系的意向。

因此,企业应根据自身战略发展需要,结合行业特点和采购市场水平,制定适合企业需要的供应商评价体系,在全球范围内寻找稳定可靠的资源,支持企业战略目标的实现。在分析研究全球采购下的供应商评价指标体系时,要分析全球采购的特殊性,根据采购环境的不同,并在现有综合评价指标体系的基础上,构建全球采购供应商评价指标体系。

全球采购的战略作用和意义决定了供应商评价的重点应该转为评估供应商对企业战略目标需求的满足程度。对于具体的采购企业来说,其战略目标是不同的。因此,如何依据企业自身的战略采购需求来制定符合其全球采购战略需要的供应商评价指标,是普遍存在的问题。

2. 全球采购下的供应商评价方法

全球采购复杂背景使得评价指标体系庞大,正确有效的评价方法是选择供应商的重要保证。鉴于全球采购是对供应商资质、能力以及战略作用和影响力的评价,比较常见的方法是线性加权法。

线性加权法是一种典型的扁平结构模型的评价方法。在这种方法的使用中,所有纳入考虑范围的供应商的评价指标处于同一个层次。通常采用此方法解决单货源供应商评价选择问题。它的基本原理是给每个指标分配一个权重,依据重要度的不同而分配不同的权重。重要度越高,所分配的权重越大。根据各评价指标的审核和评估结果,给每项指标评分。供应商的综合评分为该供应商各项评价指标的得分与其权重乘积之和。依据供应商得分可以对潜在供应商进行排序并作出选择。为了消除主观因素的影响,在此方法的基础上进行进一步的优化,采用科学的方法将一些定性问题定量化,对此方法进行完善。常用的方法有层次分析法(AHP)、基于模糊技术的模糊层次分析法(FAHP)。

基于FAHP的线性加权法很好地解决了定性指标的量化问题,并能比较科学地确定评价指标的权重。这种评价方法被广泛地应用于对供应商资格和能力的综合评价。但是,当遇到评估因素众多,规模较大的问题时,AHP方法容易出现问题,如判断矩阵难以满足一致性要求,需要进一步对其分组和展开,从而使过程复杂而降低效率,影响方法应用的有效性。

全球采购下的供应商评价因素众多,如果将评价指标展开至足够深的层次,评估要素规模庞大,此评价方法难以有效地应用于全球采购下的供应商评估。除了方法应用的有效性之外,确定评价指标的重要度的方法也并不适应全球采购背景下的供应商评价需要。全球采购下的供应商评价是为了选择满足企业采购战略需求,这一目的决定了指标的重要度是由指标与采购需求的相关程度来确定的。

第四节　全球采购成本管理与绩效评价

一、全球采购成本管理

随着全球经济一体化趋势的不断深入,中国逐步融入全球制造体系,全球各企业间的竞争在不断地加剧。各个企业为了在竞争中争得自己的一席之地,必然努力提高产品质量,降低成本,以便在市场中不断增加竞争力。其中,采购成本在产品构成中占有很大的比例,达到25%~80%,这就为企业降低采购成本留下巨大的空间,因此,企业应该努力在降低采购成本上下功夫。控制采购成本的难点环节之一是,由于企业采购工作中人为因素添加太多,导致控制采购成本的目的很难达到,所以采购成本的控制就需要对其中的人为因素制定相应的制约措施。用制度和手段去约束,指导人们在合理科学的范围内为企业创造更高的效益。制定一个行之有效的强有力的制约机制显得尤为重要。

(一)企业建立完善的全球采购成本控制制度的必要性

采购涉及面广,如果没有严格的采购制度和程序,采购过程则无章可循。首先,采购制度应规定采购的流程,即寻找供应商—认证供应商—与供应商谈判、协商—实施采购—对外付款付汇。与该流程相配套的是一套标准化的质量跟踪评估体系。具体包括产品采购的申请、批准人的批准权限、报价和价格审批、合同的审批、对外的付款或付汇审批等。其次,应建立供应商档案,这不仅包括供应商的营业执照、税务登记、联系方式、账户等,还应包括付款条款、供应商品质评级、供应商年度审核等。每一个供应商档案都应该经严格的审核后才能归档。最后,应建立价格评价体系,建立采购产品的指导价,将每次的报价与归档的历史价格进行比较和分析。原则上价格不能超过归档价格,否则应作出详细的说明。这几个方面的制度的建立和对采购过程的控制,对完善采购管理、提高采购效率有很大的帮助。

(二)降低全球市场采购成本的措施

从国际市场通行的控制方法来看,应用先进的经营管理理念、高效的物流模式和先进的库存管理模式来相互促进、相互作用,可以实现降低采购成本。

1. 先进的经营管理理念可以降低交易成本

首先,企业通过使用先进的电子商务模式,在全球范围寻找质量较好、价格合理的产品(货物与服务)。通过扩大供应商比价范围,从货比三家到货比十家、百家、千家,从中选择价格低、质量优、交货期准确的产品,从而大幅度降低采购价格,降低采购成本。电子商务为采购提供了一个全天候超时空的采购环境,为采购方提供了丰富的资源,简化了采购的过程,降低了采购交易的费用,提高了采购的效率,使采购和销售双方易于形成战略伙伴关系。

其次,以现代的信息技术为手段,以现代的信息资源的集成为前提,促进采购管理定量科学化,从而实现采购的信息化,具体包括内部业务信息化和外部运作信息化。

采购内部业务信息化比较容易实现,这主要指建立内部采购管理信息系统,并使之与生产计划、销售计划和财务会计信息系统相接。内部信息化加强了采购的管理,对采购的需求提供了定量定时的限制,同时提高了信息传递的速度,并且极大地提高了企业对市场的反应速度。内部信息化既能避免按照自己的意愿随意采购导致产生大量的库存积压,又能避免由于采购的疏忽而产生的漏订货或少订货,从而使得企业的资金得到有效利用。

外部信息化主要指供应商管理信息化。供应商管理信息化是指企业通过网络将供应商信息系统与采购信息系统链接起来,以便供应商能及时得到供应和生产需求的信息。这样,采购方通过外部的信息化可以及时将产品和需求的信息传送给供应商,并可根据市场需求及时协调需求的计划,同时传递给供应商。采购方也可以定期滚动地将需求计划传递给供应商,而供应商将按照采购的需求,为采购方提前准备制造交付期较长的货物,并根据最新的变化信息持续调整备货,从而实现在有效的时间内向既定的用户提供所需的产品和服务。对于企业来说,通过这种方式,可以将本企业给最终用户备货的库存转化为供应商给最终用户备货的库存,这样企业可大幅度地降低库存资金的占用,同时可以在较短的周期内,较快地提供最终用户需求的货物。这种外部信息化的操作,是一种双赢的操作,既加强了采购方与供应商的长期合作,使得双方容易建立起长期的战略伙伴关系,又实现了信息的大容量和快速传送,从而为决策提供更多更准确更及时的信息,决策依据更充分,可最大限度地规避未来合同执行中由于资金和交货等引起的风险。通过外部信息化的管理,实现采购管理向外部资源管理的转变。

2. 高效的物流模式可以降低运输成本

随着企业经营全球化,物流与供应链覆盖范围扩大,管理复杂性提高,全球性第三方物流服务也高速发展。在使用第三方物流的过程中,可以根据订货和需求的具体情况,采用三种运输方式:海运、空运和小件货物快递。将这三种方式,按照发运货物的具体情况,灵活有机地结合,可以大大降低运输的成本,从而降低采购的成本。例如,对于一些订货量少、事先不确定的采购产品,或者短期内紧急需要的采购产品,可以采取空运的方式,以满足生产的紧急需求;对于需求量非常少、非常急的产品,可以采用小件货物快递,如 UPS、DHL 或 FEDEX 等知名的国际快递公司,并与其签订协议获得最优惠的折扣。而订货量大,事先确定的产品,可事先根据供应商的制造周期、海运运输周期等,计划安排好从订货到交付的周期,再采用海运集中运输的方式降低运输成本。通过采用全球性第三方物流服务,提高工作效率,节约运输成本。

3. 从库存管理方面降低采购成本

库存管理有很多种方法,如 ABC 库存管理法、信息代替库存法、JIT(just in time)法、条形码技术(bar-coding)法、货物保税仓库存放法等。结合企业的实际情况,对各种库存管理方式灵活有机的运用,可以降低采购成本。

(1) ABC 库存管理法。即对现有的常用产品分类,如最有价值的物品、占最少的存货量等,依次类推。对货值高、数量少的 A 类物品严加控制,包括做完备、准确的记录,高层监督和经常评审,其订货应遵循按大合同订单频繁采购和交付,以避免资金占用太多和将来库存积压的潜在风险。对占库存总货值 15%～20%、占物品的 30%～40% 的 B 类物品做正常控制,包括良好的记录与常规的关注。对于库存总货值只占 5%～10%,但数量通常占 60%～70% 的 C 类物品尽可能使用简便的控制,采用大库存量与大订货量以避免缺货。A 类物品是关键,企业需要把精力集中于 A 类物品,使其库存压缩 10%～50%,就是总库存的相当可观的一笔压缩。订货过程中对 A 类物品提供及时、准确的采购信息和状态查询,以及频繁的评审和订货以压缩库存。

(2) 信息代替库存法。即加强信息的沟通,用信息替代库存。加强供应链各方的合作,从而降低供应链的物流总成本,降低资金的占用,提高供应链的竞争力。如果忽视信息的及时获取和传递,容易导致订单与供应商以及顾客脱节,将会造成较大的库存,占用大量流动资金。由于全球市场的瞬息万变,采购商、供应商得到的信息不准确和不及时都将导致不能及时备货,或者很容易造成双方库存积压,流动资金占用加大,成本上升。如果采购商与供应商的合作总是针对每一笔合同,即使合作过很多次,也不能建立长期稳定的合作关系。而且,双方如果只考虑各自的利益,彼此讨价还价,竞争关系大于合作关系,即增大了采购的成本,也加大了采购的风险。因此,与供应商建立良好的长期合作的关系,与顾客和供应商及时地沟通和传递信息,从而使订单处于最新的状态,同时将自己的库存转移到供应商处,可以加快自己库存的周转频率,降低资金的占用。通过信息的及时有效传递,最大限度地发挥该供应链的上下游的价值。

(3) JIT 法。这种方法在美国和日本用得很多,并多用于制造型企业。其实质是保持物质流和信息流在生产中的同步,实现以恰当数量的物料,在恰当的时候进入恰当的地方,生产出恰当质量的产品。这种方法可以减少库存,缩短工时,降低成本,提高生产效率。在采购环节中,同样可以用 JIT 法,即根据最终用户需求的货物的日期和供应商供应货物的周期,以及国际货物运输周期加报关报检的日期,合理地计算出订货的周期,从而使得货物进口至公司后,立刻发给用户,也就是没有存货,或者只有短暂几天的存货期。

（4）条形码技术法。这种方法可以提高信息采集效率和准确性。通过条形码技术，实现订单录入、货物入库录入、处理、产品批号或生产系列号跟踪、结算等业务处理。产品如果在使用过程中出现质量问题，条形码技术可以迅速方便地追踪到货物的生产批号，及时地从供应商处办理索赔、免费维修等业务，从而降低采购的成本。

（5）货物保税仓库存放法。在某种程度上，当货物的采购和销售模式类似于超市的进货和出货模式时，建议先将进口的货物存放在公共的保税仓库内，再根据用户的需求出库，最后每月按照出库单，集中办理报关报检交税等手续。这样操作，既可以延迟上交税款的日期，增加公司的流动资金，又可以简化操作的手续，降低成本。

综上所述，通过进行全球的采购，建立完善的采购制度，灵活有机地结合使用降低采购成本的各种方式，能够获得最低的采购成本，减少企业现金的流出，提高企业的经营利润，让企业走上一个良性稳定的循环。控制好采购成本并使之不断下降，是一个企业为降低产品成本、增加利润的重要直接手段之一，这不仅能节约成本而且能增加企业的利润。在市场中保持较强竞争力以维持企业长久的发展，用最少的资金来实现最大化的效益，都是每个企业的发展目标。所以采购成本的控制在现今及今后很长一段时间内必将是各企业积极探索的一个主要方面。采购成本的控制不仅具有非常大的现实意义，还具有非常深远的社会意义。

二、全球采购绩效评价

采购发展是一个渐进的过程，20世纪90年代以后，采购才被广泛认为是企业成功的一个关键因素。企业采购绩效评价从量化的角度对采购活动过程进行控制和持续改进，具有重要的现实意义。企业采购绩效评价应围绕企业采购活动过程和相关主体来进行。

（一）全球采购绩效评价的定义

全球采购绩效评价是通过将企业战略目标分解成采购具体目标，建立绩效评价体系、测量标准，对特定采购活动、人员以及供应商等进行测评，将测评结果反馈并应用于企业日常管理活动中的一系列业务活动。恰当的绩效评价体系和制度的建立，可以帮助企业管理并将资源集中在关键领域，而恰当的绩效评价体系和制度又是加强沟通和经营管理、促进组织战略目标有效实现的基础。

（二）企业全球采购绩效评价的内容

在企业全球采购绩效评价前，必须明确界定其评价的内容。这需要从关注企业采购活动的全过程出发，根据企业采购活动的效率和效益来研究采购绩效评价，并认为企业采购绩效评价可以包括多个角度和尺度的内容。企业采购绩效评价体系由一套能够量化企业采购活动效率和效益的绩效度量指标所组成。企业采购绩效评价定义为量化的过程，是指对采购活动的效益与效率进行量化分析的过程。效益是指目标所要达到的程度，效率则是指如何利用好企业资源以完成特定目标。"效益（effectiveness）"和"效率（efficiency）"用来评价企业采购的目标成果。企业采购绩效评价的效益内容包括：业务采购，与其他部门的协作关系，采购组织和采购系统，预算的执行情况，创造性业绩，政策的制定，计划和预测。企业采购绩效评价的效率内容包括：采购效果和采购效率，采购价格/成本尺度，采购产品/质量尺度，采购物流尺度，采购组织尺度。

（三）全球采购绩效评价指标体系的确定

科学地构建一套定性和定量相结合的企业采购评价指标体系，可以让采购管理活动紧紧围绕战略目标展开，在可控的范围内有效运行。对于不同的企业、不同的产品服务类型，评价指标的选择有所不同。

从供应商发展的角度出发，采购绩效的衡量集中在两个方面：供应商绩效的提高和供应商对采购企业竞争优势的贡献。

从采购与供应职能部门的绩效测量、供应商绩效测量和采购人员绩效测量三个方面进行设计。

通过对进行全球采购的企业进行的调查，从采购绩效评价的好处出发，确定采购行为可以从效益和效率两个方面进行评价，这涉及四个方面的评价指标：采购价格与成本，采购产品和质量，采购物流，采购组织。

在 ERP 环境下，以采购流程为基础，运用平衡计分卡，从财务、客户服务、内部流程、学习与发展这四个方面构建指标体系，可以为 ERP 环境下的采购绩效评价提供一套包括供应商绩效、采购战略、企业文化等指标在内的企业采购绩效评价体系。

绿色采购绩效评价指标的选取，则应该在遵循以上原则的基础上，重视以下五个方面的指标，即企业需求评价指标、需求部门评价指标、供应商评价指标、采购组织评价指标和外部环境评价指标。

（四）全球采购绩效评价的方法

绩效评价方法在企业采购管理活动中的合理运用，是进行企业采购绩效评价的重要方式。评价采购绩效的有效性和效率的方法主要有四种：

(1) 财会方法，即利润管理中心、基于业务活动的成本法、标准成本法和预算控制、财务审计。

(2) 比较对比法，即水准基点法、比率法。

(3) 采购管理审计法。

(4) 目标管理（MBO）法及其他各式各样的方法，如 SERVQUAL 法和六西格玛法等。

随着各种数学方法和管理研究方法的有效结合，企业采购绩效评价的方法会越来越丰富。在实践中，普遍采用的方法主要是绩效标杆管理（benchmarking）方法。

（五）全球采购绩效评价体系的发展趋势

21 世纪是供应链之间竞争的时代，由于企业采购部门将其重心从业务操作转向更多的战略活动，采购的范围也逐步扩大到全球，采购绩效评价对于判断整体有效性显得尤为重要。全球采购绩效评价将有以下的发展趋势。

(1) 全球采购发展潜力评价。企业采购支出占企业总支出的绝大部分，采购绩效发展潜力的挖掘将对企业经营利润产生杠杆效应。企业发展能力的形成主要依托企业不断增长的销售收入、降低开支而节约的资金和企业创造的利润。全球采购绩效的提高也就是要努力降低和节约各种采购支出、提高采购质量,它是企业可持续发展的重要源泉之一。因此,全球采购发展潜力评价研究将成为企业采购绩效评价研究的重要内容。

(2) 全球采购环境绩效评价。近些年来,随着人们对环境破坏以及自然资源过度浪费的认识越来越深刻,绿色供应链的构建问题已进入供应链研究的范畴,环保问题已作为供应链管理的一个重要部分来考虑。作为供应链重要组成部分的采购环节必然要考虑环保问题。因此,绿色采购绩效评价或采购环境绩效评价必然成为全球采购绩效评价体系的又一个热点。

(3) 全球采购敏捷性评价。敏捷制造是一种面向 21 世纪的制造战略和现代生产模式。敏捷供应链以增强企业对变幻莫测的市场需求的适应能力为导向,以动态联盟的快速重构为基本着眼点,以促进企业间的合作和企业生产模式的转变、提高大型企业集团的综合管理水平和经济效益为主要目标,致力于支持供应链的迅速结盟、优化联盟运行和联盟平稳解体。采购和供应的敏捷性强调从整个供应链的角度综合考虑、决策和进行效绩评价,使生产企业与供应商共同降低产品的市场价格,并始终追求快速反应市场需求,提高供应链各环节的边际效益,实现利益共享的双赢目标。

(4) 全球采购绩效评价模型与方法的研究。全球采购绩效评价是全球采购管理中的一项综合性活动,涉及采购活动各个方面的情况。因此,为了充分反映采购绩效的全貌,需要研究建立集成化采购绩效评价的层次结构模型,明确评价内容,设定评价要素,设置评价指标(包括统一的评价指标标准值);不仅要评价采购活动的整体绩效,还要评价各活动主体的绩效,更要对采购绩效进行综合评价。为此,需要研究如何使用定量分析与定性分析相结合的方法,如模糊综合评判、SCOR 模型、360 度绩效考核、蒙特卡罗 DEA 方法等来进行采购绩效的综合、系统评价。

(5) 全球采购绩效评价系统的研究与开发。为了适应信息透明、由推式向拉式、变对抗为合作、虚拟一体化的发展趋势,加快创新速度,利用信息技术进行经营过程重构,与供应商结成联盟,通过电子技术进行信息的实时沟通,消除彼此之间的沟通障碍,减少不增值的环节,简化经营过程和减少时间,提高质量和降低成本,将成为提高企业竞争力的有效途径。采购与供应系统应充分利用信息技术提高系统的管理与运作效率,加强与供应商之间的实时沟通,因而采购绩效评价系统的研究和开发将摆上议事日程。随着经济社会的不断发展,企业采购绩效评价研究将会持续跟进,以满足企业采购发展所需。

知识窗

采购经理指数(purchasing managers' index,PMI):国际上通行的宏观经济监测指标体系之一,对国家经济活动的监测和预测具有重要作用。PMI 涵盖生产与流通、制造业与非制造业等领域,分为制造业 PMI、服务业 PMI,也有一些国家建立了建筑业 PMI。制造业 PMI 指数在 50% 以上,反映制造业总体扩张;低于 50%,通常反映制造业衰退。

国际供应链管理

小　结

本章主要学习全球采购与供应有关的内容。在企业实施全球采购的过程中,需要了解全球采购的起源与意义、全球市场的特征、企业实施全球采购的必要性,如何在全球采购环境下选择和评估供应商,以及如何对全球采购业务进行绩效评价等。

了解和掌握这些知识,能帮助企业更好地融入经济全球化的活动之中。

练习与思考

1. 简述影响全球采购成功的供应市场因素。
2. 简述全球采购供应商选择流程。
3. 企业建立完善的全球采购成本控制有何重要意义？

综合案例

数字资源 4-1　赛默飞公司中国采购中心的全球采购

第五章
国际供应链保税仓与海外仓管理

本章导读

　　自中国加入世贸组织以来,跨境贸易进一步发展,互联网技术不断成熟,电子商务行业发展迅猛。21世纪以来,随着中国特色社会主义市场经济的快速发展,中国企业主动参与国际竞争,保税仓、海外仓等国际物流基础设施的建设运营,自由贸易试验区的建设取得了瞩目成绩。建设运营保税仓与海外仓的过程,是中国对外贸易企业不断做强做大的过程,而自由贸易试验区的建设运营,体现了中国国力的日渐雄厚,彰显了改革开放的强大能量,为中国对外贸易产业的发展提供了坚实保障,也为中国产业链与供应链的提质升级贡献了基础支撑。通过本章的学习,读者必将收获人生正能量,自觉融入伟大时代的发展主旋律之中。

学习目标

　　通过本章的学习,了解保税仓及综合保税区产生的经济背景;熟悉保税仓及综合保税区的概念、管理模式及特征;掌握自由贸易区的概念、功能、发展历程,以及海外仓建设运营模式;充分理解自贸区供应链理论。

第一节　保税仓及综合保税区管理

一、保税仓库的概念

　　根据现行国家标准《物流术语》(GB/T 18354—2021)的规定,保税仓库(bonded warehouse)是指经海关批准设立的专门存放保税货物及其他未办结海关手续货物的仓库。随着国际贸易的不断发展,贸易方式日益多样化,如进口原材料、配件进行加工装配后复出口、补偿贸易、转口贸易、期货贸易等。如果进口时要征收关税,复出时再申请退税,手续过于烦琐,必然会加大货物的成本,增加国际贸易的风险,不利于发展对外贸易。建立保税仓库后,可大大减小进口货物的风险,有利于鼓励进口,鼓励外国企业在本国投资。

二、保税仓库的设立

(一)保税仓库的类型

(1)保税仓库按照使用对象不同分为公用型保税仓库、自用型保税仓库。

① 公用型保税仓库由主营仓储业务的中国境内独立企业法人经营,专门向社会提供保税仓储服务。

② 自用型保税仓库由特定的中国境内独立企业法人经营,仅存储供本企业自用的保税货物。

(2)保税仓库中专门用来存储具有特定用途或特殊种类商品的称为专用型保税仓库。专用型保税仓库包括液体保税仓库、备料保税仓库、寄售维修保税仓库和其他专用型保税仓库。

① 液体保税仓库,是指专门提供石油、成品油或者其他散装液体保税仓储服务的保税仓库。

② 备料保税仓库,是指加工贸易企业存储为加工复出口产品所进口的原材料、设备及其零部件的保税仓库,所存保税货物仅限于供应本企业。

③ 寄售维修保税仓库,是指专门存储为维修外国产品所进口寄售零配件的保税仓库。

(二)保税仓库允许存放的货物范围

下列货物,经海关批准可以存入保税仓库:加工贸易进口货物;转口货物;供应国际航行船舶和航空器的油料、物料和维修用零部件;供维修外国产品所进口寄售的零配件;外商暂存货物;未办结海关手续的一般贸易货物;经海关批准的其他未办结海关手续的货物。

(三)设立保税仓库的条件

在我国,保税仓库应具备以下条件:

(1)符合海关对保税仓库布局的要求。

(2)保税仓库应具备符合海关监管要求的隔离设施、监管设施和办理业务必需的其他设施。

(3)保税仓库具备符合海关监管要求的保税仓库计算机管理系统并与海关联网。

(4)保税仓库具备符合海关监管要求的保税仓库管理制度。

(5)公用保税仓库面积最低为 2000 平方米;液体保税仓库容积最低为 5000 立方米;寄售维修保税仓库面积最低为 2000 平方米。

(6)法律、行政法规、海关规章规定的其他条件。

三、海关对保税仓库及其货物的管理

(一)保税仓库的管理

根据现行的海关有关规定,保税仓库应就以下几个方面进行严格管理。

(1)保税仓库不得转租、转借给他人经营,不得下设分库。

(2)海关对保税仓库实施计算机联网管理,并可以随时派员进入保税仓库检查货物的收、付、存情况及有关账册。海关认为必要时,可以会同保税仓库经营企业双方共同对保税仓库加锁或者直接派员驻库监管,保税仓库经营企业应当为海关提供办公场所和必要的办公条件。

(3)保税仓库经营企业负责人和保税仓库管理人员应当熟悉海关有关法律法规,遵守海关监管规定,接受海关培训。

(4)保税仓库经营企业应当如实填写有关单证、仓库账册,真实记录并全面反映其业务活动和财务状况,编制仓库月度收、付、存情况表,并定期报送主管海关。

(5)保税仓库经营企业需变更企业名称、组织形式、法定代表人等事项的,应当在变更前向直属海关提交书面报告,说明变更事项、事由和变更时间;变更后,海关按照相关规定对其进行重新审核。

保税仓库需变更名称、地址、仓储面积(容积)等事项的,主管海关受理企业申请后,报直属海关审批。

(6)保税仓库终止保税仓储业务的,由保税仓库经营企业提出书面申请,经主管海关受理报直属海关审批后,交回《保税仓库注册登记证书》,并办理注销手续。

(二)保税仓库所存货物的管理

(1)保税仓储货物入库时,收发货人或其代理人凭有关单证向海关办理货物报关入库手续,海关对报关入库货物的品种、数量、金额进行审核,并对入库货物进行核注登记。

(2)保税仓储货物可以进行包装、分级分类、加刷唛码、分拆、拼装等简单加工,不得进行实质性加工。保税仓储货物,未经海关批准,不得擅自出售、转让、抵押、质押、留置、移作他用或者进行其他处置。

(3)下列保税仓储货物出库时依法免征关税和进口环节代征税:

① 用于在保修期限内免费维修有关外国产品并符合无代价抵偿货物有关规定的零部件;

② 用于国际航行船舶和航空器的油料、物料;

③ 国家规定免税的其他货物。

(4)保税仓储货物存储期限为1年。确有正当理由的,经海关同意可予以延期;除特殊情况外,延期不得超过1年。

(5)下列情形的保税仓储货物,经海关批准可以办理出库手续,海关按照相应的规定进行管理和验放:

① 运往境外的;

② 运往境内保税区、出口加工区或者调拨到其他保税仓库继续实施保税监管的;

③ 转为加工贸易进口的；
④ 转入国内市场销售的；
⑤ 海关规定的其他情形。

(6)保税仓储货物出库运往境内其他地方的，收发货人或其代理人应当填写进口报关单，并随附出库单据等相关单证向海关申报，保税仓库向海关办理出库手续并凭海关签印放行的报关单发运货物。

出库保税仓储货物批量少、批次频繁的，经海关批准可以办理集中报关手续。

保税仓储货物出库复运往境外的，发货人或其代理人应当填写出口报关单，并随附出库单据等相关单证向海关申报，保税仓库向海关办理出库手续并凭海关签印放行的报关单发运货物。

四、综合保税区的概念

根据《物流术语》(GB/T 18354—2021)的规定，综合保税区(comprehensive free trade zone)是经海关批准设立的具有保税港区功能的海关特殊监管区域。该区域由海关参照有关规定进行管理，执行保税港区的税收和外汇政策，可以发展国际中转、配送、采购、转口贸易和出口加工等业务。

综合保税区指集保税区、保税物流园区、保税港区功能于一身，设立在内陆地区的海关特殊监管区域，由海关参照《中华人民共和国海关保税港区管理暂行办法》进行管理，是目前除自由贸易区外中国开放层次最高、政策优惠最多、功能最齐全的特殊区域，可以发展国际中转、配送、采购、转口贸易与出口加工等业务。

五、综合保税区的设立

(一)综合保税区可开展的业务

综合保税区可以开展以下业务：存储进出口货物和其他未办结海关手续的货物；国际转口贸易；国际采购、分销和配送；国际中转；检测和售后服务维修；商品展示；研发、加工、制造；港口作业；经海关批准的其他业务。

(二)开设综合保税区的要求

(1)经国务院批准，设立在国家对外开放的口岸港区和与之相连的特定区域内，具有口岸、物流、加工等功能的海关特殊监管区域。

(2)综合保税区实行封闭式管理。综合保税区与中华人民共和国关境内的其他地区(以下称区外)之间，应当设置符合海关监管要求的卡口、围网、视频监控系统以及海关监管所需的其他设施。

(3)综合保税区内不得居住人员。除保障综合保税区内人员正常工作、生活需要的非营利性设施外，综合保税区内不得建立商业性生活消费设施和开展商业零售业务。

海关及其他行政管理机构的办公场所应当设置在综合保税区围网以外。

（4）综合保税区管理机构应当建立信息共享的计算机公共信息平台，并通过"电子口岸"实现区内企业及相关单位与海关之间的电子数据交换。

（5）综合保税区的基础和监管设施、场所等应当符合《海关特殊监管区域基础和监管设施验收标准》。经海关总署会同国务院有关部门验收合格后，综合保税区可以开展有关业务。

六、综合保税区管理

（一）综合保税区功能

截至2023年2月，全国综合保税区达到156个。其中多数综合保税区具有保税仓储与物流、国际转口贸易、国际中转、研发与加工制造、国际采购分销与配送、港口通关、商品展示、检测与售后服务等八大功能。由于综合保税区集中了保税区、保税物流园区、保税港区的功能优势，决定了其能从国家战略角度更好地为发展我国外向型经济服务，促进我国对外贸易经济发展，推动自由贸易区的发展。结合目前我国综合保税区发展现状，我国综合保税区的功能可概括为保税仓储、保税物流、保税加工贸易、生产服务四大类。

1. 保税仓储

综合保税区综合了各种保税物流形态乃至港口通关码头的所有政策与优势，从仓储方面大大提高了园区物流的运行效率与抗风险能力。综合保税区可以在发展保税仓储基础业务上，拓展仓储的增值服务，区内企业可以利用政策优势提高其仓储能力与贸易自由度，利用其便利积极主动地与各行各业进行合作。

2. 保税物流

现代物流不只是简单的货物中转运输，而更是集中第三方与第四方物流，最终趋于供应链集成。综合保税区的保税物流功能可以很好地对区内供应链进行管理，可以帮助区内企业降低运营成本，提高竞争力，产生聚能效应，并带动区内如运输、贸易业、金融业等多种服务业共同发展。综合保税区在保税物流的基础上进行的国际转口贸易与国际中转极大地促进了区内的发展，提高了经济效益。

3. 保税加工贸易

经营者在经过海关批准后，可对未缴税的进境货物进行简单的加工制作，包括来料加工、进料加工等，然后享受区内通关服务分销至国际市场。企业的加工形式包括但不仅限于简单加工、制作、研发、测试测验、检测维修等前后端配套工序等，为企业寻求一体化的高效率、低成本提供了现实可能性。

4. 生产服务

综合保税区的生产服务功能主要体现在商品的展览、检测与售后服务功能上。综合保税区可以利用商品常年免税的优势对国际往来商品进行展示展销，对区内货物无限期的保税政策使得跨国公司可以把一些零部件长期在区内进行保存，随时响应售后部门的需求，提高了商品流通的灵活性，提高了工作效率，使贸易往来更加便利。

(二)综合保税区货物管理

1. 对综合保税区与境外之间进出货物的监管

(1)综合保税区与境外之间进出的货物应当按照规定向海关办理相关手续。

(2)海关对综合保税区与境外之间进出的货物实行备案制管理,对从境外进入综合保税区的货物予以保税,但《中华人民共和国海关综合保税区管理办法》第十七条、第十八条和第三十八条规定的情形除外。

按照本办法规定实行备案制管理的,货物的收发货人或者代理人应当如实填写进出境货物备案清单,向海关备案。

(3)除法律、行政法规另有规定外,下列货物从境外进入综合保税区,海关免征进口关税和进口环节海关代征税:

① 区内生产性的基础设施建设项目所需的机器、设备和建设生产厂房、仓储设施所需的基建物资;

② 区内企业生产所需的机器、设备、模具及其维修用零配件;

③ 区内企业和行政管理机构自用合理数量的办公用品。

(4)从境外进入综合保税区,供区内企业和行政管理机构自用的交通运输工具、生活消费用品,按进口货物的有关规定办理报关手续,海关按照有关规定征收进口关税和进口环节海关代征税。

(5)从综合保税区运往境外的货物免征出口关税,但法律、行政法规另有规定的除外。

(6)综合保税区与境外之间进出的货物,不实行进出口配额、许可证件管理,但法律、行政法规和规章另有规定的除外。

对于同一配额、许可证件项下的货物,海关在进区环节已经验核配额、许可证件的,在出境环节不再要求企业出具配额、许可证件原件。

2. 对综合保税区与区外之间进出货物的监管

(1)综合保税区与区外之间进出的货物,区内企业或者区外收发货人按照规定向海关办理相关手续。需要征税的,除另有规定外,区内企业或者区外收发货人按照货物进出区时的实际状态缴纳税款;属于配额、许可证件管理商品的,区内企业或者区外收货人还应当向海关出具配额、许可证件。对于同一配额、许可证件项下的货物,海关在进境环节已经验核配额、许可证件的,在出区环节不再要求企业出具配额、许可证件原件。

(2)海关监管货物从综合保税区与区外之间进出的,综合保税区主管海关可以要求提供相应的担保。

(3)区内企业在加工生产过程中产生的边角料、废品,以及加工生产、储存、运输等过程中产生的包装物料,区内企业提出书面申请并且经海关批准的,可以运往区外,海关按出区时的实际状态征税。属于进口配额、许可证件管理商品的,免领进口配额、许可证件;属于列入《禁止进口废物目录》的废物以及其他危险废物需出区进行处置的,有关企业凭综合保税区行政管理机构以及所在地的市级环保部门批件等材料,向海关办理出区手续。

区内企业在加工生产过程中产生的残次品、副产品出区内销的,海关按内销时的实际状态征税。属于进口配额、许可证件管理的,企业应当向海关出具进口配额、许可证件。

(4)经综合保税区运往区外的优惠贸易协定项下货物,符合海关总署相关原产地管理规定的,可以申请享受协定税率或者特惠税率。

(5)经海关核准,区内企业可以办理集中申报手续。实行集中申报的区内企业应当对1个自然月内的申报清单数据进行归并,填制进出口货物报关单,在次月底前向海关办理集中申报手续。

集中申报适用报关单集中申报之日实施的税率、汇率,集中申报不得跨年度办理。

(6)境内区外货物、设备以出口报关方式进入综合保税区的,其出口退税按照国家有关规定办理;境内区外货物、设备属于原进口货物、设备的,原已缴纳的关税、进口环节海关代征税海关不予退还。

除另有规定外,海关对前款货物比照保税货物进行管理,对前款设备比照减免税设备进行管理。

(7)经综合保税区主管海关批准,区内企业可以在综合保税区综合办公区专用的展示场所举办商品展示活动。展示的货物应当在海关备案,并接受海关监管。

区内企业在区外其他地方举办商品展示活动的,应当比照海关对暂时进境货物的管理规定办理有关手续。

(8)综合保税区内使用的机器、设备、模具和办公用品等海关监管货物,可以比照进境修理货物的有关规定,运往区外进行检测、维修。区内企业将模具运往区外进行检测、维修的,应当留存模具所生产产品的样品或者图片资料。

运往区外进行检测、维修的机器、设备、模具和办公用品等,不得在区外用于加工生产和使用,并且应当自运出之日起60日内运回综合保税区。因特殊情况不能如期运回的,区内企业或者综合保税区行政管理机构应当在期限届满前7日内,以书面形式向海关申请延期,延长期限不得超过30日。

检测、维修完毕运回综合保税区的机器、设备、模具和办公用品等应当为原物。有更换新零件、配件或者附件的,原零件、配件或者附件应当一并运回综合保税区。对在区外更换的国产零件、配件或者附件,需要退税的,由企业按照出口货物的有关规定办理手续。

(9)区内企业需要将模具、原材料、半成品等运往区外进行加工的,应当在开展外发加工前,凭承揽加工合同或者协议、区内企业签章确认的承揽企业生产能力状况等材料,向综合保税区主管海关办理外发加工手续。

委托区外企业加工的期限不得超过合同或者协议有效期,加工完毕后的货物应当按期运回综合保税区。在区外开展外发加工产生的边角料、废品、残次品、副产品不运回综合保税区的,海关应当按照实际状态征税。区内企业凭出区时委托区外加工申请书以及有关单证,向海关办理验放核销手续。

3.对综合保税区内货物的监管

(1)综合保税区内货物可以自由流转。区内企业转让、转移货物的,双方企业应当及时向海关报送转让、转移货物的品名、数量、金额等电子数据信息。

(2)区内企业设立电子账册,电子账册的备案、核销等作业按有关规定执行,海关对综合保税区内加工贸易货物不实行单耗标准管理。区内企业应当自开展业务之日起,定期向海关报送货物的进区、出区和储存情况。

(3)申请在综合保税区内开展维修业务的企业应当具有企业法人资格,并在综合保税区主管海关登记备案。在综合保税区内开展保税维修业务的企业,海关按照相关规定进行监管。

(4)区内企业申请放弃的货物,经海关及有关主管部门核准后,由综合保税区主管海关依法提取变卖,变卖收入由海关按照有关规定处理,但法律、行政法规和海关规章规定不得放弃的货物除外。

(5)因不可抗力造成综合保税区货物损毁、灭失的,区内企业应当及时书面报告综合保税区主管海关,说明情况并提供灾害鉴定部门的有关证明。经综合保税区主管海关核实确认后,按照下列规定处理:

① 货物灭失,或者虽未灭失但完全失去使用价值的,海关予以办理核销和免税手续;

② 进境货物损毁,失去部分使用价值的,区内企业可以向海关办理退运手续,如不退运出境并要求运往区外的,由区内企业提出申请,经综合保税区主管海关核准,按照海关审定的价格进行征税;

③ 区外进入综合保税区的货物损毁,失去部分使用价值,且需向出口企业进行退换的,可以退换为与损毁货物相同或者类似的货物,并向综合保税区主管海关办理退运手续。

需退运到区外的,属于尚未办理出口退税手续的,可以向综合保税区主管海关办理退运手续;属于已经办理出口退税手续的,按照本办法进境货物运往区外的有关规定办理。

(6)因保管不善等非不可抗力因素造成货物损毁、灭失的,区内企业应当及时书面报告综合保税区主管海关,说明情况。经综合保税区主管海关核实确认后,按照下列规定办理:

① 从境外进入综合保税区的货物,区内企业应当按照一般贸易进口货物的规定,按照海关审定的货物损毁或灭失前的完税价格,以货物损毁或灭失之日适用的税率、汇率缴纳关税、进口环节海关代征税;

② 从区外进入综合保税区的货物,区内企业应当重新缴纳因出口而退还的国内环节有关税收,海关据此办理核销手续,已缴纳出口关税的,不予退还。

(7)除国家另有规定外,综合保税区货物不设存储期限。

(8)海关对于综合保税区与其他海关特殊监管区域或者保税监管场所之间往来的货物,实行保税监管。但货物从未实行国内货物入区(仓)环节出口退税制度的海关特殊监管区域或者保税监管场所转入综合保税区的,视同货物实际离境。

综合保税区与其他海关特殊监管区域或者保税监管场所之间的流转货物,不征收进出口环节的有关税收。

4. 直接进出口货物以及进出综合保税区运输工具和个人携带货物、物品的监管

(1)通过综合保税区直接进出口的货物,海关按照进出口的有关规定进行监管;出口货物的发货人或者其代理人可以在货物运抵综合保税区前向海关申报。

(2)运输工具和个人进出综合保税区的,应当接受海关监管和检查。

(3)进出境运输工具服务人员及进出境旅客携带个人物品进出综合保税区的,海关按照进出境旅客行李物品的有关规定进行监管。

(4) 综合保税区与区外之间进出的下列货物,经海关批准,可以由区内企业指派专人携带或者自行运输:

① 价值 1 万美元以下的小额货物;
② 因品质不合格复运区外退换的货物;
③ 已办理进口纳税手续的货物;
④ 不要求出口退税的货物;
⑤ 其他经海关批准的货物。

第二节　自由贸易区供应链管理

一、自由贸易区的内涵

自由贸易试验区和自由贸易区都可简称为"自由贸易区",但具有不同的内涵。《物流术语》(GB/T 18354—2021)规定:自由贸易试验区(pilot free trade zone)是在主权国家或地区的关境内,设立的以贸易投资便利化和货物自由进出为主要目的的特定区域,又称对外贸易区(foreign trade zone,FTZ)或免税贸易区(tax-free trade zone)。它是指某一国家或地区境内设立的实行优惠税率和特殊监管政策的小范围特定区域。外国货物进入该区域后,被免征进口税费,视为在关境之外。

自由贸易区(free trade area,FTA)是指两个以上的主权国家或单独关税区,通过签署协定,在世贸组织最惠国待遇基础上,相互进一步开放市场,分阶段取消绝大部分货物的关税和非关税壁垒,改善服务和投资的市场准入条件,从而形成的实现贸易和投资自由化、涵盖各成员全部关税领土的特定区域。它开放投资,从而促进商品、服务和资本、技术、人员等生产要素的自由流动,实现优势互补,促进共同发展。FTA 与 FTZ 的区别见表 5-1。

表 5-1　FTA 与 FTZ 的区别

异同点		FTA	FTZ
相异	设立主体	多个主权国家(或地区)	单个主权国家(或地区)
	区域范围	两个或多个关税地区	一个关税区内的小范围区域
	核心政策	贸易区成员之间贸易开放、取消关税壁垒,同时又保留各自独立的对外贸易政策	海关保税、免税政策为主,辅以所得税税费的优惠等投资政策
	法律依据	双边或多边国际协定	国内立法
	本质特征	成员间相互给惠	单方给惠
相同		两者都是为降低国际贸易成本,促进对外贸易和国内产业发展,扩大对外开放而设立,其给惠政策都必须高于其在世贸组织中的承诺	

二、全球自由贸易区的基本功能

1. 对外开放功能

自由贸易区内允许外国船舶自由进出，外国货物免税进口，取消对进口货物的配额管制，也是自由港的进一步延伸，是一个国家对外开放的一种特殊的功能区域。

2. 促进本国经济发展

自由贸易区除了具有自由港的大部分特点外，还可以吸引外资设厂，发展出口加工企业，允许和鼓励外资设立大的商业企业、金融机构等促进区内经济综合、全面发展。自由贸易区的局限在于，它会导致商品流向的扭曲和避税。如果没有其他措施作为补充，第三国很可能将货物先运进一体化组织中实行较低关税或贸易壁垒的成员国，然后再将货物转运到实行高贸易壁垒的成员国。为了避免出现这种商品流向的扭曲，自由贸易区组织均制订"原产地原则"，规定只有自由贸易区成员国的"原产地产品"才享受成员国之间给予的自由贸易待遇。

3. 推动成员国经济整体发展

理论上，凡是制成品在成员国境内生产的价值额占到产品价值总额的50%以上，该产品应视为原产地产品。一般而言，第三国进口品越是与自由贸易区成员国生产的产品相竞争，成员国境内生产品的增加值含量越高，可进一步推动成员国经济的整体发展。

三、中国自由贸易试验区发展概况

（一）中国自由贸易试验区发展现状

中国自由贸易区是指在境内关外设立的，以优惠税收和海关特殊监管政策为主要手段，以贸易自由化、便利化为主要目的的多功能经济性特区。它是指在没有海关干预的情况下允许货物进口、制造、再出口。中国自由贸易区是政府全力打造中国经济升级版的最重要的举措，其核心是营造一个符合国际惯例的，对内外资的投资都具有国际竞争力的国际商业环境。为了与自由贸易区进行区别，我国将中国自由贸易区称为"自由贸易试验区"（简称"自贸试验区"）。

自2013年国务院批复成立中国（上海）自由贸易试验区起，截至2023年，国务院批准成立的自由贸易试验区已有21个（见表5-2）。从2013年上海自贸试验区"一枝独秀"到现在，我国自贸试验区实现了沿海省份全覆盖。我国自贸试验区正在南北贯通、沿海内陆贯通，成为对外开放的新高地。

表5-2 我国的21个自由贸易试验区情况

序号	名称	主要区域	批复时间
1	中国（上海）自由贸易试验区	外高桥保税区、外高桥保税物流园区、洋山保税港区和上海浦东机场综合保税区、金桥出口加工区、张江高科技园区和陆家嘴金融贸易区	2013-09-27

续表

序号	名称	主要区域	批复时间
2	中国(天津)自由贸易试验区	天津港片区、天津机场片区、滨海新区中心商务片区	2015-04-20
3	中国(广东)自由贸易试验区	广州南沙新区片区、深圳前海蛇口片区、珠海横琴新区片区	2015-04-20
4	中国(福建)自由贸易试验区	福州片区、厦门片区、平潭片区	2015-04-20
5	中国(辽宁)自由贸易试验区	大连片区、沈阳片区、营口片区	2017-03-31
6	中国(浙江)自由贸易试验区	舟山离岛片区、舟山岛北部片区、舟山岛南部片区	2017-03-31
7	中国(河南)自由贸易试验区	郑州片区、开封片区、洛阳片区	2017-03-31
8	中国(湖北)自由贸易试验区	武汉片区、宜昌片区、襄阳片区	2017-03-31
9	中国(重庆)自由贸易试验区	两江片区、西永片区、果园港片区	2017-03-31
10	中国(四川)自由贸易试验区	天府新区片区、青白江铁路港片区、川南临港片区	2017-03-31
11	中国(陕西)自由贸易试验区	中心片区、西安国际港务区片区、杨凌示范区片区	2017-03-31
12	中国(海南)自由贸易试验区	海南岛全岛	2018-10-16
13	中国(山东)自由贸易试验区	济南片区、青岛片区、烟台片区	2019-08-02
14	中国(江苏)自由贸易试验区	南京片区、苏州片区、连云港片区	2019-08-02
15	中国(广西)自由贸易试验区	南宁片区、钦州港片区、崇左片区	2019-08-02
16	中国(河北)自由贸易试验区	雄安片区、正定片区、曹妃甸片区、大兴机场片区	2019-08-02
17	中国(云南)自由贸易试验区	昆明片区、红河片区、德宏片区	2019-08-02
18	中国(黑龙江)自由贸易试验区	哈尔滨片区、黑河片区、绥芬河片区	2019-08-02
19	中国(北京)自由贸易试验区	科技创新片区、国际商务服务片区、高端产业片区	2020-08-30
20	中国(湖南)自由贸易试验区	长沙片区、岳阳片区、郴州片区	2020-08-30
21	中国(安徽)自由贸易试验区	合肥片区、芜湖片区、蚌埠片区	2020-08-30

(二)中国自贸区发展特点

1. 推动高水平开放

各自贸试验区在投资贸易领域实施了一系列开放举措,充分发挥对外开放的先导作用,为外贸外资发展作出了积极贡献。自2022年1月1日起,新版自贸试验区外资准入负面清单施行,实现了制造业条目清零、服务业持续扩大开放。21个自贸试验区实际使用外资2225.2亿元,占全国的18.1%。其中,高技术产业实际使用外资863.4亿元,同比增长53.2%。与此同时,各地不断创新举措,持续提升贸易自由化便利化水平。比如,广西、云南、黑龙江创新模式,进一步推动边民互市贸易发展。陕西创新跨境电商散货"先报关、后装箱"模式,通关时效提高了2~3天。2022年,21个自贸试验区实现进出口总额7.5万亿元,同比增长14.5%,占全国的17.8%。

2．深化改革创新

自贸试验区坚持以制度创新推动政府治理能力提升,带动营商环境不断优化。2022年,商务部和有关部门推动出台了支持自贸试验区建设的文件56份,赋予了自贸试验区更多先行先试的改革任务。截至2022年底,各省、自治区、直辖市已经累计向自贸试验区下放了超过5400项的省级管理权限,大幅减少了审批层级。山东、广西等地还创新开展了"负面清单"式的放权。

3．促进高质量发展

自贸试验区积极探索破除阻碍国内外创新资源和要素集聚的体制机制性障碍,推动新产业、新业态、新模式加快发展,初步建成了一批具有较强竞争力的产业集群。比如,重庆西永片区形成了年产1亿台件以上的千亿级智能终端产业集群;湖北武汉片区大力发展光电子信息产业,聚集相关企业超过16000家。

4．服务国家重大战略

各自贸试验区主动作为,积极推动跨区域协同创新。2022年,山东、河南、四川、陕西联合沿黄地区的其他5个省份共建黄河流域自贸试验区联盟,连同此前已经建立的包括京津冀自贸试验区联席会议机制、长三角自贸试验区联盟等一起充分发挥改革开放新高地的辐射带动作用,为服务和促进国家重大战略特别是重大区域战略的实施注入了新动能。

(三)RCEP背景下中国自贸区发展特征

2022年1月1日凌晨,区域全面经济伙伴关系协定(RCEP)生效实施,全球最大自由贸易区正式启航。自2022年1月1日起,RCEP对文莱、柬埔寨、老挝、新加坡、泰国、越南、中国、日本、新西兰和澳大利亚10国正式生效。韩国于2022年2月1日加入生效实施的成员国中。其余成员国也在完成国内批准程序后陆续生效实施。RCEP的生效实施,标志着全球人口最多、经贸规模最大、最具发展潜力的自由贸易区正式落地,充分体现了各方共同维护多边主义和自由贸易、促进区域经济一体化的信心和决心,将为区域乃至全球贸易投资增长、经济复苏和繁荣发展作出重要贡献。RCEP 15个成员国总人口达22.7亿人,GDP达26万亿美元,出口总额达5.2万亿美元,均占全球的30%左右,经济规模占全球比重超过全面与进步跨太平洋伙伴关系协定(CPTPP)占比,若印度能在未来加入,其规模还会进一步扩大。RCEP是高质量的协定,货物贸易零关税产品数整体上超过90%,服务贸易和投资开放水平显著高于原有的"10+1"自贸协定。同时,RCEP新增了中日、日韩两对重要国家间的自贸关系,使区域内自由贸易程度显著提升。根据国际智库测算,到2025年,RCEP有望带动成员国出口、对外投资存量、GDP分别比基线增长10.4%、2.6%、1.8%。

四、自贸区供应链

自贸区供应链的发展趋势体现在以下方面。

1. 四"流"能力持续提升

自贸区能力由自贸区中供应链体现。供应链管理内容包含了物流、商流、资金流、信息流,这四"流"的集成是供应链中非常重要的内涵。自贸区供应链就是要不断完善四"流"的能力,以自贸区为核心,构建多条服务于不同产业的高效率供应链。自贸区的竞争,实际上是自贸区供应链能力的竞争。"自贸区+供应链"本质上是"自贸区+物流+商流+信息流+资金流",自贸区供应链能力的提升就是不断完善四"流"的能力。

2. 供应链产业链一体化发展

自贸区建设重点之一是推进服务业扩大开放,促进服务贸易的自由化、便利化,通过物流、商流、信息流、资金流的融合,构成自贸区供应链。自贸区供应链涉及金融、航运、专业、商贸、文化、社会等6个开放领域,以服务业开放为主。这对以物流、航运、金融、商贸等为主的自贸区服务业以及以海关、质检、工商、税务、外汇等为主的政府监管提出了更高的要求。自贸区服务业的服务主体涉及港口、机场、贸易、制造、仓储等实体产业,这些产业构成了自贸区重要的产业链。

3. 助力全球供应链体系提质

自贸区在世界整个运输体系中属于关键环节,所以自贸区中供应链的建设实际上是全球供应链体系的一个重要的组成部分。在上海市政府推进自贸试验区建设的98项试点任务中,与自贸区供应链相关的任务有73项,约占74%。上海自贸区应依托其国际航运物流中心、国际航空货运中心、国际金融服务中心、人民币离岸结算中心、国际先进制造业中心、国际科技创新中心等平台建设,逐步确立全球供应链核心枢纽地位。

4. 持续改革与创新

自贸区改革创新的核心是自贸区供应链的改革与创新,自贸区供应链的核心是商流、资金流、信息流、物流的安全、高效、可靠、协同。在促进供应链与产业链一体化发展的同时,应进一步促进政府职能的转变,让政府搭建平台,企业成为主角。未来,中国应围绕"自贸区+供应链"推动全球供应链体系创新,培育自贸区国际竞争新优势。

第三节 海外仓内涵及管理

一、海外仓内涵

《物流术语》(GB/T 18354—2021)规定:海外仓(overseas warehouse)是指国内企业在境外设立,面向所在国家或地区市场客户,就近提供进出口货物集并、仓储、分拣、包装和配送等服务的仓储设施。伴随全球跨境电商贸易的迅猛发展,海外仓作为一种能够适应大规模出口贸易的跨境物流新模式,受到众多跨境电商平台的青睐,海外仓模式将为我国跨境电商平台发展海外业务带来新的机遇。

二、海外仓管理

海外仓储服务商与目的国快递公司建立合作关系,并通过当地物流公司完成"最后一公里"的配送,其不仅覆盖面广还效率高、成本低。与海外进口仓库相比,当地物流公司对当地物流网络的布局较为完善,因此配送的物流成本更低。海外仓模式的"最后一公里"通过共享当地快递物流公司的物流基础设施进行配送,将在一定程度上降低该模式的配送成本。

(一)海外仓建设模式

目前中国海外仓库模式主要有以下三种。

1. 自建模式

自建模式是指为海外跨境电商公司设立专门的海外仓库。企业在考虑自建海外仓模式时需要从以下几个因素进行深入的考虑。

(1)位置因素。为了选择合适的仓库地址,当企业在距离目标市场较远的情况下,需要首先对目标市场进行深入的了解,并提前进行调研,从而确保其仓库地址位置最优。

(2)成本控制。自建海外仓模式前期需要大量的建设成本,运营过程中也要耗费管理成本,短期内难以获得投资回报。

(3)团队成员的管理。海外仓库需要在海外雇佣当地员工。因此,有必要了解东道国的法律政策和劳动待遇问题,克服文化差异和沟通障碍。同时,海外仓模式是一种需要结合互联网最新技术的模式,需要大量专业的技术信息人才来管理供应链和仓储。

2. 与第三方的合作模式

这一模式是指跨境企业考虑与第三方企业进行合作,从第三方企业处租赁海外仓或者与第三方企业共建海外仓。在这一模式下合作双方可以分摊建立海外仓的成本,从而减少企业所面临的资金压力,也可以利用第三方企业对目标国家市场的熟悉知识,加速跨境电商建设进程,有利于跨境电商公司更快融入目标市场,适应其国内环境,从而避免因文化不同而造成的矛盾和冲突。企业规模和资金实力稍弱的公司,通常会使用合建海外仓的模式进行基础能力建设和运营;合建仓通常是由跨境电商平台或物流企业,与其他企业或物流企业共同出力在海外建仓的形式。对于跨境电商企业来说,通过合建仓的模式,只需要支付国际运费便可掌控货物的控制权,为消费者提供个性化服务。

3. 第三方海外仓模式

第三方海外仓模式是指企业使用第三方企业的海外仓库资源来为卖家及消费者提供服务,采用租赁第三方海外仓资源获得使用权的模式,它适用于经济实力较弱的企业。其主要特点如下。

(1)资金压力最小,管理可控性较差。使用该模式打造海外仓服务能力的企业,通常为经济实力较弱或在国际化方向上不明确、进行探索的企业,希望以最少的资金在最短的时间形成规模;但该模式完全取决于被租赁企业自身的管理水平和运营能力,长期发展中会持续遇到成本和服务之间的矛盾,管理和运营上的可控性较差。

(2)准入门槛低,进出市场较为灵活。由于该模式属于极轻的资产运作,其开展海外仓服务的准入门槛较低,在企业不明确发展前景,同时对抗境外突发事件、政策变化等方面的能力较弱时,企业可以及时止损退出市场。

(二)海外仓发展趋势

1. 全球化趋势

2020年以来,海外仓建仓及扩仓需求上升,并且在之后几年得到延续。全球知名物业租赁顾问服务公司CBRE研究发现,电商销售额每增长10亿元,便随之产生约12万平方米的仓库租赁需求。近年来跨境电商市场已开始从传统热门的欧美国家市场,向东南亚、南美等新兴国家地区进军,使得仓储网络需求上升,布局也将实现全球化。

2. 差异化趋势

随着跨境电商市场版图的拓展以及消费者基于体验的需求拉动,海外仓已由传统的提供存储等基础服务的阶段向提供个性化增值服务的阶段迈进,通过标准化的增值服务,为跨境电商平台企业提供产品售后、逆向物流、供应链金融等服务。同时,随着全球新冠疫情的出现,人们居家的场景更加普遍和丰富,"宅经济"由此盛行,随之带动了家电、家具等大件商品的海外销售需求。因此,海外仓在原有的"中小件仓"基础上,向"大件仓"的布局和能力建设方面发展。

3. 智能化趋势

随着海外仓的发展与规模的扩大,生产力也在人工智能数据和物流信息系统的推动下发生变革。大型电商平台企业成为海外仓服务商,逐渐加大对智能化的设施设备以及系统研发方面的投入,进一步提高生产力,降低传统管理模式下对发展规模的制约。具有较强服务能力的海外仓企业,也从传统的物流服务提供向物流科技服务方向转型。

(三)海外仓发展制约因素

1. 海外仓企业运营成本压力大

自建海外仓模式下,企业在前期需要投入大量的资金租赁土地(或购买土地),建设厂房及配套软硬件设施等,整体建设周期长、风险大,建设资金需要通过资本项下汇出,审核较严。租用海外仓模式下,由于海外仓主要分布在美国和欧元区,企业支付的租金费用普遍较高,高企的运维成本挤压着海外仓企业的经营利润。

2. 海外仓出口企业收汇周期长

部分企业在美国的海外仓业务收汇周期大于180天,日常经营面临资金流紧张、受汇率波动影响较大等困难,较长的收汇周期也使企业面临较大的汇兑损失风险。

3. 海外仓出口商品退税周期较长

由于海外仓出口不同于一般贸易,后者出口后凭报关单即可办理退税,对于海外仓企业来说,管理规范的头部典型企业为避免退税合规性风险,通常是整单货物全部出仓销售后才办理退税,退税周期较长。

(四)海外仓发展优化策略

1. 完善提升物流信息系统能力

借助云计算、大数据等手段,提升物流信息处理和管理效率,通过跨境电商平台企业的订单大数据进行分析,可以预判消费趋势或库存风险,及时与平台企业进行联动,提升库内生产和库存管理效率,减小企业的运营风险。

2. 推进海外仓数智化

在重点国家结合平台业务需求发展趋势,逐渐完善仓内自动化和智能化设施设备,更好地以开放业务的方式为平台企业提供服务,提升生产作业效率,达到长期成本降低的目的。

3. 构建海外仓联盟模式

积极探索海外仓联盟模式,通过共享资源,最大化资源整合和利用效率,助力跨境电商平台企业突破海外物流建设的瓶颈。

知识窗

海南自由贸易港(Hainan Free Trade Port),是国家在海南岛全岛设立的自由贸易港,位于海南省境内,全省陆地总面积3.54万平方千米。

2018年4月10日,国家主席习近平在博鳌亚洲论坛2018年年会开幕式上发表主题演讲,提出"探索建设中国特色自由贸易港";2020年6月1日,中共中央、国务院印发《海南自由贸易港建设总体方案》;同年6月3日,海南自由贸易港11个重点园区同步举行挂牌仪式;2021年6月10日,十三届全国人大常委会第二十九次会议表决通过了海南自由贸易港法等。海南自由贸易港实施范围为海南岛全岛,建有11个重点园区。支持海南逐步探索、稳步推进中国特色自由贸易港建设,分步骤、分阶段建立自由贸易港政策和制度体系,是习近平总书记亲自谋划、亲自部署、亲自推动的改革开放重大举措,是党中央着眼国内国际两个大局,深入研究、统筹考虑、科学谋划作出的战略决策。海南自由贸易港实施范围为海南岛全岛,建有海南自由贸易港洋浦经济开发区、海南自由贸易港博鳌乐城国际医疗旅游先行区、海南自由贸易港海口江东新区、海南自由贸易港海口国家高新技术产业开发区、海南自由贸易港陵水黎安国际教育创新试验区、海南自由贸易港文昌国际航天城、海南自由贸易港三亚中央商务区、海南自由贸易港海口复兴城互联网信息产业园、海南自由贸易港海口综合保税区、海南自由贸易港三亚崖州湾科技城、海南自由贸易港生态软件园等11个重点园区。

小结

本章系统介绍了国际供应链保税仓及海外仓建设,以及中国自由贸易试验区建设历程与自贸区供应链内涵。通过本章的学习,读者能够更加深入了解保税制度,提高对国际物流与供应链基础设施的认知水平。

第五章

国际供应链保税仓与海外仓管理

 练习与思考

1. 试述保税仓及综合保税区产生的时代背景。
2. 试分析一个你所熟悉的综合保税区建设运营情况。
3. 简述海外仓的建设模式。
4. 简述自由贸易区供应链的重要性。
5. 简述我国自贸试验区的发展历程。

 综合案例

数字资源 5-1　中通海外仓项目

第六章 国际供应链金融管理

本章导读

国际供应链金融根据特定行业供应链上的真实贸易背景和供应链核心企业的信用水平,以贸易自偿性中未来预期的现金流为直接还款来源,以控制物流及资金流为风险控制手段,为供应链上位于不同国家或地区的上下游中小企业进出口贸易提供综合融资服务,能达到多方共赢的目的。供应链金融的产生和运作特征充分体现了合作、协同的思想。供应链金融的业务类型丰富,在操作过程中,需要各参与主体各司其职、诚实守信、通力配合。通过本章的学习,读者可以增强合作、责任以及诚信意识。

学习目标

本章学习的主要内容是为国际供应链体系提供融资支持的供应链金融活动,包括供应链金融的概念和主要模式,以及在进出口业务、跨境电商中的应用。通过本章的学习,掌握供应链金融的基本内涵,熟悉预付账款融资、存货融资和应收账款融资等供应链金融模式,理解供应链金融在进出口业务中的表现形式,了解跨境电商供应链金融的模式与流程。

第一节 供应链金融概述

一、供应链金融产生的背景

现代意义上的供应链金融发端于 20 世纪 80 年代,深层次的原因在于世界级企业巨头为寻求成本最小化而开展的全球性业务外包,由此衍生出供应链管理的概念。一直以来,供应链管理集中于物流和信息流层面,到 20 世纪末,企业家和学者们发现,全球性外包活动导致的供应链整体融资成本问题,以及部分节点资金流瓶颈带来的"木桶短边"效应,实际上部分抵消了分工带来的效率优势和接包企业劳动力"成本洼地"所带来的最终成本节约。由此,供应链核心企业开始了对财务供应链管理的价值发现过程,国际银行业也展开了相应的业务创新以适应这一需求。供应链金融随之渐次浮出水面,成为一项令人瞩目的金融创新。

目前,传统的、单一国境内的、纵向一体化的生产制造企业越来越少,通过全球成本的比较优势,不同国家和地区在全球供应链中选择了不同的价值增值节点。全球产业的布局和制造业的升级也随着供应链中物流系统的全球化,在不同的国家和地区完成。核心企业通过外包,使得供应链的加工增值环节和实体参与企业组织分布在不同的国境之内,并通过跨国的供应链管理,发展出新的企业生产运作管理方式和商品流通方式以及跨单一企业组织的合作方式,这就是全球化供应链管理模式。全球化供应链模式带来的新问题主要有以下方面。

1. 库存堆积两极化趋势,加大上下游企业的资金占用压力

在供应链的组织模式下,每个环节所持有的库存与传统模式发生重大变化,尤其是在"零库存"的精益供应链思想的引导下,新型库存管理模式的出现导致核心企业无意持有库存,促使供应商和分销商都必须面临实物库存挤占现金、流动性不足的问题。整个供应链中的库存堆积在上下游中较为弱势的企业上,在整个供应链产出保持稳定的情况下,加剧了这些成员企业的库存占比,减少了库存周转率,也降低了资金周转率。

2. 供应链模式下所发展的大批中小企业,面临苛刻的融资环境

在供应链的竞争模式中,一个突出要素是专业分工并全球外包。供应链中的成员企业不再追求大而全,而是注重某一细分领域的专业运作。在细分领域中的中小企业规模小,且由于过分集中于某一零部件的生产和分销,导致实物资产、生产条件和企业资质无法与传统融资主体企业的要求相匹配。

3. 赊销方式取代传统的国际贸易结算方式,融资渠道进一步变窄

根据 SWIFT(环球同业银行金融电讯协会)组织的统计,80%的国际贸易选择赊销作为主要的结算方式。赊销发展初期主要目的是刺激供应链下游加大单次的订货批量,使得供应链规模效应突出,降低成本从而获得更多的客户,并提升整个供应链的竞争力。但随着供应链模式的不断发展,除了刺激销量外,赊销还被广泛用于核心企业优化自身的现金流,选择赊销的方式往往将资金的压力继续传导到供应链上的弱势企业。而传统银行国际贸易融资集中于电汇、信用证、票据等传统结算方式,其融资产品缺乏基于赊销方式的产品,这使得供应链中小企业面临越来越大的融资压力。

4. 汇率波动风险和理财需求出现

在供应链的利润和价值增值过程中,由于产业全球成本优势的分配,导致单一供应链中必须涉及多国货币结算和支付体系,不可避免需要应对汇率波动问题,并由此诞生了避险理财的需求。

从供应链角度来看,核心企业不愿承担资金风险,而供应链上下游中小型企业缺乏融资能力是供应链资金流"梗阻"的内在动因。如果核心企业能够将自身的资信能力注入其上下游企业,银行等金融机构也能够有效监管核心企业及其上下游企业的业务往来,那么金融机

构作为供应链外部的第三方机构就能够将供应链资金流"盘活",同时也获得金融业务的扩展。这就是供应链金融产生的背景。

二、供应链金融的内涵

(一)供应链金融的概念

《物流术语》(GB/T 18354—2021)定义:供应链金融(supply chain finance,SCF)是以核心企业为依托,以企业信用或交易标的为担保,锁定资金用途及还款来源,对供应链各环节参与企业提供融资、结算、资金管理等服务的业务和业态。

供应链金融从事的是从整个供应链的每一个环节出发,银行等专门的金融机构利用各种金融工具,引进第三方物流企业参与监管,把物流、商流、资金流、信息流链条进行有效的衔接与整合,组织和调节供应链运作过程中货币资金流动与实物商品流通趋向同步的运动,从而提高资金运行效率的一系列经营活动。它加速与之对应的商品流通速度,加速整个社会供应链的循环运转。供应链金融服务系统如图6-1所示。

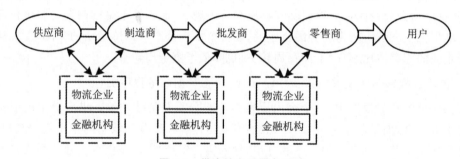

图 6-1 供应链金融服务系统

一般来说,一个特定商品的供应链从原材料采购到制成中间及最终产品,最后由销售网络把产品送到消费者手中,将供应商、制造商、分销商、零售商、最终用户连成一个整体。在这个供应链中,竞争力较强、规模较大的核心企业因其强势地位,往往在交货、价格、账期等贸易条件方面对上下游配套企业要求苛刻,从而给这些企业造成了巨大的压力。而上下游配套企业恰恰大多是中小企业,难以从银行融资,结果造成资金链十分紧张,整个供应链出现失衡。供应链金融最大的特点就是在供应链中寻找一个大的核心企业,以核心企业为出发点给供应链提供金融支持。一方面,将资金有效注入处于相对弱势的上下游配套中小企业,解决中小企业融资难和供应链失衡的问题;另一方面,将银行信用融入上下游企业的购销行为,增强其商业信用,促进中小企业与核心企业建立长期战略协同关系,提升供应链的竞争能力。在供应链金融的融资模式下,处在供应链上的企业一旦获得银行的支持,将资金这一"脐血"注入配套企业,就相当于进入了供应链,从而可以带动整个链条的运转;而且借助银行信用的支持,还可以为中小企业赢得更多的商机。

(二)供应链金融的构成要素

供应链金融的参与主体是整个供应链和外部金融机构,也包括专业的物流服务提供商,甚至涉及投资者。其作用范围是整个供应链的交易与往来,是一个长期持续的协作过程,金融机构和核心企业在其中起着主导性作用,第三方物流企业在其中扮演着中间人和代理商的角色。供应链金融的构成要素及相互间的关系如图6-2所示。

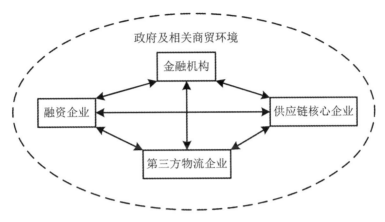

图 6-2 供应链金融的构成要素

1. 金融机构

金融机构泛指能够提供贷款的机构,如银行和保险公司等,它们在供应链金融服务中为供应链上各企业提供贷款支持。银行等金融机构通过与第三方物流企业合作,配合企业供应链的各个阶段,针对应收账款、应付账款、企业存货等量体裁衣,设计相应的供应链金融服务产品。

2. 第三方物流企业

第三方物流企业是供应链金融服务的主要协调者,一方面为供应链上的企业提供物流、信用担保服务,另一方面为银行等金融机构提供资产管理服务,搭建银企间合作的桥梁。对于从事供应链金融服务的物流企业而言,不但要具备相当的资本和业务规模,以及良好的商业和金融信用,还需要强大的仓储服务能力和经验,以实现对物资的有效监管。

3. 融资企业

融资企业是供应链金融服务的需求者,主要是供应链中处于弱势的中小企业。它们通过动产质押以及第三方物流企业或核心企业担保等方式从金融机构获得贷款。这些企业受规模和管理的限制,抗风险能力差,违约成本低,一般金融机构不愿意给它们贷款,因此,融资需求非常强烈。

4. 核心企业

核心企业是指在供应链中规模较大、实力较强,能够对整个供应链的物流和资金流产生较大影响的企业。供应链作为一个有机整体,中小企业的融资难会给核心企业造成供应或分销渠道不稳定的问题,核心企业依靠自身优势地位和良好的信用,通过担保和承诺回购等方式帮助供应链中的弱势企业进行融资,维持供应链中各企业的合作关系,也有利于自身的发展壮大。

5. 政府和相关商贸环境

政府和相关商贸环境主要指税务、海关等机构和有关的政策和法规,以及相关的会计、法律、拍卖等相关业务环境和流程。供应链金融集成式产品服务会受到税务、海关等政府监管部门的影响，同时也需要会计、法律、拍卖、租赁等中介服务机构营造的良好环境。

三、供应链金融的特点

供应链金融是商业银行的新兴业务模式，是中小企业解决融资难的一条有效途径，也是物流企业提供增值服务、提高利润的新途径。供应链金融的特点概括起来主要包括以下内容。

1. 突破传统融资模式思维

作为新融资方式，供应链金融在中小企业融资方面有着众多的优势。它改变了传统融资模式中单一强调企业资产规模、信用评级以及过于注重财务报表数据对企业还款能力和综合能力进行评定，对企业进行孤立静止的考察的思维模式，转向将企业融入供应链之中，对企业还款能力、发展能力及综合能力在真实具体的贸易业务中考察和评价，并将贸易融资、企业理财、现金管理等系列金融产品整合至金融服务之中，扩展金融服务领域，能有效解决中小企业融资难题。

2. 参与主体多元化

供应链金融不仅包括传统信贷模式中的金融机构、融资企业，还增加了核心企业和物流企业。新增的两个主体在供应链金融中发挥着重要的作用。核心企业为供应链金融提供信用支持，其运营状况直接决定了整条供应链的运行情况。物流企业扮演着"中介者""信息集汇中心""监管者"的作用。一方面，物流企业为中小企业提供专业化、个性化的物流服务，利用质押物为中小企业担保；另一方面，物流企业为银行提供仓储监管、质物价格评估以及拍卖等中间服务，发挥其在物流管理、资产设备以及人才上的优势，弥补了银行在质押物监管方面知识和技能的缺失。

3. 业务类型丰富

供应链金融业务的基本要素包括融资主体、担保品和融资对象。在融资主体上，西方国家由于允许混业经营，开展融资业务的主体变得多元化，既存在银行、保险公司、基金和专业信贷公司借款给中小企业并委托专业的第三方机构和物流企业对质押存货和借款人进行评估和管理控制，又存在物流企业兼并银行或银行成立专门的金融公司独立开展供应链金融业务。比较而言，我国由于受银行分业经营和其他相关政策的影响，供应链金融业务中提供资金和进行相关结算的主体较为单一，主要是商业银行，采取的模式主要有两种，一种是银行借款给中小企业并委托专业的物流企业对借款企业和担保品进行评估和管理控制；另一种是银行统一授信给物流企业，由物流企业按银行的规定开展物流融资业务。在担保品方面，供应链金融的担保品种类比较丰富，预付款融资、存货质押融资、应收账款融资等业务都发展得较为成熟，其中存货品种的涵盖面包括农产品、原材料、产成品、半成品乃至在制品。至于融资对象，也从最原始阶段的农户，扩展到批发零售型的流通型企业，进而扩展到供应商和生产型的企业，形成了针对供应链上中小企业的全方位的融资体系。丰富多样的业务类型使得企业的融资渠道更加广阔和畅通。

四、供应链金融的作用

供应链金融发展迅猛,原因在于其能加快供应链上下游企业间的物流和资金流的流转速度,实现第三方物流企业、商业银行、核心企业和供应链上下游企业等多方共赢的局面。

1. 银行层面

(1)降低金融机构风险。在实际融资活动中,作为金融机构的银行为了控制风险,需要了解质押物的规格、型号、质量等信息,还要查看权利凭证原件,辨别真伪,这些工作已超出了金融机构的业务范围。由于第三方物流企业在融资活动中处于特殊地位,能充分了解客户信息,掌握库存的变动情况,而且核心企业具有良好的信用。因此,由物流企业或核心企业作为担保方,帮助供应链中的中小企业进行融资,有效降低了金融机构的风险。

(2)缓解金融机构的竞争压力。存贷利差目前仍然是银行的利润主要来源,中小企业数量多、分布范围广、资金分散但总需求量大,发展贷款业务的市场和潜力大。银行通过提供供应链金融服务,不仅分散了信贷投放、改变了过于依赖单一大客户的局面,还可以发现一批成长过程中的优质中小企业客户群。

(3)有助于银行业务的发展。发展供应链金融可以提供客户满意的产品和服务;可以针对企业之间的交易行为及其特点设计产品营销方案,吸引中小企业到融资行开户并办理结算,带动了存款、结算和新兴业务的发展;可以实现供应链上资金流动的内部循环,从而推动各项业务的发展。

(4)资金运行具有可靠的增值价值。供应链上的"融资"行动带来了资金驱动能量,推动了供应链上的产品流动,实现从低端产品向高端产品的转换,提高产品的附加值和核心竞争力,在间接地为核心企业带来更多利益的同时,防止了资金的沉淀,提高了资金的运行效益。

2. 核心企业层面

(1)有助于核心企业稳定供销渠道。核心企业在供应链管理的过程中经常会遇到上游的供应商由于缺乏资金的支持或管理不善,不能保证按时、按量、按质交货,造成核心企业生产延迟;在产品销售的过程中下游经销商由于资金短缺拖延货款,使核心企业无法扩大销售等问题。供应链金融业务可以解决上下游中小企业的资金瓶颈,保证它们的有效运转,从而保证核心企业供销渠道的稳定。

(2)提升供应链的核心竞争力。供应链金融以真实贸易为支撑,颠覆了传统的信用评价体系,大大提升了中小企业的信用水平。银行可以基于核心企业的信用,不仅为核心企业提供融资,而且也可以为供应链上游、下游的企业提供融资支持,银行对企业竞争力的提升扩展到整个产业链竞争力的提升。

3. 供应链上、下游企业层面

(1)大大缓解融资限制。中小企业因其信用等级普遍较低,可抵押的资产较少,财务不健全,在传统的授信方式下,银行很少考虑为其融资。供应链金融改变了过去银行针对单一企业主体进行信用评估并据此作出授信决策的融资模式,使银行从专注于对中小企业本身的信用风险评估,转变为对整个供应链及其核心大企业之间交易的信用风险评估;从关注静态财务数据转向对企业经营的动态跟踪。在考察授信企业资信的同时更强调整条供应链的稳定性、贸易背景的真实性以及授信企业交易对手的资信和实力,从而有利于商业银行更好地发现中小企业的核心价值。中小企业信用等级获得提升,使得处于供应链上下游的中小企业在该模式中能够取得在其他方式下难以取得的银行融资。

(2)降低资金需求方的融资成本。传统模式中,供应商和消费者为了避免风险,资金流运作多是通过银行借助信用状况进行,这种方式不仅手续烦琐,而且还会产生不必要的成本,加重中小企业资金周转负担。而供应链金融业务可以使企业更快捷、便利地获得融资。如根据第三方物流企业的资信,金融机构授予物流企业一定的信贷额度,由第三方物流企业直接代表金融机构同贷款企业签订质押借款合同,同时为企业寄存的质物提供仓储管理服务和监管服务,从而将申请贷款和质物仓储两项任务整合操作,提高质押贷款业务运作效率,有利于企业更加便捷地获得融资,降低融资成本。

(3)有效盘活中小企业流动资产。对大多数的中小企业来说,可以用作抵押担保的固定资产比较有限,而这些企业拥有的流动资产往往占其总资产很大的比例。在供应链金融模式下,中小企业可以将所交易商品的动产或货权质押给银行,从而取得银行授信支持;也可以依托于实力强的上游供应商的商业信用,通过一定的责任捆绑来取得银行授信支持;还可以依靠其支付能力强的下游买方的信用,通过转让应收账款给银行来取得授信支持。

4. 第三方物流企业层面

(1)有助于业务范围的拓展。供应链金融服务是在仓储、运输、分拣、包装等传统的物流服务基础上提供的增值服务,其日益成为物流服务的主要利润来源。第三方物流企业通过参与供应链金融,使其得以控制全程供应链,为其创造了新的增长空间,提升了综合价值,稳定和吸引了众多客户。

(2)形成竞争优势。物流企业作为银行和客户都相互信任的第三方,可以更好地融入客户的供应链中去,同时也加强了与银行的同盟关系。供应链金融业务使物流企业与供应链的合作加深,有助于形成其自身的竞争优势。

5. 政府层面

(1)有助于建立良好的融资环境。通过制定明确、灵活的供应链金融政策,真正解决中小企业融资难的问题。通过风险甄别技术和有效的风险防控措施,减少呆账和坏账的发生,增加国家金融制度的安全性和整个金融体系的稳定性。积极与国际金融制度接轨,鼓励金融制度和金融模式的创新,出台各种优惠政策和相关的配套措施来促进其健康发展,从而营造良好的融资环境。

(2)有助于应对国际竞争。当前国际经济竞争非常激烈,中小企业由于缺乏资金,抵御风险的能力较差,发展前景堪忧。国家一方面要防止金融泡沫的出现,维护整个金融体系的稳定;另一方面要促进占企业绝大多数的中小企业的发展,在资金上给予扶持。供应链金融模式对政府来说是两全其美的好事,由于其风险小、成本低、门槛低,能真正解决众多金融机构对中小企业"想贷不敢贷"的尴尬局面。

第二节 供应链金融的主要业务模式

一、预付账款类融资

(一)预付账款类融资的内涵

预付账款类融资是从供应链的下游企业着眼,基于下游企业和上游企业(一般为核心企业)间的交易,针对下游企业向上游企业采购的支付需求,提供融资的一种供应链金融产品。由于预付账款类融资的担保基础,或是供应链下游企业向上游企业的提货权,或是发货、运输等环节的在途货物或库存货物,因此通常认为预付账款类融资是基于"未来存货的融资"。

供应链金融中的预付账款类融资与传统的用于支付预付款的授信业务存在明显区别。在传统业务中,银行在授信申请人落实相应担保后才会响应预付款的融资需求。而在供应链金融中,预付账款类融资具备自偿性,它通过对下游企业采购货物,在发货、运输、入库等环节所形成的在途货物和库存货物,向银行担保,并以其销售款作为还款来源。因此,预付账款类融资能够缓解供应链下游企业的财务压力,并能有效解决中小企业因缺乏担保资源而难以获得银行融资的问题。

预付账款类融资的主要模式是保兑仓融资。保兑仓融资针对货物是否由第三方物流企业监管,可分为三方保兑仓融资和四方保兑仓融资。

(二)三方保兑仓融资

1. 三方保兑仓融资的概念

三方保兑仓是在上游企业与下游企业买卖关系的基础上,下游企业先缴纳一定比例的保证金后,银行向下游企业贷出全额货款,并用于支付上游企业预付款,下游企业出具全额提单向银行出质,之后,下游企业分批次向银行支付保证金,银行分批次通知上游企业向下游企业发货的授信业务。保兑仓融资又被称为担保提货融资,或卖方担保买方信贷融资。

在实施三方保兑仓时,银行根据下游企业的保证金签发等额的"提货通知单",上游企业根据"提货通知单"向下游企业发货,下游企业销货后继续向银行存入保证金,银行再签发"提货通知单",上游企业再根据"提货通知单"向下游企业发货,如此循环操作。授信到期时,如果银行出具的"提货通知单"总金额小于到期贷款金额,则上游企业对该差额部分以及由于逾期产生的逾期利息、罚息承担连带保证责任,并承担该差额部分及产生款项的退款。

2. 三方保兑仓融资的业务流程

三方保兑仓的核心要点在于下游企业的销售能力和上游企业的保兑能力,三方保兑仓特别适用于下游企业在销售淡季向上游企业支付预付款,以此锁定优惠价格的情形,也特别适用于下游企业一次性付款以获取较大折扣的情形。其业务流程如图6-3所示。

① 供应链上游企业、下游企业、银行达成协议后,下游企业向银行缴纳一定金额的保证金。

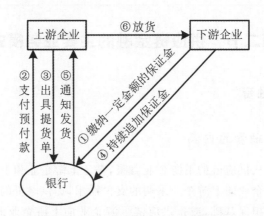

图 6-3　三方保兑仓融资的业务流程

② 银行向下游企业授信,并直接用于支付上游企业货物的款项。
③ 上游企业向银行出具提货单用于质押。
④ 下游企业根据经营需要不断向银行追加保证金。
⑤ 银行根据下游企业追加保证金的金额,通知上游企业发货。
⑥ 上游企业向下游企业发放部分货物。

3. 三方保兑仓融资的优势

(1) 不占用下游企业的库存,且有利于下游企业实施"淡季打款,旺季销售"的模式。
(2) 有利于上游企业取得预收款,并锁定未来销售。
(3) 有利于银行将供货方与货物监管方合二为一,简化管理,降低风险。

(三) 四方保兑仓融资

1. 四方保兑仓融资的概念

四方保兑仓融资是在上游企业与下游企业买卖关系的基础上,下游企业先缴纳一定比例的保证金后,将准备购买的货物向银行出质进行融资,并运用银行的融资款支付上游企业预付款,之后,银行按照下游企业的销售回款进度,通知行使监管职能的第三方物流企业逐步向下游企业释放质物的授信业务。

四方保兑仓融资中,在下游企业利用银行融资款支付预付款后,在行使监管职能的第三方物流企业尚未收妥货物之前,银行对供应链下游企业的融资实际上无担保,只能认为供应链下游企业向银行出质的是融资项下的未来货权,因此又可以称四方保兑仓融资为货权质押融资。

2. 四方保兑仓融资的业务流程

在实践中,当下游企业销售的产品为热销品时,往往会出现缺货和断供的情况,此时通过四方保兑仓融资提前预订,将有助于热销品的持续供应。四方保兑仓融资的业务流程如图 6-4 所示。

① 供应链上下游企业、银行、第三方物流企业达成协议后,下游企业向银行缴纳一定金额的保证金。
② 银行对下游企业授信,并直接用于支付上游企业货物的款项。

第六章

国际供应链金融管理

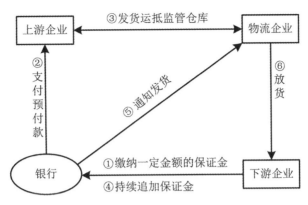

图 6-4　四方保兑仓融资的业务流程

③ 上游企业向下游企业发货，直接将货物运抵第三方物流企业进行监管。
④ 下游企业根据经营需要不断向银行追加保证金赎货。
⑤ 银行根据下游企业追加保证金的金额，通知第三方物流企业发货。
⑥ 第三方物流企业向下游企业发放部分货物。

3. 四方保兑仓融资的优势

(1) 有助于供应链下游企业突破担保资源限制，解决采购预付款账款不足的问题。

(2) 有助于供应链上游企业减少应收账款对资金的占用，降低资金使用成本，提高资金使用效率。

(3) 有助于银行有效带动负债业务，获得中间业务收入，提高综合收益。

二、存货类融资

(一) 存货类融资的内涵

存货类融资是从供应链上下游企业与第三方物流企业的联系出发，借助第三方物流企业自身的信用或其对供应链货物的控制，帮助供应链企业解决融资需求的一种供应链金融产品。在实施存货类融资时，银行委托第三方物流企业履行监管职能，或者由第三方物流企业提供自身信用，供应链企业无须提供其他抵押即可获得融资，极大地方便了担保资源缺乏的供应链企业。

随着第三方物流的发展，货代、仓储、运输等物流企业与生产、贸易类企业的联系越来越紧密，第三方物流企业正逐渐渗透到供应链的各个环节。在供应链上下游企业之间，货物是最重要的联系纽带，因此，供应链金融必须要满足货物流通对资金融通的需求。

根据质押物的不同(货物或货权)，存货类融资可以分为存货质押融资和仓单质押融资。

(二) 存货质押融资

1. 存货质押融资的概念

存货质押融资是指供应链企业将银行能够接受的存货进行质押，并通过质押的存货来办理各种短期授信业务的融资方式。质押的存货包括原材料、半成品和产成品等,短期授信包括现金贷款、银行承兑汇票、商业承兑汇票和信用证等融资业务。

在进行存货质押融资时,供应链企业、第三方物流企业和银行签订三方合作协议,第三方物流企业受银行的委托,对供应链企业质押的货物进行监管,帮助银行占有质押的存货。根据是否可以自由换货的标准,存货质押融资可分为静态存货质押融资和动态存货质押融资。

2. 静态存货质押融资

静态存货质押融资是指供应链企业将存货质押给银行时,将存货送交银行指定的第三方物流企业进行监管,在第三方物流企业对仓库实施监管后,供应链企业不得以货易货,必须通过归还融资款进行赎货。静态存货质押融资的业务流程如图6-5所示。

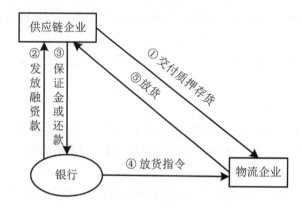

图 6-5 静态存货质押融资的业务流程

① 供应链企业、银行与第三方物流企业达成静态存货质押融资协议后,供应链企业向第三方物流企业交付质押存货。

② 银行对供应链企业进行授信,发放融资款。

③ 供应链企业向银行存入赎货保证金或归还融资款。

④ 银行向第三方物流企业发出放货指令。

⑤ 第三方物流企业向供应链企业放货。

静态存货质押融资具有以下优势:

(1)有利于供应链企业盘活积压的存货,扩大经营规模。

(2)不允许以货易货,银行的风险相对较低。

(3)适用于除了存货没有其他合适质物的供应链企业。

3. 动态存货质押融资

动态存货质押融资与静态存货质押融资相比,放松了以货易货的规定。动态存货质押融资是指供应链企业将存货质押给银行时,规定了供应链企业保有质押存货的最低库存,在保证质押存货最低库存的前提下,只要入库的存货与原有存货同类、同质,供应链企业就可以自由办理以货易货,在此基础上供应链企业可以通过质押的存货办理各种短期授信业务。对于达到最低库存临界点以下的货物,供应链企业必须补足保证金或归还融资款后方可提取。动态存货质押融资的业务流程如图6-6所示。

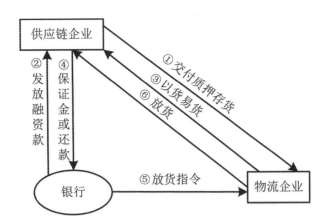

图 6-6 动态存货质押融资的业务流程

① 供应链企业、银行与第三方物流企业达成动态存货质押融资协议后,供应链企业向第三方物流企业交付质押存货。

② 银行对供应链企业进行授信,发放融资款。

③ 在满足最低存货的前提下,供应链企业可以自由地以货易货。

④ 供应链企业向银行存入赎货保证金或归还融资款。

⑤ 银行向第三方物流企业发出放货指令。

⑥ 第三方物流企业向供应链企业放货。

动态存货质押融资具有以下优势:

(1)可以以货易货,质押存货不会对供应链企业生产经营活动产生太大影响。

(2)银行实施动态存货质押融资的成本小于静态存货质押融资。

(3)适用于供应链企业存货的品类较为一致、核定价值比较容易的情形。

(三)仓单质押融资

1. 仓单质押融资的概念

仓单质押融资是指供应链企业以其自有或第三方拥有的仓单作为质物向银行出质,并凭借质物向银行办理各种短期授信业务的融资方式。

仓单是指保管人向存货人填发的,表明双方仓储保管关系存在,并向持有人无条件履行交付仓储货物义务的一种权利凭证。仓单由第三方物流企业签发给存货人或货物所有权人,并记载有仓储货物的所有权,仓单持有人凭仓单可以随时向第三方物流企业提取仓储货物。仓单可分为普通仓单和标准仓单两种。

2. 普通仓单质押融资

普通仓单质押融资是指由供应链企业以第三方物流企业填发的仓单作为质物,并凭借质物向银行办理各种短期授信业务的融资方式。

普通仓单是指由第三方物流企业自行制作的仓储物权利凭证。有时,供应链企业也会使用商品调拨单作为质物进行仓单质押融资。商品调拨单是由厂家签发的,对仓储货物的唯一提货凭证。普通仓单隐含第三方物流企业的信用,银行以其作为质物开展业务时,必须核实普通仓单的真实有效性,并为第三方物流企业核定相应的额度。由于普通仓单具有有价证券的性质,所以出具普通仓单的第三方物流企业需要具有很高的信用资质。

普通仓单质押融资的业务流程如图 6-7 所示。

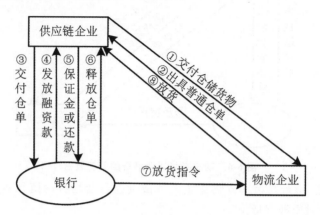

图 6-7 普通仓单质押融资的业务流程

① 供应链企业向第三方物流企业送交仓储物,并从第三方物流企业申请普通仓单。
② 第三方物流企业向供应链企业出具普通仓单。
③ 供应链企业向银行交付仓单,并将仓单作为质物。
④ 银行向供应链企业进行授信,发放融资款。
⑤ 供应链企业向银行存入赎货保证金或归还融资款。
⑥ 银行将质押的仓单交回供应链企业。
⑦ 银行向第三方物流企业发出放货指令。
⑧ 第三方物流企业向供应链企业放货。

普通仓单质押融资具有以下优势:

(1)利用仓单质押向银行贷款,可以解决供应链企业经营融资问题,争取更多的周转资金,从而扩大经营规模,提高经济效益。

(2)开展仓单质押业务可以增加银行的放贷机会,培育新的经济增长点。同时,因为有了仓单所代表的货物作为抵押,银行贷款的风险大大降低。

(3)第三方物流企业可以利用办理仓单质押贷款的优势,吸引更多的供应链企业进驻,从而保有稳定的货物存储数量,提高仓库利用率。同时,第三方物流企业还可以借此机会加强基础设施的建设,完善各项配套服务,提升企业的综合竞争力。

3. 标准仓单质押融资

标准仓单质押融资是指由供应链企业将自有或第三方拥有的标准仓单作为质物向银行出质,并凭借质物向银行办理各种短期授信业务的融资方式。

标准仓单是指符合期货交易所统一要求,由指定交割仓库在完成入库商品验收、确认合格后签发给货主,并经交易所注册生效的标准化提货凭证。标准仓单隐含交割仓库和期货交易所的信用,流通性和安全性要高于普通仓单。由于期货交易所能够保证标准仓单的提货权利,因此银行将其作为质物开展业务时,通常不需要对交割仓库和交易所核定额度。

标准仓单质押融资的业务流程如图 6-8 所示。

第六章

国际供应链金融管理

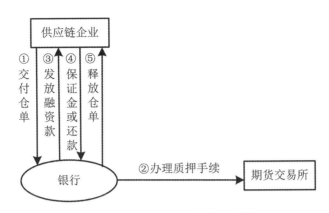

图 6-8 标准仓单质押融资的业务流程

① 供应链企业向银行交付标准仓单,并将仓单作为质物。
② 银行与期货交易所协商,并办理质押手续。
③ 银行向供应链企业进行授信,发放融资款。
④ 供应链企业向银行存入赎货保证金或归还融资款。
⑤ 银行将质押的仓单交回供应链企业。

标准仓单质押融资具有以下优势:
(1)供应链企业实施标准仓单质押融资的手续较为简便,成本相对低廉。
(2)银行实施标准仓单质押融资的成本和风险都相对较低。
(3)标准仓单的流动性强,即使供应链企业出现违约,银行处理也相对便利。

三、应收账款类融资

(一)应收账款类融资的内涵

应收账款是指企业因销售商品、提供劳务等业务,应向购货或接受劳务单位收取的款项,是企业因销售商品、提供劳务等经营活动所形成的债权,主要包括企业出售产品、商品、材料、提供劳务等应向有关债务人收取的价款及代购货方垫付的运杂费等。应收账款类融资是指供应链上游企业以其从下游企业(一般为核心企业)取得的应收账款或权利作为主要担保方式,从银行获得融资的一种供应链金融。

应收账款类融资适用于以赊销为主要经营方式,且供应链下游企业信用状况较好的情形。应收账款类融资属于供应链上游企业以自身资产支持的一种融资产品,它以供应链上游企业应收账款作为还款来源,关注应收账款的质量和资金流控制,对供应链上游企业的信用状况和授信担保条件要求不高。实施应收账款类融资能帮助供应链上游企业提前回笼销售资金、降低销售财务风险、提高资金运用能力、改善企业财务报表结构。

应收账款类融资的主要形式有应收账款质押融资和保理。

(二)应收账款质押融资

1. 应收账款质押融资的概念

应收账款质押融资是指企业用其应收账款作为质押,向银行或者其他企业申请贷款或其他融资形式,以解决临时性的资金短缺,满足企业生产经营的需要。应收账款质押融资从根本上来说,是一种以应收账款作为抵押品的综合融资业务,包括各种类型贷款、商业承兑、担保、信用证等信贷业务。在法律上,应收账款是一种债权,应收账款质押是一种权利质押。

一般而言,绝大多数正常经营的企业都会有一定的应收账款,所以应收账款质押融资具有普遍的适用性。对具有下列特征的企业而言,应收账款质押融资更能为企业融资带来机会。

(1)有相对稳定的付款群体。
(2)以信誉良好的大集团公司为交易对象。
(3)本身正处于高速增长时期,不动产相对匮乏。
(4)所处行业波动性高、季节性强。
(5)新办的生产型或贸易型中小企业。

2. 应收账款质押融资的基本流程

应收账款质押融资就是出质人把应收账款作为质押向质权人申请授信,出质人与质权人签订借款合同以及质押合同后,质权人向出质人提供融资。业务流程如图6-9所示。

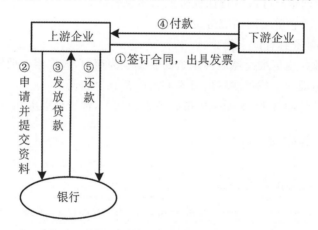

图 6-9　应收账款质押融资的业务流程

① 上游企业和下游企业签订销售合同并出具发票,形成应收账款。
② 上游企业向银行递交质押申请,并提供销售合同、发售货单等各项资料。
③ 银行审核通过并向上游企业发放贷款。
④ 下游企业将应收账款偿还给上游企业。
⑤ 上游企业向银行还款。

3. 应收账款质押融资的优势

应收账款质押融资对企业的信用要求相对较低,大多关注于应收账款的质量。对于一些规模较小、财务管理制度不够完善的企业来说,应收账款质押融资的优势明显。

(1)可以提高企业资金流动率和扩大企业贸易。应收账款质押融资使得企业将相对较不活跃的应收账款转为流动资金,提高企业的盈利能力和偿债能力;此外,质押取得的资金可以用于投入再生产,扩大企业的规模,改善企业的财务状况。

(2)可降低企业机会成本和融资成本。应收账款是企业进行商业竞争的普遍方式,可看作为客户提供了一定量的无息贷款,但从机会成本看来,则失去了投资其他业务或存入银行所获得的相应利息收入,而通过质押融资的方式企业从银行取得这笔资金,则减少了机会成本。

(三)保理

1. 保理的概念

保理是基于上游企业向下游企业销售货物(提供劳务)所产生的应收账款,上游企业将现在的或将来的应收账款转让给保理商(一般指银行或其附属机构,有时也有独立的保理商),保理商通过收购供应链上游企业的应收账款,向上游企业提供的贸易融资、销售分户账管理、账款催收、信用风险控制与坏账担保等一揽子综合性服务。

按照不同的分类标准,保理具有多种分类形式。

(1)按照是否通知下游企业有关上游企业应收账款的转让事宜,保理可分为明保理和暗保理。

对于明保理,应收债权转让一经发生,上游企业立即以书面形式将债权转让的事实通知下游企业,指示下游企业将应付款项直接给付保理商,或由保理商委托上游企业作为收账代理人继续向下游企业收款,下游企业将有关款项付至上游企业在保理商处开立的账户,并由保理商直接扣收。

对于暗保理,应收债权转让一经发生,上游企业在转让之时并不立即通知下游企业,保理商仅委托上游企业作为收账代理人继续向下游企业收款,下游企业将有关款项付至上游企业在保理商处开立的账户后,由保理商直接扣收。

(2)按照是否保留对上游企业的追索权,保理可分为有追索权保理和无追索权保理。

对于有追索权保理,根据上游企业的申请,保理商受让其与下游企业因交易产生的债权,下游企业不论何种原因到期不付款时,保理商有权向上游企业追索,或按照保理合同的约定,上游企业有义务按照约定金额向保理商回购应收债权,应收债权的坏账风险由转让应收债权的上游企业承担。

对于无追索权保理,上游企业将其应收债权转让给保理商,在其所转让的应收债权因下游企业信用问题到期无法收回时,保理商不能向上游企业进行索赔,所转让的应收债权的坏账风险完全由保理商承担。

(3)按照是否发生在同一国境内,保理可分为国内保理和国际保理。

对于国内保理,上游企业将在国内销售商品或提供劳务所形成的应收债权转让给保理商,由保理商为其提供融资、信用风险控制、销售分账户管理和应收账款催收及坏账担保等各项相关金融服务。

对于国际保理,保理交易当事人及保理交易行为已超出同一国家的范围,保理财产涉及国与国之间的转移。国际保理可以进一步分为进口保理与出口保理。进口保理是指保理商与下游企业位于同一国家,为国外上游企业的应收账款提供保理,应收账款由下游企业的进口而产生。出口保理是指保理商与上游企业位于同一国家,为上游企业因出口而产生的应收账款提供保理。

(4)按照额度是否可循环使用,保理可分为循环保理和非循环保理。

对于循环保理,上游企业将下游企业在一定期限内的特定应收债权转让给保理商,保理商在下游企业或上游企业的最高综合授信额度内,为上游企业在核定的有效期内循环提供应收债权融资。

对于非循环保理,上游企业将下游企业在一定期限内的特定应收债权转让给保理商后,对已发生的特定的一笔或若干笔商务合同项下的应收债权而设立的融资额度使用完毕后,保理商不再循环提供。

2. 明保理

明保理的最大特征体现为,当供应链的上游企业将应收债权向保理商转让时,会立即以书面的形式将债权转让的事实通知下游企业。其业务流程如图6-10所示。

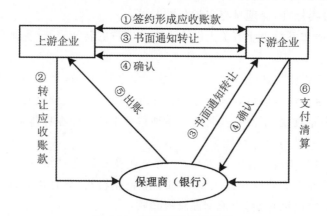

图6-10 明保理的业务流程

① 供应链上下游企业达成购销合同,上游企业以赊销的方式销售,并取得应收账款。

② 上游企业因资金周转,需要将应收账款变现,通过与保理商协商,将应收账款转让给保理商。

③ 上游企业与保理商以书面通知的形式,将应收账款的转让情况告知下游企业。

④ 下游企业确认收到书面通知,并向上游企业和保理商反馈。

⑤ 保理商向上游企业提供融资。

⑥ 应收账款到期日前,下游企业向上游企业指定的账户支付,保理商扣除融资额后,将剩余的款项存入上游企业账户。

明保理具有以下优势:

(1)上游企业通过转让应收账款就可以从保理商处提前获得销售回款,从而加速资金的周转,避免资金被应收账款占用。

(2)有助于下游企业从上游企业获得赊销的优惠条件,从而扩大营业额。

(3)有助于保理商开拓新的信贷市场,丰富融资产品,提高综合服务能力,也有助于保理商取得保理业务的中间费用。

3. 暗保理

暗保理的流程类似于明保理,不同之处在于,上游企业向保理商转让应收债权时,不会将债权转让的事实通知下游企业。其业务流程如图6-11所示。

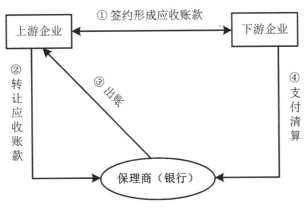

图 6-11 暗保理的业务流程

① 供应链上下游企业达成购销合同,上游企业以赊销的方式销售,并取得应收账款。

② 上游企业因资金周转,需要将应收账款变现,通过与保理商协商,将应收账款转让给保理商。

③ 保理商向上游企业提供融资。

④ 应收账款到期日前,下游企业向上游企业指定的账户支付,保理商扣除融资额后,将剩余的款项存入上游企业账户。

暗保理具有以下优势:

(1)除了具有明保理的优势之外,手续比明保理更简便。

(2)可用于下游企业比较强势,不愿意配合保理商和上游企业的情形。

(3)可用于上游企业有意隐瞒自己资金状况的情形。

第三节 进出口业务中的供应链金融

一、信用证项下的融资方式

信用证是银行有条件的保证付款的证书,是国际贸易活动中常见的结算工具。其产生的原因是,在国际贸易活动中,买卖双方可能互不信任,买方担心预付款后,卖方不按合同要求发货,而卖方担心在发货或提交货运单据后买方不付款。因此,需要银行作为买卖双方的保证人,代为收款交单,以银行信用代替商业信用,银行在这一活动中所使用的工具就是信用证。在信用证的使用过程中,商业银行基于信用证开发了丰富多样的资金融通方式,以减少进出口企业的资金占用。信用证在国际支付过程中运转的流程如图 6-12 所示。

融资难是制约中小进出口企业发展的一大瓶颈,利用各类信用证融资方式,进出口企业可以融通资金,加快流转,节省资金成本。

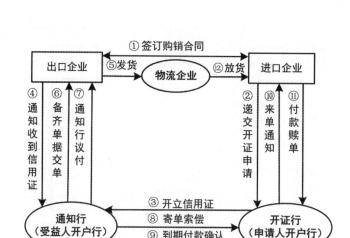

图 6-12 信用证项下进出口贸易的基本流程

(一)进口商融资方式

1. 开具信用证

此融资方式发生在图 6-12 的环节②。进口商到所在地银行进行开证(需提供环节①的合同和相关申请书),由进口银行开出信用证,此时一般要求企业缴纳相当于信用证合同金额的 20%～30%作为保证金(信用证总额不能超过该企业在该行的授信额度),直至进口银行收到信用证对应的货物单据之后,才通知进口商付款赎单,进口开证流程完成。

此过程中,信用证起到天然的资金融通的作用,主要体现在企业只需要相当于信用证合同金额的 20%～30%作为保证金(不同银行,额度不同),即可避免在环节②～⑩期间相当于合同金额 70%～80%的资金占用,这无疑给企业的资金周转带来较大的空间。

2. 进口押汇

此融资方式发生在图 6-12 的环节⑪～⑫。进口押汇是指,进口商的开证行收到出口方提交的信用证项下单据并审核无误后,开证申请人(即进口商)出现资金困难而无力按时对外付款时,由开证银行先行代其付款,使进口商取得短期的资金融通。进口商办理了进口押汇后,信用证项下的货物所有权即归银行所有,货物到港后转换为存货质押融资,进口商在规定期限内用销售收入归还全部银行垫款。可见进口押汇既是信用证融资的发展和衍生,又是存货质押融资的发展和衍生。进口押汇是短期融资,期限一般不超过 90 天。

进口押汇融资的优势:

(1)下游企业可以利用少量的保证金扩大进口规模,取得商业折扣。

(2)银行(开证行)扩大业务开发的范围,而且由于控制了货权,对应的风险并未显著放大。

(3)适用于进口大宗商品的企业,以及需要扩大财务杠杆,降低担保成本的供应链下游企业。

3. 提货担保

若货物已到港,但图 6-12 环节⑧还未完成时,可用此融资方式。当正本货运单据未收到而货物已到达进口商所在地时,信用证开证申请人(即进口商)可向银行申请开立提货保函,交给承运单位先予提货,待取得正本单据后,再以正本单据换回原提货担保函。

提货担保就是在货物到港以后能立马提货,而不是货物到港以后,还要等收到出口商发出的货物单据再去提货,从而避免压仓、减少仓储成本,防止不必要的经济损失。

(二)出口商融资方式

1. 信用证打包贷款

此融资方式发生在图6-12的环节④～⑤。信用证打包贷款,是出口商在收到进口商开出的信用证以后,凭信用证向银行贷款的业务。主要的功能是解决出口商在收到信用证后一直到备好货装船的过程中出现的资金缺口,使出口企业在资金不足的情况下,仍可以顺利地开展信用证项下的采购、生产等经营活动(信用证打包贷款具有专款专用的特点,即贷款必须用于信用证项下的采购、生产等活动,通常贷款金额不超过打包的信用证金额的80%)。

信用证打包贷款可以扩大出口企业的贸易机会,在自身资金紧缺而又无法争取到预付货款的支付条件时,帮助出口企业顺利开展业务、把握贸易机会。同时,减少了企业的资金占压,使出口企业在生产、采购等备货阶段都不必占用过多的自有资金,缓解流动资金压力。

2. 出口押汇

此融资方式发生在图6-12的环节⑤～⑦。出口押汇指的是出口商在备好货装船之后,出口商将货物到港后向进口商收款的权利交给银行,向银行换取货物在出口地装船之后立刻兑现的权利。通俗来说,就是用未来的现金,换取现在的现金,更快地收到货款。押汇一般有180天或者更长的时间期限。

出口押汇对于出口企业具有多种节省财务成本的功能:① 加快了资金周转,应收账款提前转化成现金,而且不占用银行授信额度,可以腾出流动资金的贷款规模,缓解资金供求矛盾。② 由于办理出口押汇后从银行取得的外汇款项可以办理结汇手续,可以避免或降低未来汇率变动所带来的损失。③ 在外汇贷款利率较低的时期,押汇取得资金所付的利息,有可能小于同期贷款利率下同等数额借款所应支付的利息,这就降低了财务费用支出。出口押汇所需要的银行利息较低,手续较简单,因此出口押汇可作为许多出口企业加速周转、规避汇率风险的财务工具。

3. 福费廷

此融资方式发生在图6-12的环节⑤～⑦。福费廷是一种出口商把经进口商承兑的、按不同定期利息计息的、通常由进口商所在地银行开具的远期信用证,无追索权地售予出口商所在地银行的一种资金融通方式。简单来说,就是出口商把应收账款卖给银行,先拿回现金,并且不欠银行钱。其与出口押汇的不同点在于,出口押汇属于贷款,因此出口商仍拥有应收账款所有权,同时也负有还款给银行的责任,而在福费廷情况下银行买断了应收账款,因此对出口商没有追索权。

福费廷对于出口企业的意义与出口押汇基本相同,可以加速资金回笼,同时避免或减小汇率变动的风险。同时,福费廷与出口押汇相比有两点优势:① 可以起到改善财务报表的作用,这是因为福费廷融到的资金在表上体现为应收账款减少与银行存款增加,而不同于押汇的短期借款增加。② 采用福费廷业务后，卖方可立即获得核销单，可加快办理退税流程。但在福费廷业务中，由于银行承担的风险较大，因此银行对办理该业务的出口企业有很严格的资质审核。

汇付和托收是信用证之外的两种主要的国际结算方式，同样可以办理进出口押汇业务，分别为进口代收押汇、进口 T/T 押汇、出口托收押汇和出口 T/T 押汇，在此不详述。

二、保理融资

保理是应收账款类融资的最基本形式，在进出口业务中应用广泛，最常见的是双保理和出口信用险融资。

（一）双保理

双保理是指由供应链上游企业指定的保理商，与供应链下游企业指定的保理商，共同完成上游企业应收账款的收购与受让，由双方的保理商共同提供贸易融资、销售分户账管理、账款催收、信用风险控制与坏账担保等一揽子综合性服务。

一般情况下，国际保理倾向于采用双保理机制，分别由进出口双方企业所在国/地区的进出口保理商共同提供保理业务。双保理分为出口保理业务与进口保理业务，其中出口保理业务属于应收账款类融资范畴。

双保理业务是指出口企业将与进口企业签订销售合同所产生的应收账款转让给其指定的保理商，再由指定的保理商转让给国外进口企业指定的保理商。其中，出口企业指定的保理商为出口企业提供贸易融资、销售分账户管理服务，进口企业指定的保理商为出口企业提供应收账款催收及信用风险控制与坏账担保服务。双保理业务的还款来源为进口商的付款。其业务流程如图 6-13 所示。

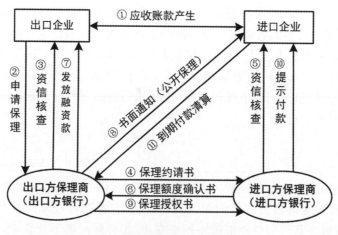

图 6-13 双保理的业务流程

① 出口企业对进口企业销售，产生应收账款。
② 出口企业因资金周转需要，申请将应收账款转让给出口方保理商进行融资。
③ 出口方保理商对出口企业资信状况进行审查。

④ 出口方保理商向进口方保理商发出约请书,请求进口方保理商评估进口企业资信状况。
⑤ 进口方保理商对进口企业资信状况进行审查。
⑥ 进口方保理商根据对进口企业的评估,向出口方保理商发出保理额度确认书。
⑦ 出口方保理商向出口企业发放融资款。
⑧ 出口方保理商向进口企业发出书面通知,告知应收账款转让情况。
⑨ 出口方保理商向进口方保理商发出保理授权书,授权进口方保理商催收、控制并担保进口企业付款。
⑩ 进口方保理商提示进口企业付款。
⑪ 应收账款到期日,进口企业向出口企业指定的账户支付,出口方保理商扣除融资额后,将剩余的款项存入出口企业账户。

(二)出口信用险融资

出口信用险融资是指出口企业将已投保的信用险赔款权益转让给保理商后,保理商向出口企业提供资金融通,当保险责任范围内的损失发生时,保险公司按照规定向出口企业理赔,并将理赔款直接支付给保理商。其业务流程如图 6-14 所示。

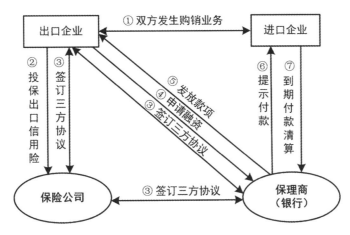

图 6-14 出口信用险融资的业务流程

① 进出口双方发生购销业务。
② 出口企业向保险公司投保出口信用险。
③ 出口企业因资金周转需要,申请将出口信用险转让给保理商进行融资,出口企业、保险公司与保理商三方面签订《权益转让协议》。
④ 出口企业向保理商申请融资。
⑤ 保理商根据三方协议以及对出口企业的审核,向出口企业发放融资款项。
⑥ 保理商提示进口企业付款。
⑦ 应收账款到期日,进口企业向出口企业指定的账户支付,用于归还出口企业的融资款,保理商扣除融资额后,将剩余的款项存入出口企业账户。

出口信用险融资的优势:
(1)零抵押、零担保,有助于解决出口企业融资难问题。

（2）保理商和保险公司各司其职，分散了出口的风险。

（3）适用于向高风险地区出口时，购买了出口信用险的出口企业，或不了解进口商情况时，购买了出口信用险的出口企业。

三、外贸海陆仓模式

"海陆仓"质押融资贷款业务模式是建立在真实的进出口贸易背景上，由传统的"仓单质押"融资模式发展成综合"提单质押""在途货物质押""仓单质押"为一体的全程供应链融资模式，该模式贯穿企业采购、生产及进出口贸易等过程，横跨商品流通的时间和空间，可以更大限度地满足供应链中各环节企业的融资需求。在实际运作过程中，物流监管商接受银行委托，采用多式联运、点线结合的方式，负责质物在境内外在途、异地实施监管服务，监管范围可以覆盖生产地到消费地，以及中间的海运和陆运全过程。根据业务发生的范围，海陆仓可以分为外贸海陆仓和内贸海陆仓，其中外贸海陆仓又可以分为进口海陆仓和出口海陆仓两种类型。

（一）进口海陆仓

进口海陆仓是指物流公司将海上在途的货物质押与目的地仓库的货物质押相连接，为进口商提供的一种货物质押融资模式，包含"海—陆"质押流程。

1. 信用证下进口海陆仓模式

信用证下进口海陆仓的操作流程如图 6-15 所示。

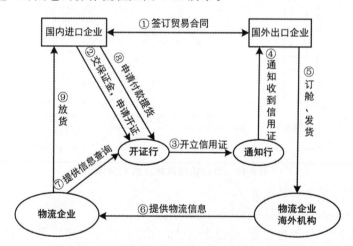

图 6-15 信用证下进口海陆仓的业务流程

① 进口企业与出口企业签订贸易合同，同意采用信用证结算方式。
② 国内进口企业向银行缴纳一定数量保证金，申请开出信用证。
③ 开证行开出信用证。
④ 通知行通知国外出口企业收到信用证。
⑤ 国外出口企业按照信用证要求订舱、发货。
⑥ 物流企业海外机构向物流公司提供装运信息和船舶动态。
⑦ 物流企业随时接受银行关于货物相关信息的查询。

⑧ 国内进口企业申请付款提货。
⑨ 办理报关报检等手续,向进口企业放货(到港后可转为现货质押模式)。

2. 非信用证下进口海陆仓模式

非信用证下进口海陆仓的操作流程如图 6-16 所示。

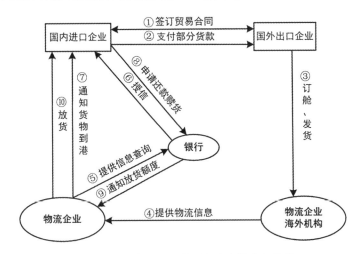

图 6-16 非信用证下进口海陆仓的业务流程

① 进出口企业双方签订贸易合同。
② 国内进口企业向国外出口企业支付一定数量货款,启动第一轮贸易。
③ 国外出口企业向物流公司海外机构订舱、发货。
④ 物流企业海外机构将货物信息和船舶动态发送给物流公司。
⑤ 物流企业开始向银行提供实时动态信息,全程监管。
⑥ 银行得到物流公司控货具体信息后,依据信贷政策向进口企业作出授信。
⑦ 物流企业通知国内进口企业货物到港。
⑧ 国内进口企业申请还款赎货。
⑨ 银行通知物流企业放货额度。
⑩ 物流企业办理报关等手续,对进口企业放货。

(二)出口海陆仓

出口海陆仓是指物流企业将其在发货地仓库的货物质押、海上在途的货物质押以及目的地仓库的货物质押连接起来,为出口企业提供的一种全程货物质押融资模式,包含"陆—海—陆"质押流程。出口海陆仓的操作流程如图 6-17 所示。

① 进出口企业双方签订贸易合同,约定付款方式等内容。
② 银行、融资企业签订融资授信协议。
③ 银行、物流企业、融资企业签订出口货物质押监管协议,确定各方权利、义务。
④ 国内出口企业与物流企业签订委托协议后开始向指定堆场发货。
⑤ 物流企业开始监管并向银行开具仓单。
⑥ 银行向出口企业发放一定额度的贷款。
⑦ 物流企业全程监管海运。

国际供应链管理

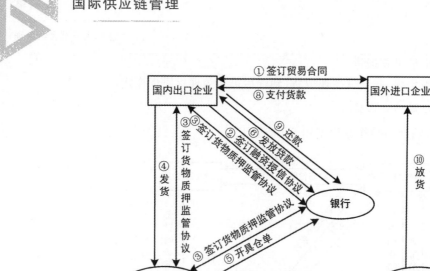

图 6-17 出口海陆仓的业务流程

⑧ 国外进口企业向国内出口企业支付货款。
⑨ 国内出口企业向银行还款。
⑩ 物流企业海外机构开始向国外进口企业放货。

海陆仓业务模式非常适合解决海运远距离运输的物流融资,也是在目前已有的供应链金融产品中,非常适合国际货运企业拓展的业务模式,尤其适合拥有成熟的海外分公司、代表处、代理等相关海外机构的国际货运企业进一步延伸价值链。

第四节 跨境电商供应链金融

一、跨境电商仓单融资

跨境电商仓单融资旨在实现境内借款企业(跨境电商平台及入驻企业)将货物存放至商业银行指定物流企业的仓库,并以物流企业出具的电子仓单为融资担保向商业银行申请融资授信的功能。其以"存货类"供应链金融模式为蓝本,结合在线融资、跨境电商等新特点、新元素演变而来,有利于盘活跨境电商活动中的存货资产,加快借款企业资金周转效率,可细分为"进口-保税区型"和"出口-海外仓型"两类。

(一)"进口-保税区型"融资

跨境电商仓单融资(进口-保税区型)模式是一种专门为境内进口型企业设计的融资模式,旨在盘活进口企业在保税区的库存商品,具有操作灵活、不影响商品销售等特点。具体操作流程如图 6-18 所示。

① 境内借款企业向海外供应商提出采购请求,并支付货款。
② 海外供应商发货,货物经跨境运输至境内保税区,进入指定物流企业仓库进行监管。
③ 物流企业根据货物种类、数量等,生成电子仓单,并传递给借款企业。

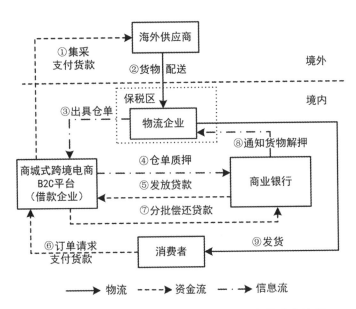

图 6-18 跨境电商仓单融资(进口-保税区型)的业务流程

④ 借款企业将电子仓单质押给商业银行。
⑤ 商业银行对借款企业发放贷款。
⑥ 境内消费者向借款企业提出订单请求,并支付货款。
⑦ 借款企业取得销售资金后,将贷款分批偿还给商业银行。
⑧ 商业银行向物流企业传达货物解押指令。
⑨ 物流企业分批解押货物,并送达境内消费者。

其中,借款企业一般为商城式(自营式)跨境电商 B2C 平台,也可为开放式(平台式)跨境电商 B2C 或 B2B 平台中的入驻企业;物流企业可经商业银行批量授信或独立开展此类业务;环节⑥~⑨一般为循环操作,直至借款企业偿还全部贷款、质押货物全部解押为止。

(二)"出口-海外仓型"融资

跨境电商仓单融资(出口-海外仓型)模式是一种专门为境内出口型企业设计的融资模式,旨在盘活出口商在海外仓的库存商品。具体操作流程如图 6-19 所示。
① 境内借款企业通过跨境物流将货物运至物流企业运营的海外仓,由物流企业监管。
② 物流企业根据货物种类、数量等,生成电子仓单,并传递给借款企业。
③ 借款企业将电子仓单质押给商业银行。
④ 商业银行对借款企业发放贷款。
⑤ 境外消费者/进口商通过第三方跨境电商 B2C/B2B 平台向借款企业提出订单请求,并支付货款。
⑥ 借款企业收到货款后分批偿还商业银行贷款。
⑦ 商业银行向物流企业传达货物解押指令。
⑧ 物流企业从海外仓解押货物,并送达境外消费者/进口商。

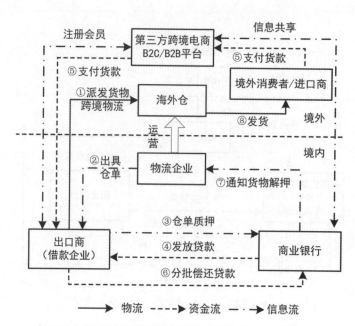

图 6-19　跨境电商仓单融资(出口-海外仓型)的业务流程

其中,借款企业一般为入驻第三方跨境电商 B2C/B2B 平台的境内出口商,也可为出口商自营的跨境电商 B2C 平台;第三方跨境电商平台可与商业银行合作,为其提供授信数据支持;海外仓一般由物流企业投资运营,也可由有实力的出口商、跨境电商平台等建立;环节⑤~⑧一般为循环操作,直至借款企业偿还全部贷款、质押货物全部解押为止;环节⑤可为"第三方支付"模式,此时收到海外订单信息后,出口商需先行垫付资金启动"还款—解押"操作。

二、跨境电商订单融资

跨境电商订单融资旨在实现境内借款企业(跨境电商平台入驻企业为主)凭借与境外核心企业签订的、由跨境电商平台认证的电子订单向商业银行申请融资授信的功能。其以"预付账款类"供应链金融模式为蓝本,结合在线融资、跨境电商等新特点、新元素演变而来,解决跨境电商进出口供应链中采购、生产等流动性资金短缺难题,可细分为进口-采购型和出口-生产型两类。

(一)进口-采购型融资

跨境电商订单融资(进口-采购型)模式专为境内跨境电商进口商设计,解决其采购资金短缺问题,实现"贷款买货"。具体操作流程如图 6-20 所示。

① 境内外买卖双方通过跨境电商 B2B 平台生成电子订单。
② 双方在电子订单上签章,电子订单经跨境电商平台传递给商业银行。
③ 境内买方向商业银行缴纳保证金。
④ 境外卖方发货至指定物流企业运营的海外仓。
⑤ 物流企业通知商业银行货物入库。

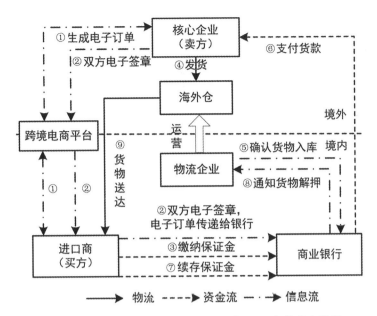

图 6-20 跨境电商订单融资(进口-采购 B2B 型)的业务流程

⑥ 商业银行向境外卖方支付货款。
⑦ 境内买方向商业银行续存保证金还贷。
⑧ 商业银行通知物流企业解押货物。
⑨ 物流企业将解押货物运送至买方。

其中,特殊情形下,跨境电商平台、物流企业等亦可代替商业银行,充当金融服务提供商角色;环节⑦～⑨一般为循环操作,直至借款企业偿还全部贷款、质押货物全部解押为止;借款企业可为入驻第三方跨境电商 B2B 平台的国内进口商,也可为境内商城式/自营式跨境电商 B2C 平台企业,因此跨境电商订单融资(进口-采购型)模式可进一步细分为进口-采购 B2B 型(见图 6-20)、进口-采购 B2B2C 型(见图 6-21);商业银行可与境外卖方签订回购协议,在境内买方违约时由境外卖方回购海外仓剩余监管货物。

(二)出口-生产型融资

跨境电商订单融资(出口-生产型)模式专为境内跨境电商出口商设计,解决其生产资金短缺问题,实现"贷款生产"。具体操作流程如图 6-22 所示。

① 境内外买卖双方通过跨境电商 B2B 平台生成电子订单。
② 双方在电子订单上签章,电子订单经跨境电商平台传递给商业银行。
③ 商业银行向境内卖方发放贷款。
④ 境内卖方安排生产,准时交付指定物流企业,并运至海外仓监管。
⑤ 物流企业通知境外买方货物入库。
⑥ 境外买方将货款打入境内卖方账户。
⑦ 商业银行从卖方账户扣收贷款本息。
⑧ 商业银行向物流企业发送货物解押指令。
⑨ 物流企业将解押货物由海外仓发货至境外买方。

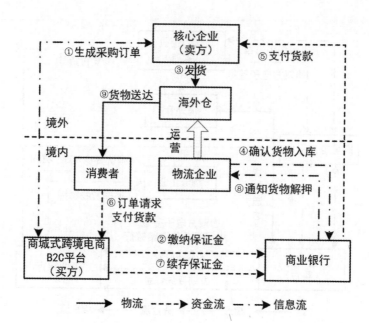

图 6-21 跨境电商订单融资(进口-采购 B2B2C 型)的业务流程

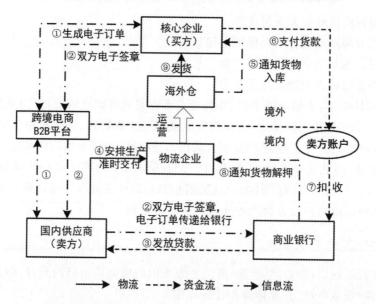

图 6-22 跨境电商订单融资(出口-生产型)的业务流程

其中,特殊情形下,跨境电商平台、物流企业等亦可代替商业银行,充当金融服务提供商角色;海外仓也可由跨境电商 B2B 平台建立并运营。

三、跨境电商保理融资

跨境电商保理融资旨在实现境内借款企业(出口商,卖方)将由跨境电商活动产生的应收账款转让给商业银行,从而获得融资授信的功能。其由"应收账款类"供应链金融模式演变而来,旨在实现借款企业应收账款的提前变现,加速跨境电商出口商的资金周转。具体操作流程如图 6-23 所示。

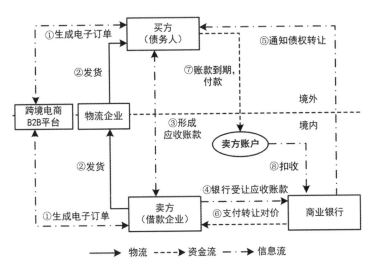

图 6-23　跨境电商保理融资的业务流程

① 境内外买卖双方通过跨境电商 B2B 平台生成电子订单。

② 境内卖方通过物流企业将货物运至境外买方。

③ 双方形成应收账款。

④ 境内卖方持发票、销售合同、货运单据等向商业银行提出融资请求,获批后商业银行受让借款企业的应收账款。

⑤ 商业银行通知境外债务人债权已发生转让。

⑥ 商业银行向境内卖方支付转让对价。

⑦ 应收账款到期后,境外买方将款项汇入卖方银行账户。

⑧ 商业银行从卖方账户直接扣收货款。

其中,同时具有境内外保理业务牌照的跨境电商平台或物流企业可代替银行,充当保理服务提供商的角色;实际操作中,根据是否通知境外买方发生债权转让,可开发"明保理""暗保理"产品,根据境内卖方是否承担回购责任,可开发"卖断型""回购型"产品等;缺乏境外分支机构或境外贷款业务经验的商业银行,可与境外银行合作开展此类业务。

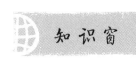

国际供应链金融三种典型的组织模式

从组织的角度来看,国际供应链金融主要有三种典型模式。

(1)物流企业主导模式。物流企业在精确控制抵押物的基础上作为出资人提供融资服务,同时获得物流服务收入与金融服务收益。主要特点包括:① 物流企业设计融资方案并提供资金;② 物流企业是方案实施过程中融资抵押物的实际掌控者;③ 物流企业是信息渠道建立者和信息掌握方。

(2)企业集团合作模式。一方为促进销量而为对手集团提供融资租赁等融资服务,以增加订单收入与金融服务收入。主要特点包括：① 多个企业集团协商合作设计融资方案并确定融资条件；② 企业集团共同掌控信息，协商融资抵押物的实际控制权；③ 企业综合管理运作能力强。

(3) 商业银行服务模式。商业银行以中小企业的真实贸易为抵押，以开发中小企业客户和拓展金融服务业务。主要特点包括：① 商业银行为主导设计服务方案的设计方并提供资金；② 商业银行负责建设信息平台；③ 商业银行与客户企业在问题协商中地位大致平等。

(知识来源：谢世清，何彬. 国际供应链金融三种典型模式分析[J]. 经济理论与经济管理，2013(4)：80-86.)

小　结

国际供应链金融是一种创新型的金融模式，能够为国际供应链体系提供及时便利的融资支持，促进各国之间的贸易往来，加深产业链企业间合作。本章主要阐述了供应链金融的基本内涵；介绍了供应链金融的业务模式，包括预付账款类融资、存货类融资和应收账款类融资；分析了供应链金融在进出口业务中的表现形式，如信用证项下的融资方式、保理融资和外贸海陆仓模式；介绍了几种主要的跨境电商供应链金融模式，包括跨境电商仓单融资、订单融资和保理融资。通过本章的学习，读者可以认识供应链金融的主要模式及其在进出口业务、跨境电商中的应用，加强对国际供应链金融的理解。

练习与思考

1. 试论供应链金融产生的原因及意义。
2. 请举例说明保兑仓及其业务流程。
3. 简述动态存货质押融资的基本流程。
4. 简述出口海陆仓的运作模式及优势。
5. 跨境电商供应链金融可能存在哪些风险？如何防范？

综合案例

数字资源6-1　华为供应链金融业务

第七章
国际供应链安全与风险管理

本章导读

当前,全球供应链布局与运营方式发生重大变化,自然灾害、政治不稳定等突发事件致使不确定性、不稳定性凸显。2022年,习近平总书记在党的二十大报告中提出,"构建新发展格局,推动高质量发展,要着力提升产业链供应链韧性和安全水平"。因此,如何防范国际供应链安全风险、稳定国际供应链,了解国际供应链安全以及防范,理解国际供应链风险的起因,积极对供应链风险进行防范和干预,对提升重构国际供应链具有举足轻重的作用。

学习目标

通过本章的学习,充分了解国际供应链安全的概念及重要性,熟悉国际供应链安全的实施路径,理解国际供应链风险构成及防范流程,进而防范国际供应链风险。

第一节 国际供应链安全的概述

一、国际供应链安全

全球供应链是一个复杂系统,具有动态性和不确定性特点。近年来,全球供应链面临新冠疫情、气候变化和地缘政治竞争带来的多重压力。受其影响,全球范围内大宗商品供应紧张,民生保障风险增加,国际分工格局和供应链逆全球化发展,区域化、同盟化特征凸显。全球供应链调整的影响因子,不仅仅是经济要素,更包括大国博弈、地缘政治、政治安全等诸多因素。把握全球供应链风险,有助于中国增强供应链韧性,应对逆全球化趋势不利影响,继续有条不紊推动产业升级。所谓国际供应链安全,是指在全球产业分工中,一国供应链在受到外部冲击后仍能保持生产、分配、流通、消费各个环节畅通,维持供应链前后端供给需求关联耦合、动态平衡的状态。供应链安全很大程度上与供应链韧性相关联。韧性(resilience)是指从意外冲击中得以恢复的能力,这需要通过更好的管理和先进的数字建模来提高。供应链韧性将通过相互依存的系统来减小风险,以抵御包括地缘政治冲突、网络攻击、能源中断、金融危机、自然灾害和流行病等广泛的外部冲击。

供应链最初是指组织内部职能的协调整合行为,比如采购、市场营销、分销等不同职能的整合。组织内供应链安全管理是指通过企业执行和控制的职能行为,防止供应链风险,保证或防御企业供应链的安全。实施一个良好供应链的安全管理计划,需要企业内部较大的努力。最早的供应链中实施安全管理的方法是把组织的所有职能行为完全一体化,从而实现高效物流计划。组织内的供应链安全管理行为包括防御型和响应性措施。

供应链从组织内部协调转换到组织之间的协调,这种协调包括物流、信息流、现金流;换句话说,即从原材料到最终消费者全过程(以外部为焦点)。这就是供应链组织之间的视角,这种观点认为,供应链是其所有参与者合作为消费者传递最终价值的过程。供应链组织之间行为的核心是组织之间的关系,也就是供应链伙伴关系。

二、国际供应链安全的重要性及参与方

(一)国际供应链安全的重要性

1. 国家长远发展的战略考虑

供应链在关键时刻不能掉链子,这是大国经济必须具备的重要特征。供应链关键环节的任何一点小故障都会影响国家安全、企业发展和社会稳定。在当今百年未有之大变局下,主要经济体纷纷出台政策措施加强对供应链的"国家干预",保障供应链安全成为关系国家长远发展的战略考虑。2020年10月,习近平总书记在《国家中长期经济社会发展战略若干重大问题》一文中指出,优化和稳定产业链供应链是国家中长期经济社会发展的重大问题。党的十九届六中全会通过的《中共中央关于党的百年奋斗重大成就和历史经验的决议》把保障产业链供应链安全作为党在经济建设上的重要内容和重大经验。必须持之以恒抓好抓实,着力打造自主可控、安全可靠的产业链、供应链,保障我国产业安全和国家安全。

2. 构建新发展格局的重要内容

供应链安全稳定是大国经济循环畅通的关键,是重塑国际合作和竞争新优势的战略选择,也是构建新发展格局、促进国内国际双循环相互促进的重要保障和内容。这是因为,供应链国际分工合作是现代经济的基本特征,也是经济全球化的必然结果。供应链上下游各环节环环相扣,前后端供给需求关系紧密、关联耦合,生产和供给是经济循环的起点,其稳定性如果出了问题,整个供应链就会受到影响,正常稳定的生产和供给就难以得到保障,经济循环也难以顺畅运转。在当今全球供应链竞争日趋激烈的背景下,必须立足强大国内市场,加快提升供应链现代化水平,提高我国产业核心竞争力,保障供应链稳定和安全,加快构建国内大循环为主体、国内国际双循环相互促进的新发展格局,推动实现更高质量、更有效率、更加公平、更可持续、更为安全的发展。

3. 稳定工业经济运行的关键举措

工业是国民经济的主体,工业稳则经济稳。受新冠疫情冲击、国内需求收缩预期不稳、国际运输网络梗阻等多重因素影响,我国工业经济运行压力明显增加,供应链安全稳定运行面临的卡点、堵点增多。供应链安全稳定发展既要避免中长期风险,又要防止短期风险。2020年4月,习近平总书记在陕西调研时提出"保产业链供应链稳定",并将其作为"六保"的重要内容,就是考虑到制造业生产网络环环相扣,少数关键零部件的缺失或将导致特定产业链的停摆。为此,要通过强化对重点产业链供应链运行的监测,建立完善产业链供应链苗头性问题预警机制,加强问题分析研判,积极应对突发情况,及时处置潜在风险,以助于工业经济平稳健康运行。

（二）国际供应链安全的参与方

国际供应链安全参与方由不同角色（交易模块、便利模块、运输模块、政府模块和资金模块）组成,见表7-1。

表 7-1 供应链安全参与方

角色	供应链安全参与方名称
交易模块	卖方（供货商、出口商）
	买方（收货方、进口商）
	第三方物流提供商
便利模块	货运代理
	无船承运人
	报关公司
	船务代理
运输模块	空箱堆场
	重箱堆场（海关监管场所）
	多式联运经营人（海铁联运、公铁联运、铁水联运等）
	卡车运输、卡车航班
	铁路承运人
	海运承运人
	空运承运人（航空公司、航空货代）
	陆路承运人
	港口码头经营者
	其他码头经营者（理货公司等）
政府模块	海关
	移民局（边境检查机构）
	进出口许可证件管理机构

续表

角色	供应链安全参与方名称
政府模块	农业、卫生、兽医管理部门（检验检疫部门）
	港口管理部门
	进出口统计部门
	其他部门（商会、协会、领事馆等）
资金模块	银行（通知行、议付行、开证行等）
	保险（货物运输保险、责任险）

三、国际供应链安全冲击因素

（一）市场因素

近年来，新冠疫情是全球供应链遭受冲击的起源，但当今的全球供应链问题是诸多因素共同影响形成的。一是疫情及其防范措施使消费者行为和偏好急剧变化，生产停滞或者产能利用率下降，由此带来生产端和消费端的信息预测不准确、生产地和消费地变化、消费品结构变化。如远距离出行需求下降使波音、空客近两年飞机的交付量比 2019 年交付量严重下滑；东南亚纺织品生产订单一度回流；北美对消费电子产品、居家健康产品需求从井喷到下降的剧烈波动。二是全球制造能力不断向东亚、东南亚迁移，造成生产端和消费端的距离变化，物流需求的提升。三是全球基础设施，特别是主要消费国的投入不足，如北美和欧洲的塞港、苏伊士运河堵塞。四是消费模式变化和产品替代，如电商贸易业态的迅速发展、新能源车对燃油车的挤出效应。以上四点都影响了供应链的计划、物流和制造。

（二）政府因素

不同于市场因素，国家贸易新政策和边境新法规则影响供应链的所有方面。

1. 国家经济制裁措施

近期如乌克兰危机，使航线和中欧班列部分线路中断；对俄罗斯的产品和软件在销售、使用和购买方面的限制；天然气、煤炭、石油交易对手和路径的变化，由此引发的能源产品和运输价格波动，并从上游产品逐级传递到下游产能利用和下游产品价格，如太阳能产品在欧洲的热销；禁止俄罗斯的美元、欧元交易，跨国企业无法从俄罗斯回款而停止或撤出对俄罗斯贸易。

2. 美元加息周期

部分国家开展外汇管制措施，影响跨国企业在本地运营的资金安排和销售回款，如印度、阿根廷、俄罗斯、斯里兰卡等。

3. 出口管制措施的加强和不当应用

如美国将众多中国公司加入所谓"实体清单"，使一些企业无法获得供应链上的重要原料、软件和技术，而必须付出更大代价替换供应商或者自行开发；中国作为芯片使用大国却无法进口先进光刻机。

四、国际供应链安全的实现途径

出于应对自然灾害和抵御地缘政治风险、强化关键战略产业供应安全等考虑，发达国家加快产业"回流"战略部署，加大本土投资扶持力度，提升本国产业链自主水平和供应链保障能力。发达国家维护产业链供应链安全稳定新动向将推动国际产业链供应链加速调整，并对我国产业链供应链安全稳定带来多重影响。新形势下，我国应未雨绸缪、积极应对，加快形成自主可控、安全高效的产业链供应链。

（一）重视供应链"断链"风险，强化动态监测预警

美国、日本等国家供应链政策主要关注关键产品和物料供应，提高重点领域供应链弹性和产业安全，可谓"供应保障战略"。在全球竞争激烈、保护主义抬头、贸易关系紧张、地缘政治复杂等背景下，我国重点领域核心零部件、关键原材料、关键技术"断链"风险上升，影响产业安全和国家安全的风险因素增多。为此，应聚焦增强产业链供应链自主可控能力，建立健全产业链供应链安全动态监测预警机制。一是以半导体、新能源、生物医药为重点，搭建细分行业产业链供应链智能决策支持平台，探索产业竞争力调查评价、技术经济安全评估等产业链供应链精准治理新路径。二是建立重要资源和产品全球供应链风险预警系统，建设区域性应急物资生产保障基地。三是健全产业损害预警体系。帮扶国内产业应对外部风险挑战，丰富贸易调整援助、贸易救济等政策工具，构建海外利益保护和风险预警防范体系。

（二）重视产业链"外迁"风险，强化关键环节根植

我国产业链供应链仍存在基础不牢、水平不高等问题，特别是部分跨国企业为分散大国博弈和疫情扩散导致的双重风险，将其重点领域产业链核心环节转出我国、回流本国，或降低核心环节在华生产比重，这将弱化我国产业链稳定性。为此，应坚持扩大对外开放与加强区域合作并举，增强产业链根植性和竞争力。一方面，要完善外商投资法制环境，缩减外商投资负面清单，巩固与欧美、日韩产业链供应链协作，引导外资企业留住高端制造和研发设计等关键环节。抓紧做好区域全面经济伙伴关系协定落地实施国内相关工作。另一方面，培育先进制造业集群与实施区域重大战略相结合，优化国内产业布局，激发产业内生发展新动能，增强国内产业体系的协调性、坚韧性和回旋空间。重点依托长三角、京津冀和粤港澳大湾区打造若干世界级先进制造业集群，集中资源在中西部地区和东北地区培育一批承接产业转移的核心增长极。

（三）重视高技术"掉链"风险，强化自主自立自强

目前，国际高技术产业链调整的主导权竞争更加白热化。核心技术之争是国际产业链调整主导权之争的关键，因而应以科技自立自强为导向，更多依靠自主发展突破"技术关"。一是强化国家战略科技力量。聚焦芯片、轴承、传感器、发动机、电子元器件、高性能材料、工业软件等"卡脖子"环节，鼓励创新技术路径和工艺模式，谋划布局未来技术应用场景，尽快

在市场需求迫切、供给风险突出的行业领域缩小与发达国家的技术差距。二是构建产业链供应链共生发展生态。培育壮大一批产业链供应链"链主"企业，打造具有全球竞争力的世界一流企业。推进大中小企业融通发展，提升产品和技术的国产化程度及核心竞争力，更大力度支持"卡脖子"产品示范应用，维持和扩大我国产业和企业竞争优势。

（四）重视创新链"脱钩"风险，强化多元开放合作

在大国战略博弈全面加剧背景下，部分发达国家"筑高墙"严防技术外溢，特别是美国以国家安全为由越来越多地限制我国高科技公司接触软硬件技术或阻碍我国高科技产品进入美国市场，持续施压推动中美科技"脱钩"，积极构建产业链创新链"美国阵营"，相对宽松稳定的国际科技经济合作模式难以延续。这将极大削弱中美以及我国与全球合作共赢的产业链创新链之牢固性，我国开放式迭代创新可能受到更大限制，战略性新兴产业领域与国际产业链创新链"脱钩"风险加大。为此，我国应主动应对全球产业链创新链重塑态势，坚持开放发展、竞争发展、安全发展的科技创新理念，以高水平、多层级开放深度融入全球科技创新网络。一方面，强化反制措施体系，完善并适时发布出口管制清单，增强对美西方国家的反制和平衡能力。另一方面，打好"感情牌"，维护拓展科技经贸合作"朋友圈"，加强与一切友好国家的产业链创新链合作。推进"一带一路"倡议与欧亚经济联盟对接合作，深化科技合作，推动沿线国家战略、规划、机制对接及产业链供应链创新链互补性合作。主动出击，深化半导体、动力电池、生物医药等领域世界各国产业链创新链合作，创造先进制造、绿色技术、数字技术等领域科技贸易合作新增长点。

（五）重视政策端"壁垒"风险，强化产业政策转型

适应高端回流、低端转移、技术封锁、规则排斥的新形势，以数字化、智能化、网络化、绿色化为特征的新技术新模式加速渗透新趋势，从跟踪模仿向加速追赶和引领创新转变的新要求，更好发挥政策在维护产业链供应链安全稳定、推进产业基础高级化和产业链现代化的重要作用。一是推动产业政策转型。由差异化、选择性产业政策加快转向普惠化、功能性产业政策，从偏重替代市场、限制竞争的产业政策，加快转向以竞争政策为基础、更好发挥创新作用和增进有效市场的产业政策。二是提高产业政策精准性和有效性。充分吸纳政策相关利益攸关方，形成"制定—实施—督察—评估—反馈—修订—退出"的全流程政策治理机制。完善政策实施机制和配套措施，推动有效市场和有为政府更好结合，把准政策作用方式，营造公平市场竞争环境，为产业政策实施提供制度保障。

第二节 国际供应链风险识别

一、国际供应链风险的起因

国际供应链是核心企业构建的一个跨企业、跨部门、跨文化的合作动态网络，不确定因素可能会使得供应链变得脆弱，带来国际供应链管理风险。

（一）自然风险

供应链的风险首先是由"天灾"造成的，即不可抗力的自然风险，如地震、火灾、台风和暴风雨等来自大自然的破坏。飞利浦公司的大火就是因为暴风雨中的雷电引起电压增高，突然升高的电压产生电火花引起了车间的大火。又如，在台风期间，港口城市常常遇到货轮因不能进港，物料不能上岸，而无法进行装配生产的麻烦。人类目前普遍面临着环境恶化的挑战，天灾爆发的频率也越来越高，作为一种不可抗力，它将成为供应链的致命杀手。

（二）政治、经济、社会风险

可以说，政治、经济、社会风险是"人祸"引起的，相对于天灾而言，人为因素更加复杂多变。其中包括：政治风险，如业务所在国家的政治局势动荡，诸如罢工、战争等原因对供应链造成的损害；经济风险，如汇率风险和利率风险，主要指从事国际物流必然要发生的资金流动，因而产生汇率风险和利率风险；技术风险，如多家供应商问题、技术的缺陷问题和信息传递方面的问题等；另外，还有其他不可预见的因素，如交通事故、海关堵塞、停水停电等都会制约供应链作用的发挥和正常运作。对于政治、经济方面的风险，最为重要的表现是产业政策的规定和经济的波动。例如，某一国家或地区在其产业政策转型时会对某些供应链或其环节造成影响，可能会出现某些原材料短缺或产品成本上升，甚至令某些环节受损使供应链中断。例如，汇率的波动会影响产品价格与利润；在某一特定地区、特定价格下的生产、仓储、配送和销售等相对成本的改变，会对利润产生很大的影响，甚至由利润丰厚变为全面亏损。

（三）独家供应商风险

选择独家供应商会对供应链的运作带来极大的风险隐患，可能一个环节出现问题，整个链条就会崩溃。企业常常为了实现降低成本的短期利益而忽视规避风险的长期利益，使供应链上出现独家供应商，在这种经营环境下，一旦该独家供应商出现问题，或是关系破裂而恶意中断供应，都会给整个供应链带来重大的损失。

（四）信息传递风险

供应链上的成员之间信息传递的不对称、不流畅和扭曲也会导致风险发生。当供应链规模日益扩大、结构日益繁杂时，供应链上发生信息错误的机会也随之增多。网络传输速度、服务器的稳定性、软件设计中的缺陷、越来越猖狂的病毒作祟，都会严重地干扰供应链的正常运行。例如，我国一家著名的通信制造企业因内部网络的中断，造成2个小时的瘫痪状态，使企业损失巨大。为了确保供应链上的信息传递的正确和可靠，企业必须采取一定的措施使它的信息系统规避这类风险。

国内外供应链管理的实践证明，能否加强对供应链运行中风险的认识和防范，是关系到供应链能否安全、正常运转的大问题。

二、国际供应链风险分类

(一)一般风险分类

供应链风险一般可以分为战略层面风险、战术层面风险和操作层面风险。

1. 战略层面

战略层面风险可以看作长期风险,供应链管理的最高层次是战略层,所以战略层面的风险是最高层风险,同时造成的损失也是最严重的,会对供应链整体产生危害,主要因为战略层面风险和企业的战略决策息息相关。为了提高供应链绩效,在供应链管理中经常会制定外包、建立战略合作伙伴关系等决策,这些决策给企业带来利益的同时,企业也不能忽略其带来的风险。例如外包能让企业集中核心竞争力,精简企业结构,但是对合作伙伴的依赖程度会增加,进而增加合作伙伴机会主义行为带来损失的可能性,甚至会使企业丧失核心竞争力;战略联盟伙伴关系的建立基于信息共享与集成,有可能增加信息外泄的可能性。

2. 战术层面

战术层面风险可以看作短期风险,战术层面的风险位于系统中间。一般情况下,战术层风险造成的损失没有战略层风险严重,战术层风险一般是在相对较短的时间段内出现,甚至会是在一个具体合同的实施期内,如企业间文化差异引起的风险。

3. 操作层面

操作层面风险是指在供应链运作过程中具体环节造成的风险,如运输、装卸、配送、搬运等。一般只与相关环节有关,属于局部风险,造成的损失也较小,及时采取应急措施,对于供应链的整体运作一般不会产生影响。

(二)Juttner等人的风险分类

供应链风险来自供应链中的不确定性,参考Juttner等人的分类架构,将供应链风险归纳为以下几类。

1. 内部供应链风险

这主要是指来源于供应链系统内部企业及其内部不确定的风险,如各环节企业之间潜在的互动博弈与合作引发的风险、信息传递风险、文化差异风险、利润分配风险和能力风险等。主要包括以下风险。

(1)组织风险。企业组织内部供应链的问题。这是从组织内部层面来探讨风险的来源,包括人力资源、质量管理、管理者决策以及新产品开发,涉及人员、设备以及技术,其中任一项出现错误,都可能会造成组织供应链的损失。

(2)库存风险。库存的存放地点、种类、数量以及补充方式,必须与整体供应链相结合。当预测失真、调度或存货系统出现问题,均可能造成损害。

(3)采购风险。采购的目的是必须以最适当的成本,在适当的时间、正确的地点,以最有效率的方式将产品或者服务顺利交给需求方。采购的每一阶段都隐含风险,比如采购成本过高,就可能导致竞争力降低而无法满足客户需求。

(4)配送风险。配送的主要目的在于让产品流动,要求在尽可能快速回应客户所需产品的同时符合生产进度。若发生运输设备故障或人为问题、缺货率严重,且无法迅速回应配送,或是沟通不畅,以至于配送信息发生错误,都可能影响配送风险及其成本。

(5)财务风险。财务风险是组织之间的现金流动,包括费用收入及支出,对整个供应链的投资、现金以及财产处置、账款出纳流程及系统。财务风险存在于整体供应链中,上、中、下游都有可能发生外在环境风险或是内部运营状况的问题。

2. 相关网络风险

相关网络风险主要包括伙伴关系风险和信息风险。

(1)伙伴关系风险。伙伴关系是一种组织间的临时性关系,当彼此同意改变个别的经营方式,相互整合、共享利益就形成了这种伙伴关系,这种关系建立于彼此间的信任上,一旦这种关系有所变化,将影响整条供应链。

(2)信息风险。在电子商务时代,从订单到交货,都是借助网络技术来交易。一旦信息库出现问题或是系统出错,将会严重影响供应链间的信息传递。

3. 外部供应链风险

供应链由外部因素所产生的风险,主要包括政治风险、自然风险以及市场风险。

(1)政治风险。政治风险并不只是狭隘的政治法律因素所造成的风险,还包括所有因为政治变动的因素而改变企业利润或目标带来的风险。从供应链角度出发,政治风险的含义是因政治变动因素使供应链传递出现障碍,如战争、变革、内乱、对自由贸易的限制、税制变动、外汇法令变动与管制所造成的风险。这类风险对企业而言很难避免与控制,只能依靠自身的调整适应改变。

(2)自然风险。来自自然灾害或者偶然性意外事件,如地震、火灾、水灾、疫情等灾害,这类风险虽然属于偶发性风险,但是一旦发生,所造成的损失往往难以估计,企业只能事前多做保险、防范措施,让损失降到最低。

(3)市场风险。指的是市场、产业以及新产品三者之间的不确定性所形成的供应链传递障碍,包括客户需求的不确定性以及新产品的风险。现今产品生命周期逐渐缩短,产品不断推陈出新,影响产品线,造成供应链的风险。

(三)Chopra 等人的风险分类

在相关文献中,对供应链风险及其来源描述比较全面的是 Chopra 和 Sodhi 对各种供应链风险进行的总结,其把风险的类型归结为中断、延期、信息、预测、知识产权、购买、应收账款、存货、产能等(见表7-2)。而各种不同的风险又有其独立的风险来源,其中大部分都包含在以上文献中。还有一些,如知识产权风险,其来源包括供应链的垂直整合以及外包等。

表 7-2　供应链风险及其引发因素

风险类型	风险因素
中断风险 (disruption risk)	自然灾害 劳动纠纷 供应商破产 战争与恐怖袭击事件 依赖唯一供应商源，同时后备供应商的生产能力和敏捷性差
延误风险 (delay risk)	供应商的生产利用率高 供应商敏捷性差 产品质量差或供应失败 过境或中转时处理环节过多
系统风险 (system risk)	信息基础设施崩溃 系统整合或系统网络过于庞杂 电子商务
预测风险 (forecast risk)	前置时间长、季节性因素、产品多样性、生命周期短、客户基础薄弱等造成预测不准确。 促销、激励、供应链缺乏可见性以及产品短缺使需求夸大、信息失真，导致"长鞭效应"和信息失真
知识产权风险 (intellectual property risk)	供应链垂直整合 全球外包和全球市场
采购风险 (procurement risk)	汇率波动 依赖单一供应源的主要部件以及原材料百分比 行业的生产利用率 长期合同与短期合同
应收账款风险 (receivable risk)	客户的数量 客户的财务实力
库存风险 (inventory risk)	产品报废率 产品库存持有成本 产品价值 需求与供应的不确定性
生产能力风险 (capacity risk)	生产力成本 生产力弹性

第三节 国际供应链风险管理流程

一、国际供应链风险管理的内涵

(一)供应链风险的定义

供应链系统是一个复杂的系统,其风险是很难界定的,不同学者从不同的角度来定义。国外学者对供应链风险的研究是从研究供应风险开始的,Metchell 认为,它是由各成员企业中的员工的教育层次、国别等因素的不同及供应市场的特征(如市场结构的稳定性、市场利率的变化等)影响供应上的不足而带来的风险。Zsidisinetal 将供应风险定义为"供应的不及时而导致货物和服务质量的降低"。Philip O'Keeffe 按照风险的一般方法,将供应链风险分为可控制和不可控制的风险。不可控制的风险,如恐怖主义活动、严重的劳工停工、自然灾害等;可控制的风险,如供应商资格、来源方的产品和服务等。但是,他没有给供应链风险下一个确切的定义,也没有具体分析其区别的依据。

国内对供应链风险的研究始于 20 世纪末 21 世纪初,有学者将供应链的风险分为关系风险和绩效风险。关系风险主要指供应链企业间缺乏必要的沟通造成相互信任的缺乏而产生的风险,绩效风险则指与合作情况无关的所有能够导致供应链整体失败或损失增加的危险。马士华将供应链风险分为内生风险和外生风险两大类,他认为内生风险产生于道德风险、信息扭曲和个体理性,而外生风险主要来源于政治、经济、法律和技术等方面。丁伟东认为供应链风险是种潜在的威胁,它会利用供应链系统的脆弱性,对供应链系统造成破坏,给上、下游企业及整个供应链带来损害和损失。总结以上看法,供应链风险基本含义如下。

(1)供应链风险的来源是各种不确定性因素的存在。

(2)由于供应链网络上的企业之间是相互依赖的,任何一个企业出现问题都有可能波及和影响其他企业,影响整个供应链的正常运作,甚至导致供应链的破裂和失败。

(二)供应链风险的特征

1. 动态性

供应链管理目标的实现是供应链的整合优化。实现供应链目标的过程受到内部和外部各种因素的影响,不同的成员企业和业务面临的风险因素不同。其中有些因素,随着环境和资源的变化及供应链管理目标的调整,可能会转化为供应链风险因素。供应链因外部客观环境或内部结构而产生风险,这些风险绝不会客观静止、无生命地僵化在原地,而会根据风险处理的正确与及时与否,供应链风险随之降低或升高。因此,供应链风险因素与供应链的运作相伴存在,具有动态性特征。正因为供应链风险的动态性,星星之火的小风险,有可能变成燎原之势的巨型风险。供应链风险变化的每一个阶段,几乎都具有因果连锁,所以不能忽视供应链风险的动态性。

2. 复杂性与多样性/层次性

供应链网络复杂性使供应链风险的来源具有复杂性的特征。一方面,供应链从构建起就面对许多风险,它不仅要面对单个成员企业所要面对的系统风险与非系统风险,还要面对由于供应链的特有组织结构而决定的企业之间的合作风险、技术与信息资源传递风险、文化冲突风险及利润分配风险等。因此供应链风险相比一般企业的风险,类型更多、范围更广,也更为复杂。另一方面,供应链的结构呈现层次化及网络化的特征,不同层次的供应链成员如核心企业、供应商、经销商、协作层企业对供应链运作影响程度不同,同样的风险对不同层次的供应链成员的影响程度也不同。

3. 传递性

传递性是供应链风险最显著的特征,这也是由供应链自身组织结构特征所决定的。供应链从产品开发、原材料采购、生产加工到仓储配送整个过程的所有环节,都是由多个供应链节点企业共同参与完成的。根据流程的顺序,各节点企业的工作形成了一个交错的混合网络结构,其中某一项工作既可能由一个企业完成,也可能由多个企业共同完成;某一个企业既可能参与一个环节,也可能参与多个环节。因此各节点环环相扣,彼此依赖和相互影响,任何一个节点出现问题,都可能波及其他节点,进而影响整个供应链的正常运作。供应链是链式生产结构,源头的企业可以通过这种结构把一定风险传递到下游企业,下游企业也可能通过信息流、资金流等途径把风险传递给上游企业。一个企业发生风险,造成生产、销售等运营的困难,那么,整条供应链都要受到牵连。长鞭效应便是由这种传递性引起的。传递性会利用供应链系统的联动性,使风险对供应链系统造成破坏,给上下游企业乃至整个供应链带来损害和损失。供应链整体的效率、成本、质量指标取决于节点指标。各节点均存在风险,供应链整体风险由各节点风险传递而成。

4. 此消彼长性

各个风险之间往往是互相联系的,采取措施消除一种风险可能会导致另一种风险的加剧;同样,供应链上某个企业采取的措施可能会增加供应链上其他企业的风险。供应链中的很多风险是此消彼长的,一种风险的减少会引起另一种风险的增加。一方面,企业内部一种风险的减少会导致另一种风险的增加,比如为了加强与供应商的长期战略合作,减少交易成本,企业可能会选择比较少的供应商,而这无疑增加了供应中断的风险;另一方面,供应链系统内各节点企业之间风险具有此消彼长性,即一企业风险的减少可能会导致相关企业风险的增加,比如制造厂商为了减少自身的库存风险,要求上游供应商采用JIT方式送货。

二、国际供应链风险管理流程分析

国际化供应链中物资流经众多的生产流通企业到用户,产生资金流、物流、信息流,涉及运输、储存、装卸、搬运、包装、流通加工、配送、信息处理等诸多环节,其中任何环节出现问题都会造成供应链的风险,影响其正常运作。而国际化供应链的这种多参与主体、跨国家和地区、多环节的特征,使其更容易受到来自外部环境和链上各实体内部不利因素的影响,形成供应链风险。

国际化供应链风险是一种潜在威胁,它会利用供应链系统的脆弱性,对供应链系统造成破坏。从目标控制的角度出发,可以说供应链风险是供应链偏离预定目标的可能性。供应链风险管理则是指管理上述供应链中出现意外事件或变化所带来的风险的一个系统的过程。

国际化供应链风险管理理论和方法是从一般风险管理理论中划分和发展出来的,从理论上看是一般风险管理理论与国际化供应链管理理论的交叉。按风险管理思想,其管理流程如图 7-1 所示。

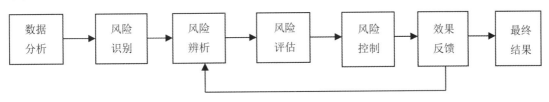

图 7-1　国际化供应链风险管理过程

（一）风险识别

在供应链和各种活动中,风险并未受到人们的充分认识,突发事件可能令人手忙脚乱。其实,其中有些后果是可以避免的,这就要求将各种可能出现的风险系统地管理起来,识别风险并确定其影响范围。也就是说,供应链的管理者必须提高对风险的主动意识,对待风险及其影响要做到有目的、有计划、有预案、有措施。

（二）风险辨析

风险辨析的目的是在风险识别的基础上辨析存在于供应链内部的危险以及起因和后果,对风险进行统一的分类,简化风险分析,并促进有效的风险处理。辨析风险的前提是要将风险分类,从不同的角度、不同的标准来划分,供应链风险有不同的分类结果。根据供应链管理的目标,供应链风险可以分为时间风险、质量风险和成本风险。供应链是一个多参与主体、多环节的复杂系统,参与供应链活动的行为主体,包括提供原辅材料和服务的供应商、生产商、批发商、零售商以及物流服务商等。按照行为主体的不同,供应链风险又可划分为供应商风险、生产商风险、批发商风险、零售商风险、物流服务商风险等。

（三）风险评估

风险评估是指对可能引起风险的因素进行定性分析、定量计算,以测量发生风险的可能性和概率,为风险处理提供依据。其目的和任务是评价供应链内部已识别危险的原因和结果。

（四）风险控制策略

风险控制策略的目标是通过适当的措施把风险造成的后果控制在可预料或可承受的范围内,通过系统方法,根据风险的起因与后果对其进行连贯一致的处理。应对和防范是指时间上的区别,应对方法主要用于风险发生之时和之后,而防范策略则主要用于风险发生之前。

（五）风险管理效果评价与反馈

风险管理是个定期重复的过程,但随着供应链内外环境的变化,原来的管理方法可能不再适用于新的管理环境。所以要对每一期的供应链风险管理效果进行评价,并将评价的结果反馈到下一期的风险管理中去,以不断改进和提高供应链的风险管理水平。

第四节 国际供应链风险防范

一、国际供应链风险响应与管理

在识别和分析供应链风险之后,关键是如何作出响应,也就是选择和应用最合适的措施应对识别和分析出的供应链风险,而且应对的策略取决于风险的影响力。对于 C 类风险,因为其发生的概率低、影响小,一般管理者可以忽略它。对于 B 类风险,管理者一般可以通过对正常运作流程的调整来应付,比如持有更多的库存,设置缓冲能力等。而对于 A 类风险,则要更严格地对待,应对措施的选择和设计都要非常慎重。

需要强调的是,不同的风险应该用不同的应对策略和方法,而不能用机械统一的方法去应对不同的风险。因此,供应链风险响应的主要目标是定义最合适的策略和方法去处理各种供应链风险,并应有相应的措施行动来实施这些应对策略。通过供应链风险的应对,应能够保证供应链持续正常运作,或者是使得供应链中断的损失最小。这体现了企业对待风险的态度,以及有效地处理各种供应链风险的策略。

(一)对待风险的态度

人们通过大量的研究,通常将供应链企业对于风险的态度分为三类,即风险偏好、风险厌恶和风险中性。

1. 风险偏好型企业

对于这种供应链企业来说,它不顾可能发生的危险,仍实施某项行为和进行某项决策活动。其效用函数是凸型的,期望效用必然小于概率事件的期望值效用。风险偏好(risk-love)型企业获得随机收益比获取确定收益所承担的风险要大,而机会要小。

2. 风险厌恶型企业

这种企业比较保守,回避可能发生的风险。其效用函数是凹型的,期望效用必然大于概率事件的期望值效用。风险厌恶(risk-averse,也叫风险规避)型企业宁愿获取确定收益而不愿获取随机收益或不确定收益,即尽可能回避风险。

3. 风险中性型企业

风险中性(risk-neutral)型企业既不冒险也不保守,而是介于风险偏好与风险厌恶之间。我们可以看出,概率事件的结果与概率事件本身无差别。

(二)响应风险的策略

根据企业对风险的不同态度,可以总结出企业响应供应链风险的一些策略,不同企业会采取不同策略。

1. 忽视风险或接受风险

面对供应链风险,对于管理者来说有一种基本可选策略,即忽视风险,什么也不做。对于采取这种策略的企业,管理者必须验证并确认风险发生后带来的影响很小,或者风险发生后带来的损失小于采取措施所产生的成本,这种策略也被认为是一种接受策略,也就是企业接受可能发生的风险,而不采取任何措施。

而在另一种情况下,如果应对某种风险所产生的成本过高,或者导致风险加剧,或者导致新的风险发生,企业也会选择忽视风险或者接受风险的发生。当然,企业也可能因为过低估计风险的影响,而导致错误地选择忽略或者接受风险的决策。

2. 减小风险发生的可能性

管理者可以采取一些措施来减小潜在的风险事件的发生概率。例如,海盗抢劫在某些海域是远洋运输的潜在巨大风险之一,要减小这种风险发生的概率,就可以选择避开这些危险区域的运输路线;企业如果担心受到某国的政治或者环境政策的影响,就可以选择更安定的国家来建立工厂或者选择供应商;利用仓储增加库存可以降低缺货的可能;提高预测准确度可以减小需求不确定性带来的风险。这些例子说明企业一方面可以采取措施来减小风险发生概率,另一方面可以通过采取替代策略来避免潜在风险的发生。

3. 减小风险产生的后果

对于管理者而言,减小风险带来的后果之举措比减小风险发生的可能性之举措要容易一些。举例来说,汽车座位安全带不会减小风险发生的可能性,但是它可以减小风险造成的伤害。供应商缩短交货期,可以降低制造商物料短缺带来的影响程度。显然,管理者既可以减小风险发生的可能性,也可以采取措施减小风险发生后造成的影响。

4. 转移、分担风险

转移风险就是把部分或者所有的风险转移给供应链中有能力或者愿意承担风险的企业。但是,如果将风险转移给承担能力弱的企业,反而会带来更恶劣的影响,甚至可能导致整个供应链的崩溃。一种有效的方式是保险。保险的优势在于保险公司可以实现风险共担(risk pooling)的效果,也就是通过大量的企业投保来分担个别企业发生风险后产生的成本。

风险分担也是一种常用的策略。比如一个第三方物流公司接受一个客户合同后,为了保证实现准时交货,可以将部分合同外包出去,选择的合作伙伴接受外包后,就相当于合作伙伴将分担部分因不能准时送货而带来的惩罚成本。分担风险的比例需要在外包合同签订之时进行协商。

5. 建立应急计划

应急计划的建立有助于在风险事件发生后快速地作出响应。应急计划一般被认为是企业的备用计划。比如,企业为了降低运输成本一般采用陆路运输的方式,但是在客户下了紧急订单的情况下,采用空运的方式就是一个应急计划。因此企业必须在可能的情况下提前准备,包括建立合作关系,这样在风险发生的时候就可以快速通过应急计划解决问题。

6. 适应风险

这在一定程度上是一种比较消极的策略,管理者接受某种风险是不可避免的,同时还需要调整运作流程以适应新的变化环境。比如,如果企业的某种产品市场需求量突然下降,管理者就通过调整生产能力的方法来保持自己的盈利。在这种情况下,企业必须具备足够的敏捷性以便对快速的市场变化作出响应和调整。

7. 反对改变

在某些情况下,管理者可能在风险之前获得某种信息,比如国家新行业政策,企业可能选择抵制新政策的发布,而不是接受新政策。但这一般需要企业和其他企业组成战略联盟才有可能实现,比如英国政府准备发布关于运输司机的最高工作时间的新政策,但是运输商大多抵制这样的政策,因为这会导致运输和管理成本的上升,所以英国运输协会组织一些运输商来抵制政府新政策的出台,但这种抵制策略是非常困难的。

8. 转移到新环境

这也许是一种极端的策略,在判断未来的风险无法应对时,企业可能选择退出当前市场或地区,甚至选择终止在该领域的商业活动。

二、国际供应链风险评估体系

供应链是环环相扣的紧密闭环链,任何一个环节出问题,都会使这条环链断裂开,从而影响整个供应链的正常运作。因此,供应链风险应该值得企业管理者予以重视。供应链风险的评估体系可以综合为以下方面。

1. 经济背景评估

这是指企业根据整体经济波动和产业政策来评估。经济波动大、产业政策转型对某些供应链的影响就大,企业就可能面临原材料短缺或产品成本上升的情况,甚至某些供应链发生中断。但经济波动、产业政策一般是长期的,其风险一般容易控制。

2. 经验评估

经验评估主要是指不可预见的因素,可以通过以往的数据进行预测评估。比如,企业在正常情况下,由于交通事故导致的供应链问题的大致概率,是一个比较稳定的数据,企业可以根据这些数据来评估交通事故导致的供应链风险。

3. 整体评估

对供应商的评估,可以将供应商的财务状况、主营业务的变化、技术创新能力、企业的行业竞争力,作为一个整体进行综合考察。供应商的变化对供应链影响最大,对供应商尤其是与供应材料有关的任何变化都应充分重视,应建立一套充分评估机制。这种整体评估在实质上就是一种综合信息评估。由于信息主导供应链的运作,可以从供应链管理中的信息手段、信息反馈机制、信息处理能力等多方面进行评估。一般来说,企业上下游间的信息若有先进的通信方式、及时的反馈机制、规范化的处理流程,其供应链风险就小,反之就大。

三、国际供应链风险防范策略

针对供应链企业合作存在的各种风险及其特征,应采取不同的防范策略。对风险的防范,可以从战略层和战术层分别考虑,主要措施包括以下几种。

1. 建立战略合作伙伴关系

供应链企业要实现预期的战略目标,客观上要求供应链企业进行合作,形成共享利润、共担风险的双赢局面。因此,国际供应链中成员企业之间建立紧密的合作伙伴关系,成为国际供应链成功运作、风险防范的一个非常重要的先决条件。关于建立长期的战略合作伙伴关系:首先,要求供应链的成员加强信任;其次,应该加强成员间信息的交流与共享;再次,建立正式的合作机制,在供应链成员间实现利益分享和风险分担;最后,加强契约规定等规范建设,促使伙伴成员以诚实、灵活的方式相互协调彼此的合作态度和行为。

2. 采用柔性化防范策略

供应链企业合作过程中,通过互相提供柔性,可以部分消除外界环境不确定性的影响,共享供给和需求的信息。当今供应链管理强调 JIT 方法,减少库存以降低成本,但这种运作模式,一旦遇到突发事件或需求有较大波动时就会显得缺乏弹性。变色龙的生存优势在于它的应变能力。因此,在注重效率的同时仍应保持供应链的适度弹性。

3. 建立风险预警和应急处理机制

在全球化供应链管理中,对突发事件的发生要有充分的准备。对于一些偶发但具有破坏性的大事件,企业可预先制定应变措施,制定应对突发事件的工作流程,建立应变风险的小组。同时,要建立一整套预警评价指标体系,当其中一项以上的指标偏离正常水平并超过某一"临界值"时,应发出预警信号。通过应急处理机制,可以化解企业合作中供应链管理的各种意外情况导致的风险,减少由此带来的实际损失,保证企业在全球化供应链中的利益。即使没有风险预警体系,面对突发事件,如果集思广益,采取得当的处理办法,也可能渡过难关,朝着好的方向发展。如戴尔在"9·11"事件的应急处理中,通过应急处理小组及国际供应链监督小组及时发挥作用,使立足于全球采购的戴尔化险为夷。

4. 建立灵活的信息共享机制

一般来说,信息手段越健全,信息反馈越充分,信息处理能力越强,国际供应链活动中所面临的风险就越小。一方面要加强供应链各成员间的信息交流与共享,增加供应链透明度来消除信息失真与不对称,优化决策过程;另一方面,由于国际供应链网络结构及成员比较复杂,因此要建立有效的电子信息安全管理系统,从而降低不确定因素干扰和商业秘密泄露的概率,达到规避风险的目的。

5. 加强节点企业的风险控制

国际供应链从采购、生产到销售的整个过程,是由多个国家的节点企业共同参与而形成的串行或并行的混合网络结构。其中某一项工作既可能由一个企业完成,也可能由多个企业共同完成。供应链整体的效率、成本、质量指标取决于节点指标。由于供应链整体风险是由各节点风险传递而成,因此,通过对节点企业风险的识别与判断,进行风险调整和优化,将大大加强整个供应链的风险控制。

知识窗

供应链安全,是指在全球产业分工中,一国供应链在受到外部冲击后仍能保持生产、分配、流通、消费各个环节畅通,维持供应链前后端供给需求关联耦合、动态平衡的状态。

供应链风险,是指任何一个企业出现问题都有可能波及和影响其他企业,影响整个供应链的正常运作,甚至导致供应链的断裂和失败。

小　结

本章主要分析了国际供应链安全的内涵、国际供应链安全的冲击因素,国际供应链风险的含义、特征及其存在的客观性,根据不同的分类法界定了其风险类型,并总结了供应链风险识别的程序和方法。分析这些风险可能产生的后果,并制定相关的应对措施,更好地防范风险,减小供应链脆弱性对企业生存和供应链正常运作的影响,构建更具安全稳定的供应链。

练习与思考

1. 国际供应链安全的实现途径有哪些?
2. 如何理解国际供应链风险及其产生的原因?
3. 国际供应链风险管理有哪些特征?
4. 国际供应链风险包含哪些风险?怎么防范?

综合案例

数字资源 7-1　华为供应链安全案例

第八章
"一带一路"与国际供应链管理

本章导读

党的二十大报告提出:"推出共建'一带一路'高质量发展。"共建"一带一路"倡议自2013年首次提出以来,已经历十余年光阴。"一带一路"倡议是推动我国与周边国家利益共同体、命运共同体建设的重要规划。在"一带一路"大背景下,供应链管理的国际化特点日趋明显,国际供应链发展已经进入"快车道"。"一带一路"背景下国际供应链生态系统、数字化国际供应链发展都呈现出新的发展态势。近年来,中国在积极推进"一带一路"倡议的过程中,为了扩大对外开放,加强区域合作,不断提升经济发展水平,需要建设更为便捷高效的跨境运输通道,西部陆海新通道在这样的背景下应运而生。本章通过"一带一路"与国际供应链管理实战的形式,探讨了"一带一路"与新加坡跨境供应链协作的三个国际供应链管理项目,即重庆巴南区与新加坡叶水福集团国际供应链管理实战、信息高速公路助力中新国际供应链管理实战、中新国际冷链国际供应链管理实战。

学习目标

通过本章的学习,了解"一带一路"倡议内容及意义、路线图及主要贸易伙伴;熟悉"一带一路"背景下的国际供应链管理新发展;掌握"一带一路"背景下西部"陆海新通道"发展的重要意义;充分理解"一带一路"背景下加强国际供应链合作的重要意义。

第一节 "一带一路"倡议概述

共建"一带一路"倡议自2013年首次提出以来,已经历十余年光阴。这一关于"中国发起、各方共建、世界共享"的倡议,从当初的蓝图变成今天的实景,已成为世界上范围最广、规模最大的国际合作平台。共建"一带一路"成为促进各国共同发展的康庄大道。

一、"一带一路"倡议内容及意义

(一)"一带一路"倡议的提出

共建"丝绸之路经济带"和"21世纪海上丝绸之路"合称"一带一路"倡议。

2013年9月7日,国家主席习近平在哈萨克斯坦纳扎尔巴耶夫大学做《弘扬人民友谊,共创美好未来》的演讲,提出国际社会共同建设"丝绸之路经济带"。丝绸之路经济带的建设将极大改善我国西部地区的发展环境,形成新的对外开放前沿与经济增长段,西部地区的面貌及当地群众的生活水平将再上一个台阶。

2013年10月3日,习近平主席在印度尼西亚国会做《携手建设中国—东盟命运共同体》的演讲,提出共同建设"21世纪海上丝绸之路"。"21世纪海上丝绸之路"是中国作为有全球影响力的地区大国,在崛起为世界大国的过程中,针对大周边地区实际提出的一项中期国际合作举措,旨在和平地突破美国霸权主义的"亚太再平衡战略";由近及远地构筑涵盖大周边的区域性政治安全经济网络,其中,经济是领域重心,小周边是区域重心。

(二)"一带一路"倡议的具体内容

中国提出的"一带一路"倡议包含了许多可以重振世界经济的国际合作举措。"一带一路"实际是以互联互通来带动国际间各领域的合作,通过互联互通来挖掘各方合作潜力,产生新的合作动力。"一带一路"倡议所确定的五大国际合作重点领域包括政策沟通、设施联通、贸易畅通、资金融通、民心相通,其重点合作内容是投资和贸易。下面从五个方面分别介绍"一带一路"倡议的具体内容。

1. 政策沟通:各国政府之间的合作

加强政策沟通是"一带一路"建设的重要保障。加强政府间合作,积极构建多层次政府间宏观政策沟通交流机制,深化利益融合,促进政治互信,达成合作新共识。沿线各国可以就经济发展战略和对策进行充分的交流对接,共同制定推进区域合作的规划和措施,协商解决合作中的问题,共同为务实合作及大型项目实施提供政策支持。

2. 设施联通:基础设施互联互通

基础设施互联互通是"一带一路"建设的优先领域。在尊重相关国家主权和安全关切的基础上,沿线国家宜加强基础设施建设规划、技术标准体系的对接,共同推进国际骨干通道建设,逐步形成连接亚洲各次区域以及亚欧非之间的基础设施网络。强化基础设施绿色低碳化建设和运营管理,在建设中充分考虑气候变化的影响。

畅通的交通是经济发展的基础。鉴于不同国家不同的建设标准会引起国际交通网络不畅通,进而增加交通成本,所以基础设施建设的关键在于统一建设标准。而且,基础设施建设耗费的资金较大,一旦建设过程中出现意外状况,对投资商造成的损失很可能是致命的。基础设施联合工作组不但要对合作中可能出现的风险进行研究和评估分析,提出应对方案,还要建立信誉档案,对违约国家降低信誉,增加其违约成本。

3. 贸易畅通:拓宽贸易和投资领域

投资贸易合作是"一带一路"建设的重点内容。宜着力研究解决投资贸易便利化问题,消除投资和贸易壁垒,构建区域内和各国良好的营商环境,积极同沿线国家和地区共同商建自由贸易区,激发释放合作潜力,做大做好合作"大蛋糕"。

"一带一路"大多沿线国家尚处在工业化初期阶段,不少国家的经济高度依赖能源、矿产等资源型行业;而中国有能力向这些国家提供各种机械和交通运输设备等,处于产业链的相对高点。在"一带一路"建设中,我国将在沿线国家发展能源在外、资源在外、市场在外的"三头在外"的产业,进而带动产品、设备和劳务输出。这不仅会有效实现我国产能的向外投放,也会促进国外新兴市场的快速发展,是一件两全其美的好事情。

4. 资金融通:深化金融合作

资金融通是"一带一路"建设的重要支撑。深化金融合作,推进亚洲货币稳定体系、投融资体系和信用体系建设。扩大沿线国家双边本币互换、结算的范围和规模。推动亚洲债券市场的开放和发展。共同推进亚洲基础设施投资银行、金砖国家开发银行筹建,有关各方就建立上海合作组织融资机构开展磋商。深化中国—东盟银行联合体、上合组织银行联合体务实合作,以银团贷款、银行授信等方式开展多边金融合作。支持沿线国家政府和信用等级较高的企业以及金融机构在中国境内发行人民币债券。符合条件的中国境内金融机构和企业可以在境外发行人民币债券和外币债券,鼓励在沿线国家使用、筹措资金。

5. 民心相通:加强民间合作与交流

民心相通是"一带一路"建设的社会根基。主要是通过传承和弘扬丝绸之路友好合作精神,广泛开展文化交流、学术往来、人才交流合作、媒体合作、青年和妇女交往、志愿者服务等,为深化双边、多边合作奠定坚实的民意基础。一是扩大相互间留学生规模,开展合作办学,中国每年向沿线国家提供1万个政府奖学金名额。二是沿线国家间互办文化年、艺术节、电影节、电视周和图书展等活动,合作开展广播影视剧精品创作及翻译,联合申请世界文化遗产,共同开展世界遗产的联合保护工作。三是发挥政党、议会交往的桥梁作用,加强沿线国家之间立法机构、主要党派和政治组织的友好往来。四是开展城市交流合作,欢迎沿线国家重要城市之间互结友好城市,以人文交流为重点,突出务实合作,形成更多鲜活的合作范例。

通过政策沟通、设施联通、贸易畅通、资金融通和民心相通,"一带一路"与国际合作以点带面,从线到片,逐步形成区域大合作格局。在帮助沿线国家补短板的同时,中国也迎来了新的发展机遇!

(三)"一带一路"倡议的意义

共建"一带一路"倡议提出以来,从夯基垒台、立柱架梁到落地生根、持久发展,已取得实打实、沉甸甸的成就。共建"一带一路"的朋友圈越来越大,合作质量越来越高,发展前景越来越好,已成为当今世界范围最广、规模最大的国际合作平台,对增进各国人民福祉、推动世界经济发展具有重要意义。

1. 加强了国家间的政策沟通

2022年以来,中国与阿根廷、尼加拉瓜、叙利亚和马拉维签署共建"一带一路"合作谅解备忘录。截至2022年7月底,中国已与140多个国家、30多个国际组织签署了200多份"一带一路"合作文件。

2. 推动了国际班列的开通

中老铁路开通9个月里,累计发送旅客671万人次,累计运输货物717万吨。匈塞铁路贝诺段开通近6个月里,累计发送旅客约80万人次,每天开行动车组列车64列。蒙内铁路开通运营5年里,截至2022年6月底,累计发送旅客794.5万人次,发送集装箱181.7万标准箱,发送货物2029.3万吨。佩列沙茨跨海大桥实现了克罗地亚连接南北领土的夙愿,2022年7月开通以来车流量超过50万车次。

截至2022年8月底,中欧班列累计开行近16万列(如图8-1所示),货值累计近3000亿美元,共铺画了82条运输线路,通达欧洲24个国家200个城市。

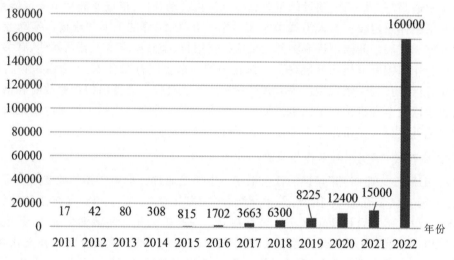

图 8-1　中欧班列年度开行列数

3. 提升了国际贸易投资规模

在货物贸易方面,2013—2020年,中国与"一带一路"沿线国家货物贸易额由1.04万亿美元增至1.35万亿美元,占中国货物贸易总额的比重由25.0%升至29.1%。在投资方面,2020年,在全球对外直接投资同比缩水35%的背景下,中国境内投资者在"一带一路"沿线的58个国家实现直接投资186.1亿美元。在工程建设方面,2013—2020年,中国在"一带一路"沿线国家承包工程新签合同额由715.7亿美元增至1414.6亿美元,完成营业额由654亿美元增至911.2亿美元。截至2022年6月底,中国与"一带一路"沿线国家货物贸易额累计约12万亿美元,对沿线国家非金融类直接投资超过1400亿美元。

4. 推进了资金融通

截至2022年7月底,中国累计与20多个共建国家建立了人民币清算安排。人民币跨境支付系统(CIPS)业务量、影响力稳步提升;亚投行成员达105个,累计批准项目181个,融资额达357亿美元,惠及33个亚洲域内与域外成员;丝路基金与欧洲投资基金设立的中欧共同投资基金已在近20个国家开展投资,涉及80多家中小企业;多边开发融资合作中心(MCDF)基金设立,10家国际机构参与。

5. 加强了各国人民之间的紧密联系

中国同31个合作伙伴共同发起"一带一路"疫苗合作伙伴关系倡议,迄今已向153个国家和15个国际组织提供了数千亿件抗疫物资,向120多个国家和国际组织提供了超过22亿剂疫苗。除此之外,丝绸之路国际剧院、博物馆、艺术节、图书馆、美术馆联盟成员达到539家。

"一带一路"倡议是我国在新的历史条件下实行全方位对外开放的重大举措,是推行互利共赢的重要平台。过去40余年中国经济发展是在开放条件下取得的,未来中国经济实现高质量发展也必须在更加开放的条件下进行。

实践表明,共建"一带一路"不仅是经济合作,而且是完善全球发展模式和全球治理、推进经济全球化健康发展的重要途径,是一个开放包容的合作平台,是各方共同打造的全球公共产品,有力地推动了沿线各国政治互信、经济互融、人文互通。如今,"一带一路"合作涉及领域正在不断延伸,其重要意义不仅在于促进世界各国间的产能合作、互联互通,更在于构建一个全球化、开放型、包容性的全球发展体系。中国作为最大的发展中国家,通过"一带一路"国际合作,共商、共建、共享,惠及沿线国家、造福世界人民,极大地凝聚了广大发展中国家共同维护世界和平、安全和发展的信心和力量。

二、"一带一路"路线图及主要贸易伙伴

(一)"一带一路"总体规划与参与国家

1. "一带一路"总体规划

"一带一路"贯穿亚欧非大陆,一头是活跃的东亚经济圈,一头是发达的欧洲经济圈,中间广大腹地国家经济发展潜力巨大。丝绸之路经济带重点畅通中国经中亚、俄罗斯至欧洲(波罗的海)的新亚欧大陆桥;中国经中亚、西亚至海湾、地中海的经济合作走廊;中国至东南亚、南亚、印度洋的中国-中南半岛经济合作走廊。21世纪海上丝绸之路重点方向是从中国沿海港口过南中国海到印度洋,延伸至欧洲;从中国沿海港口过南中国海到南太平洋。

根据"一带一路"走向,陆上依托国际大通道,以沿线中心城市为支撑,以重点经贸产业园区为合作平台,共同打造新亚欧大陆桥、中蒙俄、中国-中亚-西亚、中国-中南半岛等国际经济合作走廊;海上以重点港口为节点,共同建设通畅安全高效的运输大通道。中巴、孟中印缅两个经济走廊与推进"一带一路"建设关联紧密,要进一步推动合作,取得更大进展。

2. "一带一路"主要贸易伙伴

从地理角度来看,"一带一路"直接经过的沿线国家共有63个。但从国际合作的角度来看,"一带一路"倡议是重要的国际合作平台和重要的国际公共产品,欢迎所有志同道合的国家积极参与,国家范围并不设限。"一带一路"核心内涵是借助"丝绸之路"文化内涵打造的开放、包容的国际区域经济合作平台。签署合作协议或签署备忘录都可以视为参与共建"一带一路"。目前我国共与140多个国家签署了合作协议或备忘录,涉及亚洲、非洲、欧洲、北美洲、南美洲、大洋洲共六个大洲。具体国家如图8-2所示。

国际供应链管理

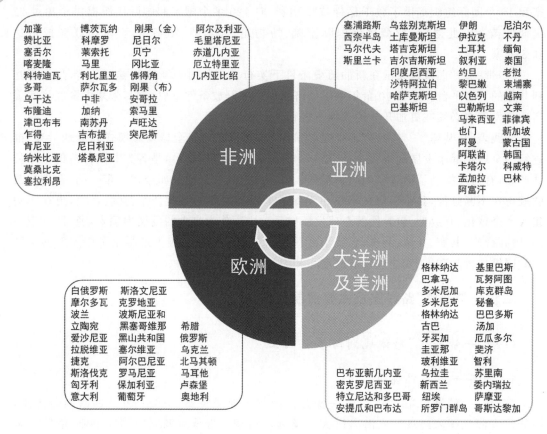

图 8-2 "一带一路"主要贸易伙伴

(二)"一带一路"路线图

1. 丝绸之路经济带

从"一带一路"的路线规划来看,要想打通从亚太经济圈与欧洲经济圈之间的经济通道,须首先沿铁路、公路、航空和能源管线等交通线路,建设沿线路域经济走廊,实行以点带面,从线到片,依托纵横交错、贯通四方的交通网,开发六大经济走廊。

(1)新亚欧大陆桥经济走廊。新亚欧大陆桥由中国东部沿海向西延伸,经中国西北地区和中亚、俄罗斯抵达中东欧。它是连接中国与欧洲经济圈的核心通道,比西伯利亚大陆桥缩短了路上运距 2000～5000 公里,比海运距离缩短了上万公里。《推动共建丝绸之路经济带和 21 世纪海上丝绸之路的愿景与行动》中将新亚欧大陆桥经济走廊建设放在六大经济走廊之首,足见其重要性。

新亚欧大陆桥经济走廊最主要也是最突出的建设成果当属中欧班列的开通和运营。自 2011 年重庆首趟"渝新欧"班列开行,到 2022 年累计开行了 14691 列,联通了中国 62 个城市和欧洲 15 个国家的 51 个城市,铺行的路线达到 68 条。

(2)中蒙俄经济合作走廊。2014 年 9 月 11 日,中国国家主席习近平在出席中国、俄罗斯、蒙古国三国元首会晤时提出,将"丝绸之路经济带"同"欧亚经济联盟"、蒙古国"草原之路"倡议对接,打造中蒙俄经济走廊。中蒙俄经济走廊有两个通道,一是从京津冀到呼和浩特,再到蒙古国和俄罗斯;二是东北通道,沿着老中东铁路从大连、沈阳、长春、哈尔滨到满洲里和俄罗斯的赤塔。中蒙俄经济走廊的建设对中国的华北地区和东北地区拉动作用最为直接。中蒙俄经济走廊在基础设施互联互通建设方面,形成了以铁路、公路和边境口岸为主体的跨国基础设施联通网络。

(3)中国-中亚-西亚经济走廊。中国-中亚-西亚经济走廊由中国西北地区出境,向西经中亚至海湾、阿拉伯半岛和地中海沿岸,辐射中亚、西亚和北非有关国家。2014年6月,中国在中国-阿拉伯国家合作论坛第六届部长级会上提出构架以能源合作为主轴,以基础设施建设、贸易和投资便利化为两翼,以核能、航天卫星、新能源三大高新领域为突破口的中阿"1+2+3"合作格局。2016年G20杭州峰会期间,中哈两国签署了政策对接合作文件。在中亚国家中,哈萨克斯坦与中国的合作从能源到铁路,从园区建设到平台建设,均取得显著成效。

中哈石油管道运行顺利。这是中国首条跨国原油长距离输送管道。中国-中亚-西亚经济走廊上区域性的国际运输也一直在发展。以中亚班列为例,截至2022年中亚班列已达28条。中亚班列的开通对粮食出口具有重要意义。

中亚西亚地区能源丰富,以天然气为例,中国-中亚天然气管道运输网逐步成形,管道分为4条线路(见表8-1)。每年从中亚国家输送到国内的天然气,约占中国同期消费总量的15%以上,惠及27个省(直辖市、自治区)和香港特别行政区。

表8-1 中国-中亚天然气管道建设情况

名称	起始国家	管道长度	年输气量	通气时间
A线	土库曼斯坦	1833公里	300亿立方米	2009年
B线	乌兹别克斯坦			2010年
C线	乌兹别克斯坦	1840公里	250亿立方米	2014年
D线	土库曼斯坦	1000公里	300亿立方米	2020年

(4)中国-中南半岛经济走廊。中国-中南半岛经济走廊以泛亚铁路网、亚洲公路网、陆港网的东南亚地区交通物流基础设施为依托,自昆明、南宁,以沿线经济中心城市和口岸为节点,联通中国、越南、老挝、缅甸、泰国、柬埔寨、马来西亚等国家抵达新加坡,是连接中国和东南亚、南亚地区的陆海经济带。

(5)中巴经济走廊。中巴经济走廊是共建"一带一路"的旗舰项目。起点在喀什,终点在巴基斯坦瓜达尔港,在空间范围上包括中国新疆维吾尔自治区和巴基斯坦全境,是一条包括公路、铁路、油气和光缆通道在内的贸易走廊。

中巴经济走廊是以中巴两国的综合运输通道及产业合作为主轴,以两国经贸务实合作、人文领域往来为引擎,以重大基础设施建设、产业及民生领域合作项目等为依托,以促进两国经济社会发展、繁荣、安宁为目标,优势互补、互利共赢、共同发展的增长轴和发展带。

能源领域是中巴经济走廊进展最快、成效最显著的领域,中巴在能源领域规划了17个优先实施项目,11个已开工建设,即将迎来密集建设、建成期。对巴基斯坦而言,中巴经济走廊的能源合作项目能够协助其解决困扰多年的能源短缺问题，为巴基斯坦的经济增长带来强大动力。

（6）孟中印缅经济走廊。孟中印缅经济走廊是连接中国和南亚当今世界上人口最多、经济发展速度最快国家的便捷通道，是中国走向南亚和印度洋区域大市场最便捷、最具经济吸引力的陆路大通道。

这条经济走廊的建设将惠及中国西南、缅甸、孟加拉国、印度等国家和地区16亿人口，辐射东南亚和印度洋沿岸的西亚、非洲地区等22亿人口的大市场，还将填补东亚、东南亚与南亚贸易与经济发展的断裂带，将给沿线国家和地区的发展带来前所未有的历史机遇。

2. 21世纪海上丝绸之路

21世纪海上丝绸之路主要是指从我国东部沿海出发，穿越东南亚、南亚、西亚、东非和地中海等地区向西至欧洲的海上走廊。21世纪海上丝绸之路的战略合作伙伴不仅限于东盟，而是以点带线、以线带面，增进同沿边国家和地区的交往，串起连通东盟、南亚、西亚、北非、欧洲等各大经济板块的市场链，发展面向南海、太平洋和印度洋的战略合作经济带，以亚欧非经济贸易一体化为发展的长期目标。由于东盟地处海上丝绸之路的十字路口和必经之地，连通东盟将是21世纪海上丝绸之路的首要发展目标，而中国和东盟有着广泛的政治基础、坚实的经济基础，21世纪海上丝绸之路符合双方共同利益和共同要求。

21世纪海上丝绸之路的主要航线为：泉州—福州—广州—海口—北海—河内—吉隆坡—雅加达—科伦坡—加尔各答—内罗毕—雅典—威尼斯。途经国家主要有韩国、日本、印尼、泰国、马来西亚、越南、柬埔寨、新加坡、菲律宾、缅甸、文莱、印度、斯里兰卡、巴基斯坦、科威特、沙特阿拉伯、土耳其、埃及、阿联酋、肯尼亚、坦桑尼亚、希腊、意大利等。

根据地缘特点，我们这里将"海上丝绸之路"覆盖的主要海域划分为西太平洋海域、北印度洋海域、中东周边海域和欧洲周边海域4个区块进行分析。在各海域中，枢纽/干线港和海上通道的分布情况如表8-2所示。

表8-2 枢纽/干线港和海上通道分布表

区块名称	枢纽/干线港	海上通道
西太平洋	新加坡港、巴生港、丹戎帕拉帕斯港、上海港、香港港、深圳港、高雄港、宁波港、雅加达港、泗水港、胡志明港、厦门港、广州港、马尼拉港、林查班港	台湾海峡、马六甲海峡
北印度洋	科伦坡港	—
中东周边海域	杰贝阿里港、塞得港、吉大港	曼德海峡、苏伊士运河
欧洲周边海域	鹿特丹港、比雷埃夫斯港、阿尔格萨拉斯港、汉堡港、勒阿佛尔港、安特卫普港、不来梅哈芬港、瓦伦西亚港、费利克斯托港、马耳他港、热那亚港	霍尔木兹海峡、土耳其海峡

(三)"一带一路"主要贸易伙伴

1. 农产品贸易伙伴

在纳入商务部、国家统计局与国家外汇管理局统计的 63 个"一带一路"沿线国家中,泰国、越南、印尼、马来西亚、俄罗斯、印度、菲律宾、乌克兰、新加坡、缅甸是与中国农产品贸易规模最大的 10 个"一带一路"沿线国家,具体贸易数据如表 8-3 所示。

表 8-3 2018—2019 年中国与"一带一路"沿线十大农产品贸易国贸易情况(亿美元)

国别	2019 年			2018 年		
	进出口额	进口额	出口额	进出口额	进口额	出口额
泰国	754.54	493.30	261.24	630.12	399.09	231.03
越南	616.69	233.67	383.02	592.21	227.15	365.06
印尼	614.69	430.44	184.25	539.52	357.58	181.94
马来西亚	402.61	190.22	212.39	343.44	160.96	182.48
俄罗斯	387.40	252.54	134.86	363.15	221.77	141.38
印度	235.16	200.23	34.93	142.27	105.56	36.71
菲律宾	218.63	72.04	146.59	213.70	68.22	145.48
乌克兰	186.12	171.55	14.57	107.66	94.97	12.69
新加坡	84.40	23.00	61.40	79.90	20.80	59.10
缅甸	81.26	34.08	47.18	54.08	16.34	37.74

针对第一大农产品贸易伙伴——泰国,中国主要从泰国进口水果及坚果产品、麦芽淀粉等制粉工业产品及蔬菜产品。中国对泰国出口规模最大的农产品为蔬菜,其次是水果及坚果,再次是水产品。针对第二位农产品贸易伙伴——越南,中国主要从越南进口水产品、食用水果及坚果、麦芽淀粉等制粉工业产品。中国对越南出口最多的农产品是蔬菜,其次是水果及坚果,再次是水产品。针对排名第三的农产品贸易伙伴——印尼,中国主要从印尼进口动、植物油、精制食用油脂及蜡、水产品、乳蛋及其他食用动物产品。中国对印尼第一大出口农产品为食用水果及坚果,第二大出口农产品为蔬菜,第三大出口农产品为烟草及制品。

2. 机电产品贸易伙伴

按照贸易额占比,中国的"一带一路"机电产品贸易伙伴主要是印度、新加坡、越南、泰国、俄罗斯、马来西亚、印度尼西亚、阿联酋等国。在机电产品贸易中,中国主要为出口国。

中国机电产品对东盟的出口国别市场主要分布在印尼、越南、泰国、新加坡和马来西亚这 5 个国家。2020 年中国对东盟的出口总额为 1946.72 亿美元,其中对以上这 5 个国家出口总额为 1708.50 亿美元,占中国对东盟总出口额的 87.83%,出口国别分布相对集中。

泰国的发展程度和中国类似,对机电产品的需求也有一定的相似性,泰国对中国机电产品进口额的稳步增长表示泰国在机电产品方面的需求越来越旺盛;马来西亚和印尼的工业化水平较低,所以其基础设施水平不高,因而对机电产品的需求也十分强烈。相比于马来西亚,我国对印尼 2020 年的出口额有所下滑,且增速放缓;我国对菲律宾 2020 年的进口额为

164.63亿美元,虽然贸易额没有以上五个国家多,但随着其国内经济的发展,对机电产品需求增加,贸易额处于持续上升的状态,前景可观,也是我国在东盟比较重要的贸易伙伴。

不同国家在机电产品种类进口方面存在显著差别。对一些相对发达的国家,比如马来西亚、菲律宾和新加坡,我国对其出口的电子及电气产品这类高新技术产品的占比较大,都在40%以上。对于泰国和印尼以及缅甸等这些发展中国家来说,对机械设备类产品需求较多,因而我国对其出口的占比也较大。

3. 能源贸易伙伴

按照贸易额占比,中国的"一带一路"能源贸易伙伴主要是沙特阿拉伯、俄罗斯、伊拉克、阿曼、土库曼斯坦、卡塔尔、马来西亚、哈萨克斯坦、印尼、蒙古、菲律宾、老挝等国家。在能源贸易中,中国主要为进口国。

中国经济的增长严重依赖能源资源的进口。2020年中国从"一带一路"沿线主要国家的原油进口总量为32567.1万吨;从"一带一路"沿线主要国家的天然气进口总量为7108.3亿立方米;从"一带一路"沿线主要国家的煤炭进口总量为22983.8万吨。当前,对于"一带一路"沿线主要国家的能源需求量还很高,确保中国与沿线国家能源资源的需求平衡对于中国经济的转型升级以及维护中国能源资源的供求平衡具有重大的战略意义。

在原油进口方面,中国对沙特阿拉伯、伊拉克以及俄罗斯等国家依赖度最高,占到了沿线主要国家原油进口的66.4%;在天然气进口方面,中国对土库曼斯坦、卡塔尔以及马来西亚等国家依赖度最高,占到了沿线主要国家天然气进口的58.1%;在煤炭进口方面,中国对印尼、蒙古以及俄罗斯等国家依赖度最高,占到了沿线主要国家煤炭进口的95.3%。

由此可见,伴随今后"一带一路"倡议的深化,我国会不断增加与沿线国家的能源贸易比重,"一带一路"沿线国家会在我国能源进口领域扮演至关重要的角色。

4. 劳动密集型产品贸易伙伴

传统劳动密集型产品主要包括服装及衣着附件、纺织纱线织物及制品、家具及其零件、箱包及类似容器、鞋类、塑料制品、玩具7个大类,生产主体包括中国各大民营企业。随着"一带一路"建设在欧洲的推进,美国、英国、法国等西方发达国家逐渐成为我国传统劳动密集型产业最主要的贸易伙伴,其经济回暖有效拉动了传统劳动密集型产品出口。

自"一带一路"倡议提出以来,中国企业纷纷在越南、柬埔寨等东南亚国家投资建厂,低成本和优势产品的出口促进了传统劳动密集型产业的增长,中国企业也可以因此绕过欧美对中国的贸易壁垒,接单时可以更灵活,在给客户提供更多选择的同时,企业的竞争力也会有所提升。以服装等纺织品为例,"一带一路"让产业链与供应链融合得更加密切,加工企业不再只通过制造环节盈利,设计师也能分享全产业链的红利。越来越多企业探索建立跨境合作平台,变"市场竞争"为"市场合作",让制造、设计、渠道等各方在平台上共同推进,变"中国制造"为"中国设计""中国创造"。

伴随着中欧班列的开通,沿线各国的小商品也频繁出现在我们的生活中——叙利亚的手工香皂、手工编织的波斯地毯、以死海泥为原料的面膜……"一带一路"建设在帮助我国企业融入全球供应链的同时,也让我们享受到了贸易繁荣的红利,帮助古代丝绸之路上各国融入以"一带一路"为桥梁的全球供应链。

三、"一带一路"与国际合作

(一)"一带一路"国际合作现状

1. 金融领域的合作

经过十余年的积淀,"一带一路"给沿线国家和地区的发展带来了重大机遇。经济发展离不开金融的支持,"一带一路"各国在金融领域的合作也为贸易畅通提供了便利。

在货币合作方面,中国在跨境贸易和投资中使用人民币的规模和范围逐步扩大,本币结算、货币互换合作稳步推进,人民币跨境支付系统(CIPS)的建设和完善大大提高了人民币跨境清算效率,为"一带一路"相关贸易和投融资使用人民币结算提供了便利。

在投融资方面,中国在"一带一路"建设中推进以重大项目为驱动力的投融资合作新机制,形成了以开发性金融为主要形态的投融资合作新模式。中国对"一带一路"国家跨境直接投资国别覆盖广,行业多元,其中政策性银行和商业银行的引领作用明显,国有企业参与力度不断提高。

在金融服务合作方面,主要包括金融机构互设,即与非洲开发银行、欧洲复兴开发银行、美洲开发银行等多边开发金融机构合作,提供贷款、设立融资基金等。随着金融市场开放步伐不断加快,中国逐步扩大银行、保险、证券等市场准入,支持境外金融机构在华设立子公司和分支机构,中国的金融机构也加强了"走出去"的力度,不断在海外设立分支机构,为"一带一路"国家的基础设施建设以及开展经贸合作提供了便利。

各国间金融供应链的合作正蓬勃发展,硕果累累的例子比比皆是,这些合作在为双方经济发展提供支持的同时也在推动着世界经济的发展。

2. 农业领域的合作

近年来,随着"一带一路"倡议持续推进,中国与沿线国家在农业领域积极开展合作,携手维护区域粮食安全,已与80多个国家签署农渔业合作文件,在"一带一路"沿线国家开展农业投资合作的项目超过650个。

(1)在农业技术上的合作。中国西部省份立足旱作农业与中亚国家开展粮食、畜牧、棉花等领域合作,北部省区在俄罗斯远东地区开展粮食、蔬菜等种植合作,中国南部省份立足热带农业,与东南亚、南亚国家开展粮食、热带经济作物等种植合作,均取得了显著成效。此外,中国通过援建农业技术示范中心、派遣农业技术专家、培训农业技术和管理人员等方式,积极帮助"一带一路"沿线发展中国家提高农业生产和安全卫生保障能力,为保障世界粮食安全作出了积极贡献。

(2)在人才培养上的合作。中国通过"中非科技小院"等项目向非洲国家传授农业种植技术,帮助非洲国家培养农业专业人才。在布隆迪,中国援布农业专家组用数年时间将当地水稻产量由平均每公顷3吨提升至10吨,并将相关技术传授给当地农民;在几内亚比绍,中国农技组帮助当地农民引进和选育30多个水稻品种,编制《水稻种植技术要点》等中葡双语系列教材,对2.2万余人次开展技术培训,造就了一大批当地人才;等等。

(3)在农产品贸易上的合作。中国与沿线各国在农产品贸易领域开展了广泛合作,菲律宾、马来西亚等东盟国家成为水果进口的主要来源,中国生产的蔬菜也得以依托"一带一路"销售到更多国家。

"一带一路"建设推动了农业领域的质量变革、动力变革和效率变革,现代农业产业链和供应链也在"一带一路"上得以不断延伸。

3. 能源领域的合作

依托"一带一路"倡议及沿线基础设施建设,中国与沿线10多个国家和地区开展能源合作规划;与阿盟、东盟、非洲和中东欧国家合作建立起了四大区域能源合作中心。

在中亚,中哈天然气管道二期、中亚管道A/B/C线项目相继投运,成为天然气保供重要的能源大动脉。

在俄罗斯,中国投资的亚马尔液化天然气项目是"一带一路"倡议提出后实施的首个海外特大型项目,也是目前全球最大的北极LNG项目,被誉为"北极圈上的能源明珠",推动了共建"冰上丝绸之路"的新实践。

在中东,中国油气企业与沙特等国在油气领域开展了全方位合作,鲁迈拉、米桑等项目成为中国与伊拉克油气合作的标志性工程。

在东南亚,中韩印缅4国共同开发了中缅天然气管道项目,中国和印尼企业在油气田开发、工程技术服务、油气贸易等领域均取得了丰硕的成果。

在非洲,中国油气企业积极参与尼日利亚、安哥拉、莫桑比克、南苏丹等国的油气开发项目,帮助苏丹、尼日尔、乍得建立完整的油气工业体系,实现石油自给,以油气投资带动当地经济发展,增进社会福祉。

共建"一带一路"倡议提出十年来,"朋友圈"越来越大,合作质量越来越高,发展前景越来越好。中国与世界共享发展机遇,世界也更加期待中国智慧和中国方案。"一带一路"倡议自提出以来,为增进世界各国人民福祉作出了重要贡献。国际上一片赞誉。表8-4列举了部分国际友人对"一带一路"倡议的评价。

表8-4 "一带一路"倡议反馈的国际声音

评价人	评价内容
瑞士联邦前主席毛雷尔	"一带一路"倡议为世界经济发展创造了一个新维度,倡议下标志性项目所取得的积极成果不但能够打消部分外界人士对"一带一路"的疑虑,也为今后更好的发展打下基础
马来西亚前总理马哈蒂尔	他多次表示,马来西亚政府支持"一带一路",因为这一倡议"能够加强本地区国家和中国之间的互联互通"
塔吉克斯坦总统拉赫蒙	"一带一路"倡议用一座多边的桥梁将各国连在一起,旨在构建国际合作新模式、带动沿线国家经济共同发展
尼泊尔前总统班达里	班达里用了一个生动比喻:好似"在开垦人类的美丽花园"。"世界充满多元文化,文化之间需要彼此尊重;就像一个花园"
芬兰前总统尼尼斯托	这项中国倡议缩短了亚洲与欧洲的距离,欧盟制订与亚洲加强联通的计划

续表

评价人	评价内容
意大利前总理孔特	参与"一带一路"合作为意大利提供了增加对外经贸往来等多种机遇
柬埔寨前首相洪森	"一带一路"倡议为经济较薄弱且渴望获得投资的国家带来了生机,满足它们对基础设施建设的渴求,并且让其自身经济与世界其他强大经济体相连接
阿塞拜疆总统阿利耶夫	这项倡议促进了各国经济发展和繁荣
坦桑尼亚知名媒体人乔治·蒙图	全面实施"一带一路"倡议将有助于应对并缓解非洲和其他地区的传统和非传统安全问题,为合作创造更安全的环境
墨西哥国立自治大学中墨研究中心主任恩里克·杜塞尔	共建"一带一路"倡议以中国发展经验为蓝本,为拉美国家提供了有益参考和借鉴
新加坡总理李显龙	在"一带一路"倡议框架下,新加坡乐于在金融服务、开拓第三方市场、人力资源开发等领域发挥建设性作用
世界银行	2019年6月18日,世界银行发布《"一带一路"经济学:交通走廊发展机遇与风险》报告。报告分析显示,"一带一路"倡议的全面实施可帮助3200万人摆脱中度贫困,使全球和"一带一路"经济体的贸易额增幅分别达到6.2%和9.7%,使全球收入增加达2.9%
联合国秘书长古特雷斯	"一带一路"成为非常重要的增强实现可持续发展目标能力的机遇,也是一个拓展绿色前景的重要机遇

"一带一路"是一条互尊互信之路,一条合作共赢之路,一条文明互鉴之路。只要沿线各国和衷共济、相向而行,就一定能够谱写建设丝绸之路经济带和21世纪海上丝绸之路的新篇章,让沿线各国人民共享"一带一路"的共建成果。

(二)"一带一路"国际合作带来的挑战

"一带一路"逐渐从理念、倡议、愿景变为现实,既是我国参与全球开放合作、促进全球共同发展繁荣、推动构建人类命运共同体的重要实践平台,也是范围最广、规模最大的国际发展合作倡议和最受欢迎的国际公共产品。"一带一路"是机遇也是挑战,共建"一带一路"面临着复杂的国际环境。地缘政治形势严峻,少数国家出于自身地缘政治和战略考虑,对"一带一路"进行干扰;后疫情时代全球化、多边主义在曲折中发展,共建"一带一路"作为多边开放合作平台受到一定影响;部分"一带一路"合作伙伴尚未做好高质量、高水平参与共建"一带一路"的充分准备;安全保障压力大,传统安全风险与非传统安全风险同时加剧。在这种背景下,保障"一带一路"国际合作的顺利进行与不断扩大要求我们作出改变。

1. 中国制造标准需要全面提升

在"一带一路"倡议的引导下,在过去的五年里,已经有一大批企业把自己的先进设备甚至是先进工厂整个"搬出"国门,有力地支撑了我国制造强国的建设。"走出去"的标准相对较高,除要满足中国标准外还要满足所在国的标准,这将极大促进中国制造水平的提升,为未来中国制造企业、中国品牌参与国际竞争奠定坚实基础。

2. 生产环节的"卡脖子"核心技术亟须攻破

融入全球产业链、迈向价值链高端的另一个要求是提高中国企业的核心技术能力。在国际贸易保护和孤立主义日盛的情况下,唯有拥有核心技术才能突破市场的封锁。事实上,中国制造业企业一直在试图通过海外并购来弥补技术上的短板,实现高质量发展。数据显示,2016年中国制造业领域海外并购中以技术升级为目的的就占到62%。2008年中联重科股份有限公司对意大利赛法(CIFA)公司的海外收购案就是一个典型例子,中联重科股份有限公司虽然是工程机械行业的优势企业,但在全球产业链中一直处于装配制造环节,缺乏核心技术,竞争力低。通过并购CIFA,中联重科股份有限公司获得了专利技术和市场资源,优化和提升了产业结构。

3. 亚洲能源资源伙伴关系需要不断巩固

能源是国家发展的基石。由于沿线各国资源禀赋存在差异,因此可根据不同国家和区域特点,在现有多边经济合作机制中分别推进能源资源务实合作。譬如在中亚,可利用上海合作组织推动天然气、矿产资源开发、贸易和深加工;在中东阿拉伯地区,可利用中国-海合会平台深化石油资源合作开发、化工产能合作和双向投资;在东南亚,可利用中国与东盟"10+1"机制开展电源开发、电网互联互通、能源运输合作,同时探索南海的共同开发。组织若干有国际影响的油气、电力、新能源、金属矿产、农产品等经贸投资洽谈会,为亚洲国家产业对接、项目合作、信息共享搭建平台。

4. 人民币跨境结算有待推广,货币互换机制需要不断健全

"一带一路"沿线国家多为资源出口国,推动大宗商品贸易,使用人民币跨境结算,可使双方企业规避汇率风险以及全球货币政策分化引起的潜在风险。因此,应加快推进人民币国际化进程,加强与"一带一路"沿线国家中央银行、金融监管部门的沟通与合作,大力推广人民币跨境结算。积极宣传使用人民币跨境结算的优势,与"一带一路"沿线国家建立并完善货币互换机制,逐步实现人民币与这些国家货币的直接兑换,减少汇兑中间环节,从而降低企业汇率风险。

第二节 "一带一路"背景下的国际供应链管理新发展

"一带一路"大背景下,供应链管理的国际化特点日趋明显,国际供应链发展已经进入"快车道",但在"一带一路"倡议推进过程中可能面临环境资源瓶颈、生态禀赋脆弱、信息技术水平制约等挑战,因此,增强供应链各环节产业的国际化发展,提升国际化经济竞争力,建立与之相符合的生态化、数字化国际化供应链是我国供应链管理不断探索的新发展方向。

第八章
"一带一路"与国际供应链管理

一、"一带一路"背景下国际供应链生态系统发展

(一)"一带一路"背景下国际供应链生态系统定义

"一带一路"国际合作的深入推进,给中国企业走出去带来了巨大机遇。在"一带一路"背景下,国际供应链成为保障我国与沿线国家市场互联互通的"纽带"。然而,"一带一路"的推进是一项长期而复杂的系统工程。对于"一带一路"沿线国家来说,生态建设和环境保护是一个与整体无法分割的命题,因此,建立国际供应链生态系统是促进"一带一路"倡议在推进过程中的生态环境共建的"必选项"。国际供应链生态系统作为一种新型的国际供应链管理手段,其基于生态系统视角,将国际供应链中不同节点功能的主体形成一类种群,继而将原本不太相关的各类主客体整合而成的、相互依赖且具有供应关系的共同体。其主体包括国内外供应商种群、制造商种群、零售商种群、消费者种群及物联网、云计算、人工智能等信息化数字技术和满足消费者要求和"双碳"目标的数字—产品—服务供应链;其客体则包括供应链行业、企业生态和供应链金融生态。总体来说,国际供应链生态系统是在国际产业链供应链市场中,对各价值角色重新分工再次布局,从而形成供应链企业之间相互信任、共生共融、共享共赢的新型供应链管理系统。

(二)"一带一路"背景下国际供应链生态系统发展特点

1. 绿色性

绿色是"一带一路"的基本色,生态环保是"一带一路"建设的战略方向,而打造低碳环保的国际供应链系统则是实现"一带一路"绿色可持续发展的重要途径。环境保护部等四部委发布的《关于推进绿色"一带一路"建设的指导意见》中指出,要加强绿色供应链国际合作与示范。由此可见,在"一带一路"国际供应链生态系统建设中,绿色供应链管理将作为"一带一路"国家经贸合作的纽带和桥梁,带动国际供应链上下游的绿色化,推动绿色"一带一路"建设。而"一带一路"绿色国际供应链合作平台是"一带一路"生态环保大数据服务平台的重要组成部分,是落实"一带一路"背景下国际供应链生态系统绿色化发展的具体举措。此合作平台进一步联合国内外合作伙伴,共享资源,分享经验,紧密合作,互利共赢,共同推动区域绿色国际供应链合作,促进区域互联互通与绿色发展。

2. 适应性

国际供应链生态系统的社会环境无时无刻不在发生着变化,自然因素和各类社会重大突发事件会导致国际供应链中断,供应链的快速恢复和应变能力至关重要。而在"一带一路"倡议背景下,包括物联网、区块链等的数字智能技术的支持促使国际供应链生态系统具有高适应性。基于数智技术,远程和实时监视、诊断、控制,以及优化地理上广泛分散的国际供应链成为可能,从而得以构建全球分布的适应性供应链网络。当国际供应链生态系统遭受干扰后,各主体基于数字智能技术,自下而上地快速应对外界的干扰和影响,展现出强大的自组织、自配置、自修复和自纠正的适应性。例如,交互式可视化技术是一种可行、快速、有效的方法,提高了整个国际供应链生态系统的可视性,增强了国际供应链生态系统的韧性和柔性。

3. 涌现性

在一般国际供应链生态系统中,基于"数字—产品—服务"供应链的开放性,越来越多的产品和合作伙伴加入系统,形成显著的涌现性。而"一带一路"背景下的国际供应链生态系统同样呈现这一特性。从 2013 年仅有 65 个沿线国家参与至 2023 年涌现出 151 个国家与 32 个国际组织签署 200 余份共建"一带一路"合作文件。这些国家的产品和供应链主体也快速加入国际供应链生态系统中,开放多样的国际供应链生态系统推动了价值共创,不同类型的参与国成员在供应链的不同环节互动、不同生态之间相互开放关联,共同创造价值。各国家之间共生共存、共享共赢,在生态系统中发挥各自优势,相互补充支撑以创造额外的价值、提高整个国际供应链生态系统效率。

4. 进化性

从"一带一路"发展的时间尺度来看,其国际供应链生态系统内外部有着参与国覆盖范围更广、产品种类更全等巨大变化,在适应性和涌现性共同作用下,国际供应链生态系统协同进化,向着结构更复杂、功能更强大的方向变化。在"一带一路"背景下的协同进化中,其产品进化体现为产品自身的升级换代、新产品的加入、不适应市场需求的产品被淘汰。供应链成员的进化体现为数字—产品—服务供应链进化的自然延伸。"数字—产品—服务"供应链在不断进化,形成供应链成员的协同进化,具体表现为供应链成员在产品的设计、制造、销售、配送和售后等不同环节都随之进化。归根究底,生态系统进化的趋势是为了实现更加强大的功能,更好适应全球供应链环境的变化,适应消费者更为个性化、动态、多变的需求,产生更为丰富的产品形态,更好地在全球化市场中成长和竞争。

(三)"一带一路"背景下国际供应链生态系统发展现状

1. 供应链企业生态位重叠度高

生态位指物种在生态系统中的位置和作用,在这里即为供应链各主体在国际供应链生态系统的地位。企业生态位重叠度指生态位相似程度,即发生在同一国际供应链生态系统中相同的环境信息资源被多个供应链企业加以利用。在"一带一路"合作中,有些领域或产业会出现竞争加剧的现象,企业之间的生态位重叠度非常高,因此使得市场竞争也非常激烈。例如,上海与新加坡同样作为港口城市,分别是各自国家最大的经济中心、工业城市和亚洲的金融中心,其在"一带一路"背景下的国际供应链生态系统中生态位高度相似,供应链中的自然资源、市场资源、经济资源等都存在竞争。

2. 国际供应链生态系统中小企业发展势能不足

目前,我国"一带一路"国际供应链中的企业产能合作还处在起步阶段,存在诸多困难和问题,虽然目前我国一些大企业在国际供应链管理上已经意识到了环境、资源在竞争中的战略地位,并且已经开始制定战略开展供应链生态系统合作,然而仍有许多中小企业受资金不足限制、既得利益驱动等影响,国际化发展势能不足。

3. "一带一路"国际供应链生态系统建设不足

我国整体遵循绿色发展理念,积极鼓励和推动"一带一路"沿线国家共同建立国际供应链生态系统,以此带来巨大的经济和生态效益。然而目前供应链生态系统的推广与完善还存在诸多障碍,包括沿线国家经济发展水平不同、技术支撑不够、国际供应链生态化发展的相关政策法规不完善以及实施范围不广等问题,使得国际供应链生态系统仍有巨大完善空间。例如,"一带一路"沿线国家向全球提供了约55%、60%、70%的天然气、石油和煤炭,但其能源、电力、原木消耗均高出世界市场平均水平的一半以上,对各类资源仍有较大的增长需求,是资源、能源的集中生产区和消费区,很难快速实现国际供应链生态系统的建设与发展。

(四)"一带一路"背景下国际供应链生态系统发展策略

1. 优化"一带一路"背景下国际供应链生态系统中企业生态位

具体可从两方面入手。一是降低企业生态位重叠度。各国企业在国际供应链合作过程中各有资源优势,促使了国际供应链中不同种群的生态位竞争。在"一带一路"倡议背景下,各个供应链企业将自身文化、理念、资源等扬长避短,降低生态位重叠度,独创特色,凸显自身的优势与特长,避免引发恶性竞争。二是增强国际供应链生态系统上下游企业生态位协同共生。当只有少数供应链生态系统种群个体发生生态位重叠时,不一定形成恶性竞争局面,此时,企业可以选择协同合作,实现共享共赢。在"一带一路"区域的供应链生态系统环境中,各国会受到自身资源的限制,经济利益获取能力有限。但当各国协同构筑互利共赢的供应链合作体系,即可以以更低成本获得更高利益。这样的合作共生可以促进国际供应链生态系统中各企业更专业化的分工合作,从而促进整个生态系统的进化。

2. 加快创新"一带一路"国际供应链生态系统合作模式

"一带一路"沿线各国在信息、经济、自然等方面都具有其出类拔萃之处,如果能基于此构建国际供应链生态系统合作模式,并基于此构建信息共享平台,以实现国际供应链上下游国家、企业资源优势互补和管理的协同优化,在相互完全信任的基础上,将原本的渠道资源竞争转化为供应链价值再造与增值。通过国际供应链生态系统的协同管理,使链上的每一国家都能够在国际市场环境出现微小变化时,第一时间获得变化信息并且有的放矢,从而能够积极、高效应对。

3. 我国"一带一路"国际供应链生态系统应更加有效对接可持续发展目标

在国际供应链生态系统基础上,进行结构优化,将供应链升级为生态链。各参与国基于利益共生合作,围绕可持续发展、"双碳"目标,鼓励各供应链企业主动参与到"一带一路"国际供应链生态系统的建设之中。通过"一带一路"国际合作高峰论坛倡导的多双边机制逐步构建供应链生态链协作平台,制定并完善生态链发展的相关机制,充分考虑各国不同的经济发展水平及资源特色,出台支持生态链建设的不同政策措施,为生态链建设提供支持,同时对接2030年可持续发展目标,提高国际供应链生态系统普及率。

二、"一带一路"背景下数字化国际供应链发展

(一)"一带一路"背景下数字化国际供应链定义

"一带一路"是旨在推进我国古丝绸之路传承与发展现代化丝绸之路,并积极促进我国

与沿线国家的合作与发展的重要举措。在此背景下的数字化国际供应链是基于新一代信息技术和现代化管理理念方法的全球化供应链系统,以价值创造为导向、数据为驱动,利用信息技术和数字化工具进行物流管理、商务合作、库存控制、采购管理、质量控制等全流程管理,覆盖全球范围,涵盖物流、商流、资金流、信息流等多个领域,实现供应链系统的透明化、高效化、智能化和可持续发展。数字化已成为提高国际供应链的速度和效能不可或缺的一种方法。通过数字化手段,不仅可以降低物流成本,还能提高供应链的管理效率和可靠性,从而增强企业在市场竞争中的竞争力。

(二)"一带一路"背景下数字化国际供应链发展特征

1. 可视化

可视化是指通过将数据呈现为图形、符号、颜色、纹理等形式,使得不可见或难以分析的数据变得直观易懂,由此来提高数据识别、信息传递的效率。在传统供应链管理中,终端客户需求仅有微小的变化,但这种变化在向供应商和制造商等上游企业反馈的过程中,需求变化信息也会被不断放大,引发"牛鞭效应"。而"一带一路"背景下的数字化国际供应链是一条连接各个节点的链条,基于物联网、区块链技术实现供应链可视化使各相关主体可以实时了解货物的运输情况,提供了货物实时位置、状态以及异常监测数据等。不同节点的需求变化可以更准确及时被企业获悉,从而实时、高效应对国际供应链突发情况。

2. 智能化

目前全球供应链的发展趋势是智能化产业,我国在"一带一路"国家开展跨境合作的同时,也致力于发展智能化供应链。通过利用条形码、RFID、智能仓储、云物流等技术,数字化国际供应链内的所有信息将实现实时数据化并上传到数据中心,以此来更好地整合供应链内部的信息。根据中国财经数据,韵达公司在 2017 年初不断拓展新加坡、泰国等"一带一路"沿线国家的快递物流网络,以互联网、云计算、大数据以及机器人等信息与智能技术为支撑,致力于发展"智慧物流"不断扩大物流覆盖范围,增加"一带一路"国家跨境电商产品,提升跨境物流时效性。在此基础上,韵达公司还积极创建与"一带一路"国家间的订单生产中心及人工智能+智慧物流基地。

3. 集聚性

数字国际供应链在各国供应商和消费者之间建立了数字化信息平台,并通过这个平台连接到不同的服务。平台的存在将形成集聚能力,通过集聚,形成供应链控制塔,实时监测、分析、优化供应链运行。在高度集成的信息机制下,供应链内的各个成员可以随时获得其他成员相关信息,并及时适应变化,提高协作效率,进而提高整个供应链效益。当供应链管理与消费者建立了直接的协同关系,就能最大限度地满足客户的需求,数字化国际供应链管理的本质最终得到体现。

(三)"一带一路"背景下数字化国际供应链发展现状

1. 我国中小企业积极参与数字化国际供应链建设与合作

由于数字技术的快速发展,国际分工门槛的降低,中小企业积极参与数字化国际供应链合作,成为数字化国际供应链的参与者。在国家宏观政策和业态模式创新的推动下,数字信息平台通过不断完善数字化国际供应链体系,并为广大中小企业提供全产业链、全供应链一体化综合服务。这促进了更多中小企业加入全球普惠贸易,参与全球供应链竞争。同时也促进了中国制造业产品出口、产品附加值提升和产业价值链延伸,从而对中小企业在产业链和供应链中提高效率和增强连续性发挥了不可替代的作用。据前瞻产业研究院测算,2020年到 2025 年,中国数字供应链市场规模 CAGR 预计在 20% 左右。据此测算,中国数字供应链市场规模有望达到 125 亿元。总之,通过数字平台的支持和政策的红利,我国的中小企业正在获得更多的机遇和发展空间,从而在参与全球供应链的竞争和合作中崭露头角。

2. 数字化物流基础设施不断完善

"一带一路"倡议的实施,实现了亚欧非大陆、欧洲经济圈与东亚经济圈的互联互通。为此,我国一直致力于国际供应链数字化基础设施的建设,为"一带一路"数字化国际供应链提供了基本保障。为提高我国与"一带一路"国家的跨境电商物流运输速率,我国一直打造智慧物流基地、海外仓与跨境电商物流产业园区等。同时,我国还加强交通运输基础设施＋智慧交通管理平台建设。"一带一路"经济带有八条主要运输通道:亚欧大陆桥物流通道和中巴物流通道,对接我国西部内陆地区,连接中亚、中东和欧洲;中蒙俄物流通道,对接我国东北和华北地区,利用满洲里和二连浩特口岸进入蒙古和俄罗斯;孟中印缅物流通道和中国—中南半岛物流通道,促进我国南部省份与东盟和南亚对接;海上物流通道,对接我国东部沿海五大港口群,通过航运与东南亚、南亚、中东和欧洲连接。

(四)"一带一路"背景下数字化国际供应链发展策略

1. 加快建设数字化国际供应链基础设施,提高核心竞争力

我国应同"一带一路"沿线国家建立统一货物监控数字化信息平台并将不同运输系统对接在该平台上,以弥补货物运输追踪中存在的缺陷。数字化信息平台能够在货物运输过程中出现事故时及时发出警报,并将信息极迅速地反馈到国际供应链相关参与者手中,从而降低事故风险,提升国际供应链服务质量与能力。同时,重点提高国际供应链基础软硬件设施,引入 AGV 机器人等智能数字化设施提高供应水平,增强关键产品自给保障能力。开展供应链"强链补链"活动,强化技术融合与产品创新,增强关键环节的竞争力,为数字化国际供应链提供基本保障。

2. 制定数字化国际供应链相关政策,加大支持中小企业发展力度

中国与"一带一路"沿线国家在贸易保护政策上的限制,是合作中经常遇到的问题之一。由于跨境供应链中存在多个瓶颈和障碍,导致运输成本增加,交货期延长,效率较低,制约我国与"一带一路"沿线国家的贸易往来。同时,中小企业因其跨境国际交易具有小批量、高频率的特点,以及我国与"一带一路"沿线国家海关之间数字化、信息化建设十分落后,给各国海关和政府监管带来了挑战。因此,需要各国政府加强合作,创新升级整个国际供应链条上的各基于数字化技术的环节,如跨境支付、监管程序和跨境物流跟踪等,以更好地促进"一带一路"背景下的国际供应链贸易往来。近年来,我国高度重视中小微企业数字化发展进程。政府不仅在资金扶持和人才培养方面加大力度,还将大力投资公共数字化转型基础设施。这些投资涉及云计算基础设施建设、工业互联网平台建设,以及人工智能和数据分析公共服

务平台建设。未来,面对更为分散、复杂的数字化国际供应链体系,各方将需要进一步团结合作,尝试更多有益的探索。

第三节 "一带一路"与国际供应链管理实战: "一带一路"与新加坡跨境供应链协作

近年来,中国在积极推进"一带一路"倡议的过程中,为了扩大对外开放,加强区域合作,不断提升经济发展水平,需要建设更为便捷高效的跨境运输通道。西部陆海新通道就是在这样的背景下应运而生。

西部陆海新通道是指连接中国西部内陆和海外的多式联运通道,包括铁路、公路、水运、航空等多种运输方式。其中,重庆作为中国西南地区的中心城市,成为西部陆海新通道的重要节点和枢纽。

一、西部"陆海新通道"

(一)产生背景

中国国内经济一直以来呈现出东强西弱的格局,中西部除长江沿岸外,由于缺乏低成本的运输方式,高企的物流成本一直制约着西部的发展。据统计,内陆地区物流成本占GDP的16%,远高于沿海地区的8%和发达国家的4%;并且由于我国的支柱性产业——房地产,遇到了巨大的行业困境,导致整体经济增长承受较大压力,现阶段急需新的经济增长点带动全国的经济发展。而中国的广大西部地区有着巨大的发展潜力,故此需要对西部开发进行新的调整。

在国际上,随着经济全球化倒退和贸易保护主义的盛行,国际经济环境的不确定性大增,运输费用的剧烈波动对大宗商品的价格影响巨大,同时地区性的军事冲突给全球供应链的可控性和安全性都带来了巨大的影响。

2015年11月,中新(重庆)战略性互联互通示范项目正式启动,其重要目标之一即为降低西部地区物流成本、促进国际间投资贸易增长。2017年2月,中新互联互通项目联合协调理事会第一次会议在北京召开。在这次会议上,中新双方提议,探讨建设一条通过北部湾—新加坡—重庆与21世纪"海上丝绸之路"对接的陆海贸易路线。中新互联互通南向通道由此产生,2018年11月,中新两国正式签署《关于中新(重庆)战略性互联互通示范项目"国际陆海贸易新通道"建设合作的谅解备忘录》,将"南向通道"正式更名为"陆海新通道"。

(二)货运带动效应

陆海新通道不仅带动了中国与新加坡的货运,也加强了中国与整个东盟的经济合作。2015年9月,西部陆海新通道铁海联运通道常态化运营班列,在重庆团结村中心站首发。货物向南经贵州,通过广西北部湾、云南等沿海沿边口岸,通达新加坡及东盟主要物流节点,比传统"重庆—上海—新加坡"线路运输时间节约20天左右,成为中西部地区最便捷的一条出海大通道,有效地降低了西部物流成本,并实现了"一带"和"一路"的畅通,以及与长江经济带的有机衔接。截至 2022 年 9 月底,西部陆海新通道铁海联运班列累计运行突破 1300 班次,目的地已覆盖全球六大洲 84 个国家和地区的 200 个港口。

除了铁海联运班列外,西部陆海新通道其余两种物流组织形式——跨境公路运输、国际铁路联运——也已实现常态化运营。截至 2019 年 5 月,重庆—东盟跨境公路班车形成了东线(重庆南彭—广西凭祥—越南河内)、东复线(重庆南彭—广西钦州港—东盟各国)、中线(重庆南彭—泰国曼谷)、西线(重庆南彭—云南瑞丽—缅甸仰光)、欧亚线(越南—重庆南彭—重庆团结村—德国杜伊斯堡)及重庆—新加坡线等 6 条常态化运营线路,累计开行 950 余班次,总重超 8000 吨,总货值近 9 亿元。国际铁路联运线路,利用西南地区铁路网络,通过凭祥、河口、磨憨、瑞丽等沿边口岸,与泛亚铁路网络衔接,连接中南半岛。

陆海新通道的建立,给中国"西部大开发"战略带来一种新的思路,巧妙地化解了西部的地理位置的缺陷,并且在中美全球博弈的背景下,为我国的经济发展提供了一个新的引擎。

(三)经济意义

西部陆海新通道为中国和新加坡都创造了产业链和供应链的多元化发展机会。如通过建设跨境商贸供应链总部中心,建设中国—东盟大宗商品交易平台,有效提高了区域性国际物流链、产业链的匹配度。同时,它也提升了区域通道布局的多样性,一定程度上降低了被"卡脖子"的风险。

中新两国牵头建设的西部陆海新通道推进了区域经济一体化,为中新两国以及东盟各方共赢发展提供更多机遇,对促进区域经济乃至助推世界经济复苏具有重要意义。它为沿线各地区提供更大的市场和机遇,推动区域经济朝着更加开放、包容、普惠、平衡、共享的方向发展,也为区域新型市场的产业发展和产业转型升级提供重要支撑,为沿线地区市场深度融合提供机遇,为实现世界经济稳定增长注入新活力。

二、"陆海新通道"国际供应链管理实战

西部陆海新通道,给西部内陆地区带来了新的机遇。远离大海的内陆商家,如今可以通过多式联运的方式,将货物运到广西北部湾,再出口海外,运输时长大幅缩短,从而降低了运输成本,提高了外贸业务的竞争力。

自通道建立以来,西部陆海新通道货运量持续高速增长,有望成为西部大开发的重要助力。不过,要实现全面经济发展,仅有"路"远远不够,还需要沿路的供应链乃至地方产业的整体升级。陆海新通道为中新两国提供了合作的舞台,在这个舞台上,中新双方开展了一系列国际供应链合作。

(一)重庆巴南区与新加坡叶水福集团国际供应链管理实战

1. 新加坡叶水福集团

新加坡叶水福集团是新加坡较大的物流公司,且被新加坡政府评定为"物流模范企业",产值达 1.2 亿美元。新加坡叶水福集团是世界知名跨国物流公司,与全球 200 多家电子零

配件公司有着密切的业务往来,主要为摩托罗拉、松下、三星、夏普、飞利浦、康柏、戴尔等著名跨国公司提供现代需求链管理和第三方我国台湾专线物流服务。

2. 重庆巴南区与叶水福集团深化中新国际供应链管理实战

借助陆海新通道这一平台优势,重庆市政府与新加坡叶水福集团战略合作,共同构建国际陆海贸易新通道。2016 年 5 月 25 日,巴南区政府、新加坡叶水福集团、新加坡 Y3 Technologies Pte Ltd、重庆公运东盟国际物流有限公司在重庆公路物流基地签署了战略合作协议。按照协议,四方共同努力在越南、老挝等东盟国家边境建立多式联运平台基地,与重庆公路物流基地作为国际陆海贸易新通道两端集疏运节点,在货物互通直达、物流信息交换、通关报检一体化方面实现区别于一般常态化跨境运输的深度合作;同时在推进重庆公路货物集散中心、区域配送中心、多式联运以及南向货物运输、公路物流信息建设等方面深度合作。此举有效增大了重庆东盟公路班车的辐射半径,增加了运营方式,增强了运输能力,使之成为重庆融入国家"一带一路"建设和长江经济带战略的一支新生力量。

2017 年 9 月,双方测试开通重庆跨境公路班车亚欧线,整条线路途经越南—中国(重庆)—德国,全程采取公铁联运方式,标志着重庆跨境公路班车与中欧班列(渝新欧)无缝连接。

2018 年 12 月,重庆跨境公路班车(重庆南彭—新加坡陆运线)正式开通,从重庆出发,全程途经越南、老挝、泰国和马来西亚 4 个国家,通过公路运输的形式直达新加坡,标志着巴南区与叶水福集团在东南亚地区形成深度合作,促成了重庆跨境公路班车连接陆上丝绸之路与海上丝绸之路跨境公路货运通道的全线贯通。

2019 年,重庆巴南区与新加坡叶水福集团签署 3 亿物流合作项目,主要运作跨境公路班车业务,构建国际供应链管理体系。此次合作使重庆公路物流基地借助新加坡叶水福集团完善的"城市物流供应链"体系加速融入西部陆海新通道建设,为重庆建设内陆国际物流分拨运营中心打下基础。新加坡叶水福集团主要经营城市供应链管理、国际货代等业务。其物流服务网络覆盖东南亚、大中华地区和澳洲等 14 个国家的 100 多个主要经济城市,并成功打造了完善的"城市物流供应链"体系。

2021 年 10 月,巴南区工业商贸发展管理委员会与新加坡叶水福集团再次签约,将在物流领域继续深化合作,推动西部陆海新通道向高效化、多元化、智慧化的方向发展。这一次的合作重点将聚焦在跨境快运、物流通道运输、智慧仓和东盟智慧物流网络四个方面。

在跨境快运方面,双方将共同推动重庆跨境公路班车跨境快运项目,充分利用双方在国内外的物流优势资源打造的越南北宁等境外分拨中心的集散、分拨功能,为国内外客户提供定制化的零担快运需求。在物流通道运输方面,双方将借助广西龙邦口岸成功开通新线路的契机,深化合作打造出境新通道,进一步推动跨境公路班车多通道、快分流、高效率的常态化运输。在智慧仓建设方面,共同推动西部陆海新通道智能仓储和智能化运输体系建设,推进在物流基地建设智慧仓库,构建智慧仓管理模式,共建智慧化城市供应链体系,提升通道智能化水平。在东盟智慧物流网络方面,将通过增强中国重庆—东盟区域物流和供应链的互联互通,共同搭建并推动"东盟智慧物流网络"。依托新加坡叶水福集团在东南亚的物流节点以及大型基础设施项目,加强湄公河国家(柬埔寨、老挝、缅甸、泰国和越南)和中国西南部省份的贸易流通,打造区域枢纽,促进中国与东盟市场的融合。

第八章

"一带一路"与国际供应链管理

重庆巴南区与新加坡叶水福集团的合作(见图8-3),为中新两国在物流、供应链方面的合作树立了一个良好的标杆,也为中国西部企业"走出去"提供了一个新的契机。在全球经济受新冠疫情冲击的背景下,陆海新通道有希望成为中国经济增长的一个有力支柱。

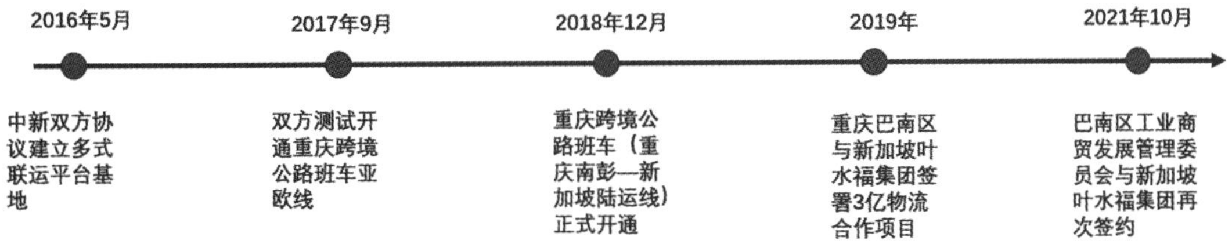

```
2016年5月        2017年9月        2018年12月       2019年          2021年10月
────●───────────────●───────────────●───────────────●───────────────●────────▶
中新双方协       双方测试开       重庆跨境公       重庆巴南区       巴南区工业商
议建立多式       通重庆跨境       路班车(重       与新加坡叶       贸发展管理委
联运平台基       公路班车亚       庆南彭—新       水福集团签       员会与新加坡
地               欧线             加坡陆运线)     署3亿物流         叶水福集团再
                                  正式开通         合作项目         次签约
```

图8-3 重庆巴南区与新加坡叶水福集团的合作

(二)信息高速公路助力中新国际供应链管理实战

1. "高质量"的信息通道

中新(重庆)国际互联网数据专用通道是中国首条、针对单一国家、点对点的国际数据专用通道(见图8-4),于2019年9月11日开通,由重庆电信、重庆移动、重庆联通、新加坡电信、新加坡星和电信联合共建。该通道具备"高速率""大带宽""低时延""高可靠"的特点,总带宽260 Gbps,网络平均访问时延约70~80毫秒,较非专用通道降低75%,网络平均丢包率不高于0.5%,较非专用通道降低80%。覆盖范围包括中新国际数据通道首批覆盖重庆市数字经济(区块链)产业园、两江新区数字经济产业园、中国智谷(重庆)科技园、渝北区仙桃国际大数据谷、重庆西永微电子产业园区、重庆移动互联网产业园、永川大数据产业园等七大园区,涉及大数据、云计算、区块链、物联网、虚拟现实等多个核心技术领域。

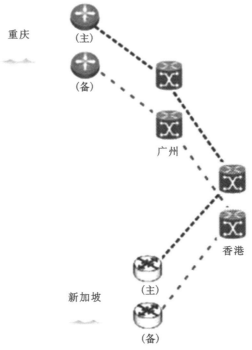

图8-4 中新(重庆)国际互联网数据专用通道

2. 实战效果

作为我国首条针对单一国家"点对点"的数据专用通道，具备高速率、大带宽、低时延、高可靠的特点，为推动两国开展远程医疗、远程教育、智慧旅游、智慧物流、超高清视频传输等服务贸易多领域的广泛合作提供了相应保障，将吸引更多双方企业在协同设计、联合研发、数据处理、远程检测等方面的深度合作。

目前重庆市内两江新区数字经济产业园、渝北区仙桃数据谷、中国智谷（重庆）科技园、永川高新区软件产业园等7个园区作为首批示范园区。腾讯、立信数据、仙桃前沿、海扶医疗、医渡云、汇燧科技、金窝窝、迪肯科技和新加坡万国数据、柔联、泰来供应链、创客、国立癌症中心等14家企业成为首批通道用户。

（三）中新国际冷链供应链管理实战

1. 中新国际冷链平台的建立

2019年7月25日，新加坡得尊投资公司与安道亿联（重庆）供应链管理有限公司在重庆市中新示范项目管理局签订协议，双方将联合在重庆建设中新国际冷链产品贸易平台。双方以多式联运供应链管理平台为基础，通过整合海外供应商资源，为西部地区经销商提供优质的海外集采、物流、金融、保险等配套服务，通过信息平台对国际冷链贸易和冷链物流的赋能，着力解决贸易信息对接、物流方案优化、金融配套支持，扩大东南亚等地区优质海产品对我国西部市场的供应，同时，丰富"陆海新通道"国际回程货源，助力"陆海新通道"建设。项目将建成为辐射西部的大宗海产品交易平台，并努力成为西部地区面向全球的贸易桥梁。

2. 大项目小民生

在平台建立之前，重庆以及西部地区进口海产品，主要是从华东、华南等沿海城市一级贸易商手中采购货品，在物流时效、价格方面，在市场上都不具备明显的竞争优势。通过这一冷链平台，重庆及西部地区经销商可以与海外经销商建立直接联系。在价格方面，相较以前重庆经销商向国内一级经销商拿货的价格，海外直采可以便宜15%～20%。另外，平台整合了包括东南亚、日本、澳大利亚等地的海产品资源，品种也更加丰富。平台建立后一个多月时间，已有80多家世界各地优质海产品供应商入驻，大大丰富了重庆市民的"菜篮子"。

平台通过和机场深入合作，可以做到将生鲜产品物流时间控制在10小时以内。此外，平台也可以提供产品质检功能，为平台产品提供质量保证。

通过以上三个国际供应链管理实战，我们可以看到陆海新通道为中新两国提供了崭新合作的舞台，"一带一路"背景下的西部陆海新通道为中新两国合作带来了新的机遇，也为我国国际供应链发展带来了新的发展。

知识窗

1.《稳定国际供应链 助力共建"一带一路"》，见 http://tv.cctv.com/2022/07/03/VIDElzUQ WX7j2bLIVAVPJZer220703.shtml。

2.《"一带一路"国际物流链与供应链研究》,见 https://book.qq.com/book-detail/44555225。

3.《"一带一路"下的国际贸易及国际物流的协同》,见 https://www.21ks.net/lunwen/gjmy/96686.html。

4.《董雪兵:中国与"一带一路"国家形成相对稳定的产业链供应链关系》,见 https://www.sohu.com/a/456375433_352307。

小 结

本章主要介绍了"一带一路"倡议内容,并从政策沟通、设施连通、贸易畅通、资金融通、民心相通上探索了"一带一路"倡议的重要意义。从"一带一路"总体规划与参与国家、"一带一路"路线图、"一带一路"主要贸易伙伴三个方面,对"一带一路"规划进行了全面分析。从国际供应链生态系统发展和数字化国际供应链发展两个视角,对"一带一路"背景下的国际供应链管理新发展予以论述。最后,以西部陆海新通道为例,分析"一带一路"与新加坡跨境供应链协作项目。

练习与思考

1. 简述"一带一路"倡议的主要内容。
2. 简述"一带一路"倡议的意义。
3. 请列举5个"一带一路"沿线国家。
4. 试述"一带一路"背景下国际供应链生态系统的定义、特点。
5. 试述"一带一路"背景下数字化国际供应链的定义、特点。
6. 试分析中国与新加坡的供应链合作有哪些天然优势。
7. 查阅资料分析中国与新加坡的供应链合作还存在哪些不足。
8. 试分析重庆巴南区与新加坡叶水福集团的合作对中国带来的政治、经济、文化等各方面的影响。
9. 试分析重庆为何能成为陆海新通道的主要支点。

综合案例

数字资源8-1 "一带一路"十年回顾

参考文献

[1] 陈剑,刘运辉.数智化使能运营管理变革:从供应链到供应链生态系统[J].管理世界,2021(11):227-240,14.

[2] 郭捷.全球供应链管理的效率、均衡和风险问题[J].技术经济与管理研究,2011(8):70-73.

[3] 胡冬雯,王婧,胡静,等."一带一路"背景下的绿色供应链管理机制[J].环境保护,2017(16):19-24.

[4] 李宏兵,赵路犇,翟瑞瑞.全球芯片供应链调整的新动向及中国应对[J].国际贸易,2023(2):19-27.

[5] 李向文,冯茹梅.物流与供应链金融[M].北京:北京大学出版社,2012.

[6] 刘聪颖,李兵兵.供应链风险管理相关问题探讨[J].财经界,2015(10):138.

[7] 马士华,林勇,等.供应链管理[M].6版.北京:高等教育出版社,2020.

[8] 聂永有.物流管理学[M].成都:四川人民出版社,2011.

[9] 邱灵.着力提升产业链供应链韧性和安全水平[J].宏观经济管理,2023(1):33-39.

[10] 屈语涵.疫情之下基于国际供应链视角的物流成本研究——以亚马逊物流为例[J].中国储运,2021(2):115-117.

[11] 热比亚·吐尔逊.食品供应链安全管理、质量信号与市场[M].北京:企业管理出版社,2019.

[12] 盛朝迅.多措并举保障产业链供应链安全[J].中国发展观察,2021(24):8-10,7.

[13] 史金召,孙茂林,黎建强.我国跨境电商供应链金融的模式设计与风险管控[J].国际贸易,2022(11):26-34.

[14] 王莉莉.数字化国际供应链时代加速而来[J].中国对外贸易,2022(5):48-49.

[15] 王静."双碳"目标下数字化供应链生态系统驱动因素及实现机制[J].学术论坛,2022(5):83-92.

[16] 颜世龙.报告:2021年中国与"一带一路"沿线国家货物贸易额达1.8万亿美元 创9年来新高[N].中国经营报,2022-11-07.

[17] 杨晶滢,陈积敏.美国供应链安全政策评析[J].印度洋经济体研究,2023(2):44-61,152-153.
[18] 张宇.智慧物流与供应链[M].北京:电子工业出版社,2016.
[19] 王忠伟,庞燕.国际物流与供应链管理[M].北京:中国商务出版社,2021.
[20] 周利国.物流与供应链金融[M].北京:清华大学出版社,2016.
[21] 庞燕.农产品物流金融研究——仓单质押盈利模式与风险防范[M].西安:西安交通大学出版社,2019.
[22] 庞燕.跨境电商服务供应链与服务集成商能力的提升[J].中国流通经济,2019(9):64-72.

与本书配套的二维码资源使用说明

  本书部分课程及与纸质教材配套数字资源以二维码链接的形式呈现。利用手机微信扫码,成功后提示微信登录,授权后进入注册页面,填写注册信息。按照提示输入手机号码,点击获取手机验证码,稍等片刻收到4位数验证码的短信,在提示位置输入验证码,成功后再设置密码,选择相应的专业,点击"立即注册",则注册成功(若手机已经注册,则在"注册"页面底部选择"已有账号? 立即注册",进入"账号绑定"页面,直接输入手机号和密码后登录)。接着提示输入学习码,须刮开教材封面防伪涂层,输入13位数字的学习码(正版图书拥有的一次性使用学习码),输入正确后提示绑定成功,即可查看二维码数字资源。手机第一次登录查看资源成功以后,再次使用二维码资源时,在微信端扫码即可登录进入查看(如申请二维码资源遇到问题,可联系宋焱:15827068411)。